DIREITOS TRABALHISTAS DO **ATLETA PROFISSIONAL DE FUTEBOL**

Sergio Pinto Martins

DIREITOS TRABALHISTAS DO **ATLETA PROFISSIONAL DE FUTEBOL**

3ª edição

gen | saraiva jur

- O autor deste livro e a editora empenharam seus melhores esforços para assegurar que as informações e os procedimentos apresentados no texto estejam em acordo com os padrões aceitos à época da publicação, e todos os dados foram atualizados pelo autor até a data de fechamento do livro. Entretanto, tendo em conta a evolução das ciências, as atualizações legislativas, as mudanças regulamentares governamentais e o constante fluxo de novas informações sobre os temas que constam do livro, recomendamos enfaticamente que os leitores consultem sempre outras fontes fidedignas, de modo a se certificarem de que as informações contidas no texto estão corretas e de que não houve alterações nas recomendações ou na legislação regulamentadora.

- Fechamento desta edição: *22.09.2025*

- O autor e a editora se empenharam para citar adequadamente e dar o devido crédito a todos os detentores de direitos autorais de qualquer material utilizado neste livro, dispondo-se a possíveis acertos posteriores caso, inadvertida e involuntariamente, a identificação de algum deles tenha sido omitida.

- **Atendimento ao cliente: (11) 5080-0751 | faleconosco@grupogen.com.br**

Publicada pelo selo **Saraiva JUR**
Uma editora integrante do GEN | Grupo Editorial Nacional
Travessa do Ouvidor, 11
Rio de Janeiro – RJ – 20040-040
www.grupogen.com.br

- Capa: Tiago Dela Rosa

- **CIP – BRASIL. CATALOGAÇÃO NA FONTE.**
SINDICATO NACIONAL DOS EDITORES DE LIVROS, RJ.

M346d
3. ed.
Martins, Sérgio Pinto

Direitos trabalhistas do atleta profissional de futebol / Sergio Pinto Martins. – 3.ed. – Rio de Janeiro: Saraiva Jur, 2026.

Inclui bibliografia
ISBN 9786584004221

1. Futebol – Legislação – Brasil. 2. Jogadores de futebol – Estatuto legal, leis, etc. – Brasil. 3. Contratos profissionais desportivos – Brasil. 4. Contrato de trabalho – Brasil. I. Título.

25-100530.0 CDU: 349.22:331.106:796.332(81)

Meri Gleice Rodrigues de Souza – Bibliotecária – CRB-7/6439

Sobre o autor

Sergio Pinto Martins é Bacharel em Direito, Ciências Contábeis e Administração de Empresas. Mestre em Direito Tributário, Doutor e Livre-Docente em Direito do Trabalho pela Faculdade de Direito da Universidade de São Paulo (USP). Ministro do Tribunal Superior do Trabalho (TST). Professor titular de Direito do Trabalho da Faculdade de Direito da USP.

Trabalhos do autor

LIVROS

1. *Imposto sobre serviços – ISS*. São Paulo: Atlas, 1992.
2. *Direito da seguridade social*. 43. ed. São Paulo: Saraiva Jur, 2025.
3. *Direito do trabalho*. 42. ed. São Paulo: Saraiva Jur, 2025.
4. *Terceirização no direito do trabalho*. 16. ed. São Paulo: Saraiva Jur, 2025.
5. *Manual do ISS*. 10. ed. São Paulo: Saraiva, 2017.
6. *Participação dos empregados nos lucros das empresas*. 5. ed. São Paulo: Saraiva, 2021.
7. *Práticas discriminatórias contra a mulher e outros estudos*. São Paulo: LTr, 1996.
8. *Contribuição confederativa*. São Paulo: LTr, 1996.
9. *Medidas cautelares*. São Paulo: Malheiros, 1996.
10. *Manual do trabalho doméstico*. 14. ed. São Paulo: Saraiva, 2018.
11. *Tutela antecipada e tutela específica no processo do trabalho*. 4. ed. São Paulo: Atlas, 2013.
12. *Manual do FGTS*. 5. ed. São Paulo: Saraiva, 2017.
13. *Comentários à CLT*. 23. ed. São Paulo: Saraiva, 2020.
14. *Manual de direito do trabalho*. 15. ed. São Paulo: Saraiva Jur, 2024.
15. *Direito processual do trabalho*. 47. ed. São Paulo: Saraiva Jur, 2025.
16. *Contribuições sindicais*. 7. ed. São Paulo: Saraiva Jur, 2024.
17. *Contrato de trabalho de prazo determinado e banco de horas*. 4. ed. São Paulo: Atlas, 2002.
18. *Estudos de direito*. São Paulo: LTr, 1998.
19. *Legislação previdenciária*. 23. ed. São Paulo: Saraiva, 2020.
20. *Síntese de direito do trabalho*. Curitiba: JM, 1999.
21. *A continuidade do contrato de trabalho*. 2. ed. São Paulo: Saraiva, 2019.
22. *Flexibilização das condições de trabalho*. 6. ed. São Paulo: Saraiva, 2020.
23. *Legislação sindical*. São Paulo: Atlas, 2000.
24. *Comissões de conciliação prévia*. 3. ed. São Paulo: Atlas, 2008.
25. *Coleção Fundamentos*: direito processual do trabalho. 22. ed. São Paulo: Saraiva, 2020.
26. *Coleção Fundamentos*: direito do trabalho. 21. ed. São Paulo: Saraiva, 2020.
27. *Coleção Fundamentos*: direito da seguridade social. 17. ed. São Paulo: Saraiva, 2016.
28. *Instituições de direito público e privado*. 21. ed. São Paulo: Saraiva Jur, 2025.
29. *Pluralismo do direito do trabalho*. 2. ed. São Paulo: Saraiva, 2016.
30. *Greve do servidor público*. 2. ed. São Paulo: Saraiva, 2017.
31. *Execução da contribuição previdenciária na Justiça do Trabalho*. 5. ed. São Paulo: Saraiva, 2019.
32. *Manual de direito tributário*. 18. ed. São Paulo: Saraiva, 2019.
33. *CLT universitária*. 26. ed. São Paulo: Saraiva, 2020.
34. *Cooperativas de trabalho*. 7. ed. São Paulo: Saraiva, 2020.
35. *Reforma previdenciária*. 3. ed. São Paulo: Saraiva, 2020.
36. *Manual da justa causa*. 7. ed. São Paulo: Saraiva, 2018.
37. *Comentários às súmulas do TST*. 17. ed. São Paulo: Saraiva Jur, 2025.
38. *Constituição. CLT. Legislação previdenciária e legislação complementar*. 3. ed. São Paulo: Atlas, 2012.
39. *Dano moral decorrente do contrato de trabalho*. 5. ed. São Paulo: Saraiva, 2018.
40. *Profissões regulamentadas*. 2. ed. São Paulo: Atlas, 2013.
41. *Direitos fundamentais trabalhistas*. 4. ed. São Paulo: Saraiva Jur, 2025.
42. *Convenções da OIT*. 3. ed. São Paulo: Saraiva, 2016.
43. *Estágio e relação de emprego*. 5. ed. São Paulo: Saraiva, 2019.
44. *Comentários às Orientações Jurisprudenciais da SBDI-1 e 2 do TST*. 8. ed. São Paulo: Saraiva Jur, 2025.

45. *Direitos trabalhistas do atleta profissional de futebol*. 3. ed. São Paulo: Saraiva Jur, 2026.
46. *Prática trabalhista*. 12. ed. São Paulo: Saraiva Jur, 2025.
47. *Assédio moral no emprego*. 5. ed. São Paulo: Saraiva, 2017.
48. *Comentários à Lei n. 8.212/91*: custeio da seguridade social. 2. ed. São Paulo: Saraiva, 2021.
49. *Comentários à Lei n. 8.213/91*: benefícios da Previdência Social. 2. ed. São Paulo: Saraiva, 2021.
50. *Prática previdenciária*. 5. ed. São Paulo: Saraiva, 2019.
51. *Teoria geral do processo*. 11. ed. São Paulo: Saraiva Jur, 2026.
52. *Teoria geral do Estado*. 5. ed. São Paulo: Saraiva Jur, 2025.
53. *Introdução ao Estudo do Direito*. 4. ed. São Paulo: Saraiva Jur, 2025.
54. *Reforma trabalhista*. São Paulo: Saraiva, 2018.

ARTIGOS

1. A dupla ilegalidade do IPVA. *Folha de S.Paulo*, São Paulo, 12 mar. 1990. Caderno C, p. 3.
2. Descumprimento da convenção coletiva de trabalho. *LTr*, São Paulo, n. 54-7/854, jul. 1990.
3. Franchising ou contrato de trabalho? *Repertório IOB de Jurisprudência*, n. 9, texto 2/4990, p. 161, 1991.
4. A multa do FGTS e o levantamento dos depósitos para aquisição de moradia. *Orientador Trabalhista – Suplemento de Jurisprudência e Pareceres*, n. 7, p. 265, jul. 1991.
5. O precatório e o pagamento da dívida trabalhista da fazenda pública. *Jornal do II Congresso de Direito Processual do Trabalho*, jul. 1991, p. 42. (Promovido pela LTr Editora.)
6. As férias indenizadas e o terço constitucional. *Orientador Trabalhista Mapa Fiscal – Suplemento de Jurisprudência e Pareceres*, n. 8, p. 314, ago. 1991.
7. O guarda de rua contratado por moradores. Há relação de emprego? *Folha Metropolitana*, Guarulhos, 12 set. 1991, p. 3.
8. O trabalhador temporário e os direitos sociais. *Informativo Dinâmico IOB*, n. 76, p. 1164, set. 1991.
9. O serviço prestado após as cinco horas em sequência ao horário noturno. *Orientador Trabalhista Mapa Fiscal – Suplemento de Jurisprudência e Pareceres*, n. 10, p. 414, out. 1991.
10. Incorporação das cláusulas normativas nos contratos individuais do trabalho. *Jornal do VI Congresso Brasileiro de Direito Coletivo do Trabalho e V Seminário sobre Direito Constitucional do Trabalho*, nov. 1991, p. 43. (Promovido pela LTr Editora.)
11. Adicional de periculosidade no setor de energia elétrica: algumas considerações. *Orientador Trabalhista Mapa Fiscal – Suplemento de Jurisprudência e Pareceres*, n. 12, p. 544, dez. 1991.
12. Salário-maternidade da empregada doméstica. *Folha Metropolitana*, Guarulhos, 2-3 fev. 1992, p. 7.
13. Multa pelo atraso no pagamento de verbas rescisórias. *Repertório IOB de Jurisprudência*, n. 1, texto 2/5839, p. 19, 1992.
14. Base de cálculo dos adicionais. *Orientador Trabalhista Mapa Fiscal – Suplemento de Legislação, Jurisprudência e Doutrina*, n. 2, p. 130, fev. 1992.
15. Base de cálculo do adicional de insalubridade. *Orientador Trabalhista Mapa Fiscal – Suplemento de Legislação, Jurisprudência e Doutrina*, n. 4, p. 230, abr. 1992.
16. Limitação da multa prevista em norma coletiva. *Repertório IOB de Jurisprudência*, n. 10, texto 2/6320, p. 192, 1992.
17. Estabilidade provisória e aviso prévio. *Orientador Trabalhista Mapa Fiscal – Suplemento de Legislação, Jurisprudência e Doutrina*, n. 5, p. 279, maio 1992.
18. Contribuição confederativa. *Orientador Trabalhista Mapa Fiscal – Suplemento de Legislação, Jurisprudência e Doutrina*, n. 6, p. 320, jun. 1992.
19. O problema da aplicação da norma coletiva de categoria diferenciada à empresa que dela não participou. *Orientador Trabalhista Mapa Fiscal – Suplemento de Legislação, Jurisprudência e Doutrina*, n. 7, p. 395, jul. 1992.
20. Intervenção de terceiros no processo de trabalho: cabimento. *Jornal do IV Congresso Brasileiro de Direito Processual do Trabalho*, jul. 1992, p. 4. (Promovido pela LTr Editora.)
21. Relação de emprego: dono de obra e prestador de serviços. *Folha Metropolitana*, Guarulhos, 21 jul. 1992, p. 5.
22. Estabilidade provisória do cipeiro. *Orientador Trabalhista Mapa Fiscal – Suplemento de Legislação, Jurisprudência e Doutrina*, n. 8, p. 438, ago. 1992.
23. O ISS e a autonomia municipal. *Suplemento Tributário LTr*, n. 54, p. 337, 1992.
24. Valor da causa no processo do trabalho. *Suplemento Trabalhista LTr*, n. 94, p. 601, 1992.
25. Estabilidade provisória do dirigente sindical. *Orientador Trabalhista Mapa Fiscal – Suplemento de Legislação, Jurisprudência e Doutrina*, n. 9, p. 479, set. 1992.
26. Estabilidade no emprego do aidético. *Folha Metropolitana*, Guarulhos, 20-21 set. 1992, p. 16.
27. Remuneração do engenheiro. *Orientador Trabalhista Mapa Fiscal – Suplemento de Legislação, Jurisprudência e Doutrina*, n. 10, p. 524, out. 1992.
28. Estabilidade do acidentado. *Repertório IOB de Jurisprudência*, n. 22, texto 2/6933, p. 416, 1992.
29. A terceirização e suas implicações no direito do trabalho. *Orientador Trabalhista Mapa Fiscal – Legislação, Jurisprudência e Doutrina*, n. 11, p. 583, nov. 1992.
30. Contribuição assistencial. *Jornal do VII Congresso Brasileiro de Direito Coletivo do Trabalho e VI Seminário sobre Direito Constitucional do Trabalho*, nov. 1992, p. 5.
31. Descontos do salário do empregado. *Orientador Trabalhista Mapa Fiscal – Suplemento de Legislação, Jurisprudência e Doutrina*, n. 12, p. 646, dez. 1992.
32. Transferência de empregados. *Orientador Trabalhista Mapa Fiscal – Suplemento de Legislação, Jurisprudência e Doutrina*, n. 1, p. 57, jan. 1993.
33. A greve e o pagamento dos dias parados. *Orientador Trabalhista Mapa Fiscal – Suplemento de Legislação, Jurisprudência e Doutrina*, n. 2, p. 138, fev. 1993.
34. Auxílio-doença. *Folha Metropolitana*, Guarulhos, 30 jan. 1993, p. 5.
35. Salário-família. *Folha Metropolitana*, Guarulhos, 16 fev. 1993, p. 5.
36. Depósito recursal. *Repertório IOB de Jurisprudência*, n. 4, texto 2/7239, p. 74, fev. 1993.
37. Terceirização. *Jornal Magistratura & Trabalho*. n. 5, p. 12, jan. e fev. 1993.
38. Auxílio-natalidade. *Folha Metropolitana*, Guarulhos, 9 mar. 1993, p. 4.

39. A diarista pode ser considerada empregada doméstica? *Orientador Trabalhista Mapa Fiscal – Suplemento Trabalhista Mapa Fiscal – Suplemento de Legislação, Jurisprudência e Doutrina*, n. 3/93, p. 207.
40. Renda mensal vitalícia. *Folha Metropolitana*, Guarulhos, 17 mar. 1993, p. 6.
41. Aposentadoria espontânea com a continuidade do aposentado na empresa. *Jornal do Primeiro Congresso Brasileiro de Direito Individual do Trabalho*, 29 e 30 mar. 1993, p. 46-47. (Promovido pela LTr Editora.)
42. Relação de emprego e atividades ilícitas. *Orientador Trabalhista Mapa Fiscal – Suplemento de Legislação, Jurisprudência e Doutrina*, n. 5/93, p. 345.
43. Conflito entre norma coletiva do trabalho e legislação salarial superveniente. *Revista do Advogado*, n. 39, p. 69, maio 1993.
44. Condição jurídica do diretor de sociedade em face do direito do trabalho. *Orientador Trabalhista Mapa Fiscal – Suplemento de Legislação, Jurisprudência e Doutrina*, n. 6/93, p. 394.
45. Equiparação salarial. *Orientador Trabalhista Mapa Fiscal – Suplemento de Legislação, Jurisprudência e Doutrina*, n. 7/93, p. 467.
46. Dissídios coletivos de funcionários públicos. *Jornal do 5º Congresso Brasileiro de Direito Processual do Trabalho*, jul. 1993, p. 15. (Promovido pela LTr Editora.)
47. Contrato coletivo de trabalho. *Orientador Trabalhista Mapa Fiscal – Suplemento de Legislação, Jurisprudência e Doutrina*, n. 8/93, p. 536.
48. Reintegração no emprego do empregado aidético. *Suplemento Trabalhista LTr*, n. 102/93, p. 641.
49. Incidência da contribuição previdenciária nos pagamentos feitos na Justiça do Trabalho. *Orientador Trabalhista Mapa Fiscal – Suplemento de Legislação, Jurisprudência e Doutrina*, n. 9/93, p. 611.
50. Contrato de trabalho por obra certa. *Orientador Trabalhista Mapa Fiscal – Suplemento de Legislação, Jurisprudência e Doutrina*, n. 10/93, p. 674.
51. Auto-aplicabilidade das novas prestações previdenciárias da Constituição. *Revista de Previdência Social*, n. 154, p. 697, set. 1993.
52. Substituição processual e o Enunciado 310 do TST. *Orientador Trabalhista Mapa Fiscal – Suplemento de Legislação, Jurisprudência e Doutrina*, n. 11/93, p. 719.
53. Litigância de má-fé no processo do trabalho. *Repertório IOB de Jurisprudência*, n. 22/93, texto 2/8207, p. 398.
54. Constituição e custeio do sistema confederativo. *Jornal do 8º Congresso Brasileiro de Direito Coletivo do Trabalho e 7º Seminário sobre Direito Constitucional do Trabalho*, nov. 1993, p. 68. (Promovido pela LTr Editora.)
55. Participação nos lucros. *Orientador Trabalhista Mapa Fiscal – Suplemento de Legislação, Jurisprudência e Doutrina*, n. 12/93, p. 778.
56. Auxílio-funeral. *Folha Metropolitana*, Guarulhos, 22-12-1993, p. 5.
57. Regulamento de empresa. *Orientador Trabalhista Mapa Fiscal – Suplemento de Legislação, Jurisprudência e Doutrina*, n. 1/94, p. 93.
58. Aviso-prévio. *Orientador Trabalhista Mapa Fiscal – Suplemento de Legislação, Jurisprudência e Doutrina*, n. 2/94, p. 170.
59. Compensação de horários. *Orientador Trabalhista Mapa Fiscal – Suplemento de Legislação, Jurisprudência e Doutrina*, n. 3/94, p. 237.
60. Controle externo do Judiciário. *Folha Metropolitana*, Guarulhos, 10-3-1994, p. 2; *Folha da Tarde*, São Paulo, 26-3-1994, p. A2.
61. Aposentadoria dos juízes. *Folha Metropolitana*, Guarulhos, 11-3-1994, p. 2; *Folha da Tarde*, São Paulo, 23-3-1994, p. A2.
62. Base de cálculo da multa de 40% do FGTS. *Jornal do Segundo Congresso Brasileiro de Direito Individual do Trabalho*, promovido pela LTr, 21 a 23-3-1994, p. 52.
63. Denunciação da lide no processo do trabalho. *Repertório IOB de Jurisprudência*, n. 7/94, abril de 1994, p. 117, texto 2/8702.
64. A quitação trabalhista e o Enunciado n. 330 do TST. *Orientador Trabalhista Mapa Fiscal – Suplemento de Legislação, Jurisprudência e Doutrina*, n. 4/94, p. 294.
65. A indenização de despedida prevista na Medida Provisória n. 457/94. *Repertório IOB de Jurisprudência*, n. 9/94, p. 149, texto 2/8817.
66. A terceirização e o Enunciado n. 331 do TST. *Orientador Trabalhista Mapa Fiscal – Suplemento de Legislação, Jurisprudência e Doutrina*, n. 5/94, p. 353.
67. Superveniência de acordo ou convenção coletiva após sentença normativa – prevalência. *Orientador Trabalhista Mapa Fiscal – Suplemento de Legislação, Jurisprudência e Doutrina*, n. 6/94, p. 386.
68. Licença-maternidade da mãe adotiva. *Orientador Trabalhista Mapa Fiscal – Suplemento de Legislação, Jurisprudência e Doutrina*, n. 7/94, p. 419.
69. Medida cautelar satisfativa. *Jornal do 6º Congresso Brasileiro de Direito Processual do Trabalho*, promovido pela LTr nos dias 25 a 27-7-1994, p. 58.
70. Estabelecimento prestador do ISS. *Suplemento Tributário LTr*, n. 35/94, p. 221.
71. Turnos ininterruptos de revezamento. *Orientador Trabalhista Mapa Fiscal – Suplemento de Legislação, Jurisprudência e Doutrina*, n. 8/94, p. 468.
72. Considerações em torno do novo Estatuto da OAB. *Repertório IOB de Jurisprudência*, n. 17/94, set. 1994, p. 291, texto 2/9269.
73. Diárias e ajudas de custo. *Orientador Trabalhista Mapa Fiscal – Suplemento de Legislação, Jurisprudência e Doutrina*, n. 9/94, p. 519.
74. Reajustes salariais, direito adquirido e irredutibilidade salarial. *Orientador Trabalhista Mapa Fiscal – Suplemento de Legislação, Jurisprudência e Doutrina*, n. 10/94, p. 586.
75. Os serviços de processamento de dados e o Enunciado n. 239 do TST. *Orientador Trabalhista Mapa Fiscal – Suplemento de Legislação, Jurisprudência e Doutrina*, n. 11/94, p. 653.
76. Desnecessidade de depósito administrativo e judicial para discutir o crédito da seguridade social. *Orientador Trabalhista Mapa Fiscal – Suplemento de Legislação, Jurisprudência e Doutrina*, n. 12/94, p. 700.
77. Número máximo de dirigentes sindicais beneficiados com estabilidade. *Repertório IOB de Jurisprudência*, n. 24/94, dez. 1994, p. 408, texto 2/9636.
78. Participação nos lucros e incidência da contribuição previdenciária. *Revista de Previdência Social*, n. 168, nov. 1994, p. 853.
79. Proteção do trabalho da criança e do adolescente – considerações gerais. *BTC – Boletim Tributário Contábil – Trabalho e Previdência*, dez. 1994, n. 51, p. 625.
80. Critérios de não discrimininação no trabalho. *Orientador Trabalhista Mapa Fiscal – Suplemento de Legislação, Jurisprudência e Doutrina*, n. 1/95, p. 103.

81. Embargos de declaração no processo do trabalho e a Lei n. 8.950/94 que altera o CPC. *Repertório IOB de Jurisprudência*, n. 3/95, fev. 1995, texto 2/9775, p. 41.
82. Empregado doméstico – Questões polêmicas. *Orientador Trabalhista Mapa Fiscal – Suplemento de Legislação, Jurisprudência e Doutrina*, n. 2/95, p. 152.
83. Não concessão de intervalo para refeição e pagamento de hora extra. *Orientador Trabalhista Mapa Fiscal – Suplemento de Legislação, Jurisprudência e Doutrina*, n. 3/95, p. 199.
84. Lei altera artigo da CLT e faz prover conflitos. *Revista Literária de Direito*, mar./abr. 1995, p. 13.
85. Empregados não sujeitos ao regime de duração do trabalho e o artigo 62 da CLT. *Orientador Trabalhista Mapa Fiscal – Suplemento de Legislação, Jurisprudência e Doutrina*, n. 4/95, p. 240.
86. A Justiça do Trabalho não pode ser competente para resolver questões entre sindicato de empregados e empregador. *Revista Literária de Direito*, maio/jun. 1995, p. 10.
87. Minutos que antecedem e sucedem a jornada de trabalho. *Orientador Trabalhista Mapa Fiscal – Suplemento de Legislação, Jurisprudência e Doutrina*, n. 5/95, p. 297.
88. Práticas discriminatórias contra a mulher e a Lei n. 9.029/95. *Repertório IOB de Jurisprudência*, n. 11/95, jun. 1995, p. 149, texto 2/10157.
89. Conflito entre a nova legislação salarial e a norma coletiva anterior. *Orientador Trabalhista Mapa Fiscal – Suplemento de Legislação, Jurisprudência e Doutrina*, n. 6/95, p. 362.
90. Imunidade tributária. *Suplemento Tributário LTr*, 34/95, p. 241.
91. Cogestão. *Revista do Tribunal Regional do Trabalho da 8ª Região*, v. 28, n. 54, jan./jun. 1995, p. 101.
92. Licença-paternidade. *Orientador Trabalhista Mapa Fiscal – Suplemento de Legislação, Jurisprudência e Doutrina*, n. 7/95, p. 409.
93. Embargos de declaração. *Jornal do 7º Congresso Brasileiro de Direito Processual do Trabalho*, São Paulo, Ed. LTr, 24 a 26 jul. 1995, p. 54.
94. Reforma da constituição e direitos previdenciários. *Jornal do 8º Congresso Brasileiro de Previdência Social*, n. 179, out. 1995, p. 723.
95. Ação declaratória incidental e coisa julgada no processo do trabalho. *Suplemento Trabalhista LTr 099/95*, p. 665 e *Revista do TRT da 8ª Região*, Belém, v. 28, n. 55, jul./dez. 1995, p. 39.

Nota do autor

Eu gosto de futebol. Quando estava no ginásio, ia com os colegas em quase todo jogo de futebol, não importando qual era o clube que jogava. Lembro-me de ter visto o último jogo do Pelé no Pacaembu, que foi Corinthians e Santos, em 1974.

Lembro-me também do Campeonato Paulista de 1976, que o Palmeiras ganhou. Eu e meu pai fomos a todos os jogos do Palmeiras no Parque Antarctica, pois nós morávamos perto do clube e íamos a pé.

Em 1984, eu e meu pai fomos a um jogo do Palmeiras, no Pacaembu. Enquanto subíamos a ladeira do estádio, que dá na Avenida Dr. Arnaldo, meu pai teve um infarto em razão do esforço para subir a rua. Não me lembro se o Palmeiras ganhou ou perdeu esse jogo.

A ideia de escrever um livro sobre o atleta profissional de futebol já existia há muito tempo. Era um assunto que eu gostaria de ter escrito e um dos temas sobre os quais eu guardava material para fazer um livro. Entretanto, esse estudo não dava um número suficiente de páginas para compor um livro.

Toda vez que eu lia algum artigo sobre os direitos trabalhistas do jogador de futebol, ia anotando num arquivo do computador, e assim o arquivo ia ficando maior.

Certos capítulos já estavam bem delineados, mas foram mais bem escritos a partir da leitura de livros especializados sobre o jogador de futebol. Fiquei surpreso com tanta coisa que eu já tinha anotado sobre o jogador de futebol e nunca tinha utilizado. Já tinha feito artigos sobre "O atleta profissional de futebol e os seus direitos trabalhistas" e a "Cláusula penal do jogador de futebol", publicados, respectivamente, na *Revista de Direito do Trabalho* e no *Orientador Trabalhista Mapa Fiscal*.

Resolvi fazer o livro dividindo os capítulos de acordo com os vários direitos e deveres do jogador de futebol.

Fico contente em tê-lo terminado, apresentando o resultado aos que gostam dos direitos trabalhistas do atleta de futebol, que são específicos e regidos por lei especial.

Esta edição tem as alterações decorrentes das Leis n. 14.193/2021 e 14.597/2023 e decisões judiciais. Alguns capítulos tiveram de ser reescritos e outros foram acrescentados em decorrência dessas alterações.

Sumário

1 Histórico

1 Evolução mundial

Há notícias de que as civilizações antigas praticavam esporte. Maias, incas e egípcios praticavam jogos esportivos.

Na Grécia, houve um incremento maior do esporte com a prática das Olimpíadas.

Enquanto o trabalhador prestava serviços no campo, tinha bastante atividade física com o trabalho braçal. Entretanto, a partir do momento em que o trabalhador foi prestar serviços na cidade, passou a ser sedentário, havendo necessidade das práticas desportivas, dos exercícios físicos, como questão de saúde e bem-estar.

Pinturas de aproximadamente 2500 a.C. no Egito antigo e na Grécia mostram jogos semelhantes ao futebol. Na Grécia, havia um jogo chamado de *spiskiros*. Os soldados se dividiam em duas equipes de nove jogadores cada uma. O jogo era realizado em um campo retangular. Em Esparta, a bola do jogo era feita de bexiga de boi, enchida com areia ou terra. Cada equipe tinha 15 jogadores.

O jogo grego foi levado pelos romanos na invasão em 1500 a.C. Em Roma, esse jogo foi chamado de *harpastum*. Era praticado num campo dividido ao meio por duas linhas, que eram as metas. Os jogadores ficavam no fundo de cada lado do campo. Depois de autorizados, se dirigiam à bola. Podiam conduzi-la com os pés ou com as mãos. Isso dá origem ao *rugby*. O jogo não era jogado nas arenas, mas servia para condicionar fisicamente os jogadores para as corridas de bigas ou então para o treinamento militar dos romanos.

No século XV a.C. os chineses jogavam o *tsu-chu*. *Tsu* significa golpear com os pés. *Chu* é um balão de couro. O jogo exigia passar a esfera pelo centro de duas varas fincadas no chão.

Foi publicado em 207 a.C. na China um livro sobre a prática desportiva militar muito parecida com o futebol. Essa prática desportiva já existia desde 2500 a.C., na época do imperador Shih Huang-ti. Era chamada de *kemaui* e jogada por 16 pessoas, oito de cada lado, num campo quadrado com área de 14 metros. Havia duas estacas fincadas no chão, ligadas por um fio de seda. Utilizava-se bola redonda, de 22 centímetros de diâmetro. Os participantes tinham de passá-la além das estacas.

No Japão, o jogo foi chamado de *kemari*. Era jogado por seis ou oito pessoas, divididas em dois times. A bola era feita de fibras de bambu. Nenhum time ganhava ou perdia. O jogo servia para divertir as pessoas que o praticavam. Há afirmações de que o jogo seria mais um cerimonial religioso. Os imperadores En-ji e Ten-ji praticavam o esporte.

Na Bretanha e na Normandia, os participantes jogavam com uma bola de couro, podendo chutá-la ou usar as mãos. Eram permitidos socos e rasteiras. O jogo era chamado de *folke football*.

Na Idade Média, em Florença, era jogado o *calcio*, considerado um sucessor do *harpastum* de Roma. Era disputado um jogo com 27 pessoas, podendo ser usados os pés e as mãos. A bola deveria ser levada até dois postes localizados nas extremidades do campo. Esse campo era dividido ao meio. Os nobres praticavam o jogo em praças públicas. O povo apenas via o jogo como entretenimento.

Em Londres, Eduardo II, em 1314, e Eduardo III, em 1349, proibiram os jogos, pois eles estavam sendo usados para verdadeiras batalhas campais.

No século XVI, o jogo *hurling over country* era praticado por habitantes de duas cidades. A bola deveria ser levada até a praça central da cidade adversária. Ganhava o jogo quem conseguisse essa meta.

O futebol passou a ser jogado dentro das escolas de alta classe na Inglaterra. Visava acalmar os ânimos dos alunos. Estes eram chamados *hooligans*, que causavam grandes tumultos nas escolas e deixavam os padres horrorizados.

O *hurling over country* foi transformado no *hurling at goals*. Era praticado por 40 a 60 jogadores. O campo tinha 100 metros de comprimento por 30 de largura. Havia dois postes nas extremidades. Marcava ponto a equipe que conseguisse passar a bola pela linha entre os postes.

Em 26 de outubro de 1863, na Feemason's Tavern, na Great Queen Street, em Londres, os representantes de clubes, capitães e dirigentes reuniram-se para unificar as regras do esporte. Foi fundada a Football Association, e o esporte passou a ser praticado apenas com os pés. Foram instituídas regras para a prática do jogo.

Em 1871, as pessoas que jogavam com as mãos fundaram a Rugby Union.

Charles Allcook foi o primeiro a organizar campeonatos de futebol, como o FA Cup. Era a Copa da Inglaterra. Na fase final, as partidas eram eliminatórias. A primeira partida internacional de futebol foi organizada por Charles Allcook em 30 de novembro de 1872, na Escócia, entre a Inglaterra e a Escócia, tendo sido assistida por mais de 4 mil pessoas.

Em 21 de maio de 1904 é fundada a Fédération Internationale de Football Association (FIFA), em Paris, sob a liderança do advogado francês Jules Rimet. A criação da FIFA foi feita por dirigentes de Bélgica, Dinamarca, Espanha, França, Holanda, Suécia e Suíça. O futebol já se tornava uma paixão mundial. Hoje, ela é integrada por 211 membros.

Em 1920, o futebol é incluído nos Jogos Olímpicos.

Em 1927, foi realizado o primeiro campeonato europeu de clubes, denominado Copa Mitrofa. Os finalistas foram o Sparta de Praga e o Rapid de Viena.

Em 1930, foi feita a primeira Copa do Mundo, no Uruguai, sendo campeão esse país.

O futebol era valorizado pelo valor político que tinha. O regime fascista investia no futebol. A Itália ganhou dois campeonatos seguidos: em 1934, realizado na Itália, na final contra a Checoslováquia, e em 1938, realizado na França, na final contra a Hungria.

A Confederação Africana de Futebol foi criada em 1957 no Sudão. Era integrada por Etiópia, Sudão, Egito e África do Sul.

A partida de futebol é disputada por 11 jogadores de cada lado. Há um goleiro, que pode tocar a bola com as mãos e chutá-la, que defende a meta ou o gol; um lateral direito e outro esquerdo, também chamados de ala direita e ala esquerda; dois zagueiros, que antigamente se chamavam beque central e quarto-zagueiro; o médio-volante atualmente é chamado de volante; antigamente havia o meia-direita e o meia-esquerda; o centroavante, o ponta-direita e o ponta-esquerda. Em cada partida, é possível fazer cinco substituições de jogadores em relação a cada equipe.

A duração da partida é de 90 minutos, sendo dois tempos de 45 minutos, com intervalo de 15 minutos para descanso dos jogadores. A bola tem de 68 a 71 centímetros de circunferência e de 396 a 453 gramas de peso.

2 No Brasil

Em 1878, os tripulantes do navio *Crimeia* chegaram ao Rio de Janeiro e disputaram uma partida de futebol na rua Paiçandu.

Charles Miller era brasileiro, filho de ingleses. Estudou na Inglaterra e jogou futebol na universidade. Ao retornar para o Brasil em 1884, trouxe duas bolas, uniformes de futebol, chuteiras, bomba de encher a bola e a agulha. Promoveu um jogo de futebol entre um grupo de ingleses em 15 de abril de 1885. Foram formados dois times: The Team Gaz e The São Paulo Railway.

Em 13 de maio de 1888, foi fundado o São Paulo Athletic Club. Só jogavam futebol os membros da aristocracia.

No Brasil, o futebol começou a ser praticado pelos trabalhadores das estradas de ferro, dando origem ao futebol de várzea. O segundo fundamento é a introdução do esporte pelos clubes ingleses nos grupos de elite.

Oscar Cox trouxe uma bola da Suíça em 1896, incentivando o futebol no Rio de Janeiro.

Em 1899, já havia alguns clubes que praticavam o futebol, como o São Paulo Athletic, a A. Mackenzie, o S. C. Internacional e o S. C. Germânia.

Em 1900, existiam no Rio de Janeiro as equipes Rio Cricket & Atlhetic Association e The Paissandu Cricket Association. Em 19 de julho, no Rio Grande do Sul, foi fundado o Sport Club Rio Grande.

Em 1901, é formada a liga paulista de futebol, tendo em sua diretoria as seguintes pessoas: Antônio Casimiro Costa (presidente), Hans Nobilêng, Arthur Ravache e Tancredo Amaral.

Em 1902, foi organizado o primeiro campeonato paulista. O campeonato foi ganho pelo São Paulo Athletic Club, e Charles Miller foi o artilheiro do campeonato. Começou a ser cobrado ingresso do público, sendo 50% destinados ao clube e 50% à liga. Ela passou a ser chamada de Liga Paulista de Foot Ball. Era composta de times mais populares, como Americano, Germânio, Internacional, Corinthians e Minas Gerais.

Em 1906, foi fundada no Rio de Janeiro a Associação Metropolitana de Futebol, que tinha como seus clubes mais importantes Flamengo, Vasco da Gama e Botafogo. Em 1923, surge a Liga Carioca de Futebol. Em 1937, a Liga de Futebol do Rio de Janeiro.

O Clube de Regatas Flamengo foi fundado em 1895 para disputas de remo. O futebol no Flamengo começa em 1911. Houve a cisão do Fluminense Football Club, que teve jogadores que passaram para o Flamengo.

Foi fundado em 1898 o Club de Regatas Vasco da Gama para disputas de remo. O clube ganhou esse nome em homenagem ao navegador português Vasco da Gama. No ano da fundação do clube, comemorava-se o quarto centenário da viagem de descoberta do caminho para as Índias. O estádio de São Januário, inaugurado em 1927, foi construído em dez meses com dinheiro doado por torcedores de toda a cidade do Rio de Janeiro. No estádio foram feitos vários discursos importantes de Getúlio Vargas. Foi o primeiro clube a usar jogadores negros, o que fez com que certos clubes não quisessem jogar com o Vasco.

O Fluminense foi fundado em 1902 por Oscar Cox. A sede do clube nas Laranjeiras foi concluída em 1920. Foi o primeiro clube criado para a prática exclusiva do futebol.

O Corinthians foi fundado em 1910, o Santos em 1912, o Palmeiras em 1914, o São Paulo em 1935.

Em 1913, foi criada a Associação Paulista de Esportes Atléticos. Era composta de equipes de elite: Paulistano, Palmeiras, Mackenzie, Ipiranga e Scotch Wanders.

Em 8 de junho de 1914, foi fundada a Federação Brasileira de Sports.

Em 1915, foi fundada a Federação Brasileira de Futebol.

Em 1916, foi fundada a Confederação Brasileira de Desportos (CBD), organizando o futebol no âmbito nacional. Ela se dedicava mais a esportes amadores.

O Rio de Janeiro adotou o profissionalismo no futebol a partir de 23 de janeiro de 1933, com quatro votos a favor (Fluminense, Vasco, América e Bangu) e três contra (Botafogo, Flamengo e São Cristóvão). Foi oficializado o contrato de seus atletas. Eles passaram a receber uma remuneração mensal.

Na década de 1930, muitos atletas se transferiam para a Europa, sem qualquer compensação financeira para o clube que os formou.

Em 1937, houve a fusão entre a Federação Brasileira de Futebol e a Confederação Brasileira de Desportos, iniciando-se a fase profissional do futebol.

O Decreto-Lei n. 527, de 1º de julho de 1938, regulamentou a cooperação financeira da União com as organizações privadas, incluindo as organizações desportivas.

O Decreto-Lei n. 1.056/39 estabeleceu o Plano Geral de Regulamentação do Desporto por intermédio da Comissão Nacional de Desportos, que elaborou o projeto da lei-base dos desportos no território nacional.

O Decreto-Lei n. 526/38 criou o Conselho Nacional de Cultura. Tinha a finalidade de supervisionar as atividades relacionadas ao desenvolvimento cultural do país, incluindo a prática desportiva.

A legislação sobre o desporto foi criada no período em que Getúlio Vargas esteve no poder. O Decreto-Lei n. 1.056, de 19 de janeiro de 1939, criou a Comissão Nacional de Desportos.

O Decreto-Lei n. 3.199, de 14 de abril de 1941, estabeleceu as bases de organização do desporto no país. Instituiu o Conselho Nacional de Desportos (CND), de âmbito nacional, e os Conselhos Regionais de Desporto (CRDs), de âmbito estadual. Essa norma era cópia do modelo fascista italiano. Era subordinado ao Ministério da Educação e Saúde. Tinha por objetivo orientar, fiscalizar e incentivar a prática de todos os esportes no Brasil. O Conselho Nacional tinha competência para "estudar e promover as medidas que tenham por objetivo assegurar uma conveniente e constante disciplina à organização e à administração das associações" (art. 3º, *a*) e "exercer rigorosa vigilância sobre o profissionalismo, com o objetivo de mantê-lo dentro dos princípios de estrita moralidade" (art. 3º, *b*). As confederações se responsabilizavam pelas regras desportivas originadas das entidades internacionais. Era preciso que o registro dos atletas nas confederações esportivas e suas inscrições fossem aprovadas pelo CND. Os estatutos das federações tinham competência para organização e funcionamento das referidas entidades, nos quais se incluíam regras para apreciação da disciplina e controvérsias pertinentes, sempre sob aprovação do Conselho Nacional e com homologação do Ministro da Educação e Saúde (art. 23). Previa o art. 54 que "às mulheres não se permitirá a prática de desportos incompatíveis com as condições de sua natureza, devendo, para esse feito, o Conselho Nacional dos Desportos baixar as necessárias instruções". Em 28 de abril de 1959, o plenário do CND proibiu terminantemente o futebol feminino. A CBD transmitiu essa ordem às suas filiadas (Circular n. 44/59). Era vedada a contratação de técnicos estrangeiros, sem autorização do CND, salvo se para serviço oficial (art. 52).

A Portaria n. 254, do Ministério da Educação e da Saúde, de 1º de outubro de 1941, estabeleceu instruções para a organização dos estatutos das confederações e federações esportivas do país.

O Decreto-Lei n. 3.617/41 trata das bases de organização do desporto universitário.

O Botafogo de Futebol e Regatas foi criado em 1942, mediante a fusão do Club de Regatas Botafogo e do Botafogo Football Club.

O Decreto-Lei n. 5.342, de 25 de março de 1943, criou a carteira desportiva para os atletas. Os contratos entre os atletas profissionais e os clubes tinham de ser registrados no Conselho Nacional do Desporto. O CND iria estabelecer normas para a transferência dos atletas profissionais de uma entidade para outra, prevendo indenizações ou restituições. Dispunha o art. 5º da referida norma que:

> as relações entre atletas profissionais ou auxiliares desportivos e as entidades desportivas, regular-se-ão pelos contratos que celebrarem, submetendo-se estes às disposições legais, às recomendações do Conselho Nacional de Desportos e às normas desportivas internacionais.

O atleta deveria ter carteira desportiva ou carteira de atleta, segundo modelo da CBD e aprovado pelo CND (art. 6º, § 2º).

A CLT (Decreto-Lei n. 5.452/43) previa no § 2º do art. 480 que:

> em se tratando de contrato de artistas de teatros e congêneres, o empregado que rescindi-lo sem justa causa não poderá trabalhar em outra empresa de teatro ou congêneres, salvo quando receber o atestado liberatório, durante o prazo de um ano, sob pena de ficar o novo empresário obrigado a pagar ao anterior uma indenização correspondente a dois anos dos salários estipulado no contrato rescindido.

Foi revogado pela Lei n. 6.533, de 24 de maio de 1978.

O Decreto-Lei n. 7.674, de 25 de junho de 1945, determinou a obrigatoriedade de toda entidade ou associação desportiva ter órgão fiscalizador de gestão financeira.

O Decreto n. 18.425, de 14 de agosto de 1945, aprovou o Regimento do Conselho Nacional de Desportos. Foi alterado pelo Decreto n. 32.416, de 11 de março de 1953.

A Deliberação CND n. 48, de 30 de agosto de 1945, editou o primeiro Código Brasileiro de Futebol. Tinha por objetivo regulamentar e organizar a atuação dos tribunais criados por essa norma. São criados: o Superior Tribunal de Justiça Desportiva (STJD), com jurisdição nacional; os Tribunais de Justiça Desportiva, vinculados à Federação de Futebol estadual; as Juntas Disciplinares Desportivas, com jurisdição nos municípios. Eles eram integrados por juristas e desportistas de reputação ilibada e grande saber jurídico-desportivo. O primeiro Código Brasileiro de Futebol vigorou até 1956.

Previa o Decreto-Lei n. 7.967, de 18 de setembro de 1945, a concessão de visto temporário para a entrada nos países de "desportistas e congêneres", admitindo visto temporário especial para "técnicos e professores contratados". O CND restringiu a participação a apenas dois estrangeiros em cada clube de futebol (Deliberação n. 2/57). O art. 44 da Deliberação n. 5/56 do CND proibiu a contratação dos estrangeiros que houvessem completado 30 anos de idade, na ocasião de solicitar seu primeiro registro no Brasil, não podendo fazê-lo por prazo superior a 12 meses.

O Decreto-Lei n. 8.458, de 26 de dezembro de 1945, regulamentou o registro dos estatutos das entidades e associações desportivas.

O TST entendeu que o jogador de futebol era empregado:

> O jogador de futebol é um assalariado, cujos direitos, em face do empregador, não diversificam dos reconhecidos a outras categorias, cabendo-lhe, portanto, direito à estabilidade, que não pode ser objeto de transação entre empregadores (TST, Proc. 5.930/47, Rel. Min. Astolfo Serra, *DJ* 20.3.1948, p. 958, *Revista do TST*, n. 2, p. 102).

O STF entendeu, no caso Batatais *vs.* Fluminense, que o atleta profissional era um empregado assalariado. O jogador era equiparado aos artistas de teatro[1].

O Decreto n. 47.978/60 estabeleceu normas para o registro no Conselho Nacional de Desportos, de técnicos desportivos, diplomados por Escola de Educação Física.

O art. 9º da Convenção de Roma de 1961 prevê: "qualquer Estado contratante, pela sua legislação nacional, pode tornar extensiva a proteção prevista na presente convenção aos artistas que não executem obras literárias ou artísticas".

O Decreto n. 51.008, de 20 de julho de 1961, regulamentou a profissão de atleta de futebol e estabeleceu as condições para a realização das competições desportivas, disciplinando a participação dos jogadores nas partidas de futebol. Durante a semana, os jogos deveriam ser realizados após as 18 horas. No verão, não poderiam ocorrer entre 10 e 16 horas. Entre duas partidas deveria haver intervalo para descanso de 72 horas. Os jogadores teriam férias entre 18 de dezembro e 7 de janeiro. Os clubes poderiam ser punidos, inclusive ficando suspensos por um ano de partidas oficiais, caso não observassem as referidas regras. Na época, só era possível a contratação do atleta a partir dos 16 anos completos (Resolução da CBD de 29 de junho de 1942 e art. 3º, § 1º, do Decreto n. 53.820/64).

Tratou o Decreto n. 53.820, de 24 de março de 1964, do atleta profissional de futebol e também do "passe", também chamado de "vínculo desportivo". Era um valor cobrado pelo clube para transferir o jogador para outro clube. Exigiu anuência do jogador para a transferência. O jogador passou a ter direito a 15% do valor do passe, que seria pago pelo clube que o vendesse. O contrato não poderia ser inferior

---

1 RE 15.932, 1ª T., j. 18.9.1950, *Revista do TST*, set.-out. 1950, p. 38.

a três meses nem superior a dois anos. Não poderia ser assinado por menores de 16 anos. O clube tinha de fornecer assistência médico-hospitalar ao atleta em caso de acidente. O jogador obtinha o passe com 32 anos de idade e desde que tivesse prestado 10 anos de serviço ao mesmo empregador. Aplicavam-se as normas internacionais sobre "cessão de atleta profissional" (art. 2º). Os contratos deveriam ser encaminhados pelas associações desportivas empregadoras ao CND ou ao CRD para o competente registro. Era vedado ao atleta de futebol participar de qualquer competição (oficial ou amistosa) antes de ser efetuado o registro (§ 2º do art. 3º). O intervalo entre uma partida e outra foi reduzido para 60 horas.

A Deliberação n. 9/67 do Conselho Nacional de Desportos editou o que se chama Lei do Passe, pois estabelecia valores, forma de fixação do passe, passe livre etc.

A letra *q* do inciso XVII do art. 8º da Emenda Constitucional n. 1, de 1969, previa a competência da União para legislar e estabelecer normas gerais sobre o desporto.

A Lei n. 5.939, de 19 de novembro de 1973, incluiu o atleta profissional de futebol como beneficiário da Previdência Social.

A Lei n. 5.988, de 14 de dezembro de 1973, versava sobre os direitos autorais e tratava do instituto do direito de arena.

A Lei n. 6.251/75 revogou o Decreto-Lei n. 3.199/41 e instituiu a Justiça Desportiva (art. 42, III). Delegou poderes ao Conselho Nacional de Desportos, inclusive em relação à competência legislativa, executiva e judiciária quanto ao desporto. Vedava o lucro em relação às entidades desportivas e a remuneração de seus dirigentes. Estabeleceu a organização desportiva nacional em:

a) desporto militar;

b) desporto estudantil;

c) desporto universitário;

d) desporto comunitário, amadorista ou profissional, sob a supervisão do Conselho Nacional de Desportos e Comitê Olímpico Brasileiro.

Estabeleceu a Lei n. 6.269, de 24 de novembro de 1975, o sistema de assistência complementar aos jogadores.

A Lei n. 6.354, de 2 de setembro de 1976, dispunha sobre as relações de trabalho do atleta profissional de futebol. O anteprojeto da referida norma foi elaborado pelo prof. Evaristo de Moraes Filho. Estabeleceu direitos e deveres para o atleta. A partir dessa data pode-se dizer que o contrato tem natureza trabalhista e não civil.

A Resolução n. 10, de 10 de abril de 1986, promulgada pelo Conselho Nacional de Desporto, previa a transferência de um atleta para outro clube, permitindo que ele pudesse participar da negociação.

Dispõe o art. 217 da Constituição de 1988 que o Estado deve fomentar práticas desportivas formais e não formais, como direito de cada um, observados:

> I – a autonomia das entidades desportivas dirigentes e associações, quanto a sua organização e funcionamento;
>
> II – a destinação de recursos públicos para a promoção prioritária do desporto educacional e, em casos específicos, para a do desporto de alto rendimento;
>
> III – o tratamento diferenciado para o desporto profissional e o não profissional;
>
> IV – a proteção e o incentivo às manifestações desportivas de criação nacional.

O inciso IX do art. 24 da Constituição prevê que compete a União, Estados e Distrito Federal legislar concorrentemente sobre educação, cultura, ensino e desporto. A Constituição prevê competência exclusiva da União para legislar sobre desporto (art. 24, IX).

A Lei n. 8.650, de 22 de abril de 1993, regulamentou a profissão de treinador de futebol profissional.

Determina a Lei n. 8.672, de 6 de julho de 1993, regras gerais sobre desportos. Era chamada de Lei Zico, pois Arthur Antunes Coimbra (Zico) era o Secretário Nacional de Esportes no Governo Collor, no início da tramitação da lei. O Decreto n. 981, de 11 de novembro de 1993, regulamentou a Lei n. 8.672.

A Lei n. 9.615, de 24 de março de 1998, instituiu normas gerais sobre desporto. É também denominada Lei Pelé. A referida norma revoga a Lei n. 8.672/93 e a Lei n. 8.946/94. A lei trata do desporto de modo geral, trazendo também algumas regras que se aplicam ao atleta profissional de futebol.

O Decreto n. 2.574, de 29 de abril de 1998, regulamenta a Lei n. 9.615. O Decreto n. 5.000, de 1º março de 2004, revogou o Decreto n. 2.574.

Em 14 de julho de 2000, foi feita a primeira grande alteração na Lei n. 9.615, por meio da Lei n. 9.981/2000.

O Estatuto de Defesa do Torcedor foi instituído pela Lei n. 10.671, de 15 de maio de 2003.

Em 23 de dezembro de 2003, o Conselho Nacional de Esportes edita a Resolução n. 1, chamada de Código Brasileiro de Justiça Desportiva (CBJD), com fundamento no inciso VI do art. 11 da Lei n. 9.615, que permite ao Conselho Nacional de Esportes aprovar os Códigos de Justiça Desportiva e suas alterações.

A Lei n. 11.345, de 14 de setembro de 2006, criou o Timemania, um concurso de prognósticos criado pela União. Os clubes que cederem os direitos de uso de suas denominações, marcas, emblemas, hinos ou símbolos para divulgação e execução do concurso de prognósticos recebem 22% da arrecadação. Esse porcentual é destinado ao pagamento de dívidas com a União em relação à contribuição previdenciária, ao FGTS e à Receita Federal. O Decreto n. 6.187, de 14 de agosto de 2007, regulamentou a lei.

A Lei n. 11.438, de 29 de dezembro de 2006, estabeleceu incentivos e benefícios para fomentar as atividades de caráter desportivo.

A Lei n. 12.395, de 16 de março de 2011, revogou a Lei n. 6.354/76. Fez várias alterações no texto da Lei n. 9.615/98. Entrou em vigor em 17 de março de 2011, quando foi publicada no Diário Oficial.

A Lei n. 13.155/2015 instituiu o Profut, visando "promover a gestão transparente e democrática e o equilíbrio financeiro das entidades desportivas profissionais do futebol".

A Lei n. 14.597, de 14 de junho de 2023, institui a Lei Geral do Esporte e não revoga a Lei n. 9.615/98. Temos em vigor, portanto, duas leis do esporte. Revogou o Estatuto do Torcedor (Lei n. 10.671/2003), a Lei do Bolsa-Atleta (Lei n. 10.891/2004) e a Lei do Treinador (Lei n. 8.650/93).

O Decreto n. 7.984, de 8 de abril de 2013, regulamenta a Lei n. 9.615/98.

Manoel José Gomes Tubino indica alguns pontos em relação ao esporte:

> a) que o componente psicossocial fundamental do esporte é o caráter competitivo; b) que o esporte, desde o início colocado sempre na perspectiva do progresso do homem, necessita de uma visão interdisciplinar; c) que o esporte moderno, ao delimitar-se pelas regulamentações e codificações, supõe um autocontrole, que se constitui num dos princípios básicos da convivência humana[2].

O atleta de futebol é um trabalhador, como qualquer outro, embora seja um trabalhador especial, regido por legislação especial, mas que também é estudado pelo Direito do Trabalho, pois ganha a sua remuneração com o seu trabalho, jogando o futebol nos campeonatos.

---

2 TUBINO, Manoel José Gomes. *Teoria geral do esporte*. São Paulo: Ibrasa, 1987, p. 21.

Verifica-se na prática que 82% dos jogadores de futebol ganham dois salários mínimos por mês e 2% recebem mais de salários mínimos por mês. São poucos, portanto, que têm salários elevados.

O futebol é uma das modalidades desportivas mais apreciadas no mundo, especialmente no Brasil. Nelson Rodrigues dizia que o futebol é a paixão, "a mais cruel e tenebrosa". No Brasil, é uma paixão nacional.

O futebol proporciona a integração social das pessoas. A pessoa se integra à sociedade por meio da prática do futebol. É uma forma de diversão, de divertimento, de programa. No interior, muitas vezes, verifica-se que o esporte é uma forma de evitar que a criança seja um marginal, que consuma drogas. A prática do esporte também melhora a forma física, evita o sedentarismo e diminui o estresse.

2
Denominação e conceitos

Jogo é a "atividade física ou mental organizada por um sistema de regras que definem a perda ou o ganho"[1].

Desport era palavra usada em francês antigo com o significado de prazer, descanso, espairecimento, recreio. Posteriormente passou-se a empregar *sport*, que passou para o inglês. Os espanhóis passaram a usar a palavra *desporte* ou *deporte* e os italianos *desporto*[2].

Esporte, segundo Loy Jr., é "qualquer forma alegre de competição cujo resultado é determinado pela habilidade física, estratégica, ou empregada individualmente ou em combinação".

Musset afirma que o esporte é um "jogo consistente em um exercício físico, submetido a certas regras"[3].

Loup leciona que:

> esportes são o conjunto de exercícios físicos praticados lealmente e sem ânimo de lucro, com vistas a fins de diversão, de desenvolvimento harmônico e de endurecimento do corpo, para conseguir uma vitória ou para bater um recorde,

---

1 FERREIRA, Aurélio Buarque de Holanda. *Novo dicionário Aurélio da língua portuguesa*. 3. ed. Curitiba: Positivo, 2004, p. 1158.

2 TUBINO, M. J. Gomes, op. cit., p. 38.

3 MUSSET, M. R. *La responsabilité sportive et le règlement de jeu*. Lyon: Impr. C. Annequin, 1938, p. 5.

> exercícios cuidadosamente regulamentados e que podem comportar certos riscos livremente aceitos por quem a eles se dedicam[4].

Valserra assevera que esporte é "toda função desinteressada, nobre e higiênica, cujos fins consistam em dar espaçamento ao espírito, de dar energia à vontade e beleza pujante do corpo"[5].

Educação física é expressão usada para indicar a orientação da prática desportiva nas escolas. Em francês se fala em *éducation physique* e *sport*.

A expressão *pedagogia do esporte* tem sido usada para significar a teoria da educação física.

Os esportes podem ser classificados em:

a) individuais;

b) coletivos ou de grupo, como voleibol, futebol, basquete etc.;

c) mistos, que podem ser desenvolvidos individualmente ou em grupo, como remo e ciclismo.

Não se nega que o esporte tem função social, dentro da sociedade, como forma de interação entre os grupos sociais.

---

4 LOUP, J. *Le Sport et le droit*, p. 9.

5 VALSERRA, F. *Historia del deporte*. Madrid-Barcelona: Plus Ultra, 1945, p. 15.

3
Contrato de trabalho

1 Conceito

A CLT define contrato individual de trabalho como "o acordo tácito ou expresso, correspondente à relação de emprego". Essa definição não é boa, pois contrato de trabalho não pode ser algo que corresponde à relação de emprego. Ou é ou não é. Não pode ser e deixar de ser ao mesmo tempo.

Contrato de trabalho é o negócio jurídico entre empregador e empregado sobre condições de trabalho. Os sujeitos do contrato de trabalho são empregado e empregador, que estipulam condições de trabalho, dando origem à relação de emprego que se forma entre eles.

Contrato de trabalho do jogador de futebol é o negócio jurídico entre uma pessoa física (atleta) e o clube sobre condições de trabalho, mediante remuneração e sob a direção do último.

O contrato de trabalho é um contrato de adesão, pois a maioria dos empregados não tem o que negociar com o empregador. Ou aceitam as cláusulas por este impostas, ou não têm emprego. Entretanto, no âmbito desportivo os grandes jogadores é que estabelecem as cláusulas e os clubes têm de aceitá-las se querem manter aquele jogador. Na maioria dos clubes grandes, há a figura do empresário do jogador, que vai discutir com o clube as cláusulas do contrato de trabalho. Em Portugal, o empresário é também chamado de terceiro homem[1] ou de agente des-

---

1 AMADO, João Leal. *Vinculação* versus *liberdade*: o processo de constituição e extinção do contrato de trabalho do praticante desportivo. Coimbra: Coimbra, 2002, p. 497-498.

portivo. Menciona Albino Baptista que "o empresário desportivo, por força do exercício das suas funções, adquire competências que o habilitam a 'restabelecer a igualdade desfeita entre clube/sociedade desportiva e os desportistas profissionais'"[2].

2 Empregador

Empregador é pessoa física ou jurídica que admite, dirige e assalaria a prestação pessoal de serviços do empregado. Empregador é a pessoa jurídica de direito privado (arts. 16 e 28 da Lei n. 9.615): o clube. Tem natureza privada, de associação civil. Considera-se empregador a associação desportiva que, mediante qualquer modalidade de remuneração, se utilize dos serviços de atletas profissionais de futebol.

O empregador só pode ser pessoa jurídica, ou seja, a associação civil, o clube. Não pode, portanto, ser pessoa física. O clube deve ser inscrito na federação estadual e na Confederação Brasileira de Futebol.

O fato de o clube não estar devidamente registrado no órgão de registro de entidades civis não pode trazer nenhum prejuízo ao atleta.

O art. 1º da Lei n. 6.354/76 fazia referência a "na forma definida nesta Lei". Mesmo que não fossem observadas certas formalidades previstas na lei, haveria o reconhecimento do vínculo de emprego diante do princípio da realidade.

A associação desportiva não visa ao lucro nem exerce atividade econômica, embora possa se constituir sob a forma de sociedade empresária. Não se pode pretender desconstituir a sociedade para chegar aos dirigentes ou sócios do clube, até porque os dirigentes não recebem remuneração pela sua atividade. No mesmo sentido há julgado na jurisprudência:

> Clube desportivo. Sociedade civil. Inaplicável a teoria da despersonalização da pessoa jurídica. O executado é um clube desportivo, sociedade civil com personalidade jurídica de direito privado e, como é cediço, não exerce atividade econômica típica, como as sociedades mercantis. Seus dirigentes, por sua vez, não recebem remuneração pelo exercício de seu mister, não tendo, portanto, contribuído, pelo menos pessoalmente, para a constituição do débito trabalhista executado. Além disso, não restou comprovada a ocorrência de fraude mediante utilização ilícita da personalidade jurídica para obter vantagem

---

2 BAPTISTA, Albino Mendes. *Estudos sobre o contrato de trabalho desportivo*. Lisboa: Coimbra, 2006, p. 35-36.

> pessoal nos dois anos que exerceu o cargo. Some-se a isso o fato de não restarem ainda esgotadas as possibilidades de se encontrar bens de propriedade do executado. Inaplicável à hipótese a teoria da despersonalização da pessoa jurídica, não respondendo, portanto, o Diretor do clube com seus bens particulares (TRT 15ª R, 3ª T., RO 24.585/00, 43.747/00, Rel. Juiz Mauro César Martins de Souza, *DOESP* 21.11.2000, *Revista Síntese Trabalhista*, n. 141, março de 2001, p. 66).

Os administradores de entidades desportivas profissionais respondem solidária e ilimitadamente pelos atos ilícitos praticados, de gestão temerária ou contrários ao previsto no contrato social ou estatuto, nos termos do Código Civil (§ 11 do art. 27 da Lei n. 9.615/98).

Para os fins de fiscalização e controle do disposto na Lei n. 9.615/98, as atividades profissionais das entidades de prática desportiva, independentemente da forma jurídica como estas estejam constituídas, equiparam-se às das sociedades empresariais (§ 13 do art. 27 da Lei n. 9.615/98).

As entidades de prática desportiva participantes de competições profissionais e as entidades de administração de desporto ou ligas em que se organizarem, independentemente da forma jurídica adotada, sujeitam os bens particulares de seus dirigentes ao art. 50 do Código Civil (desconsideração da personalidade jurídica), além das sanções e responsabilidades previstas no *caput* do art. 1.017 do Código Civil, na hipótese de aplicarem créditos ou bens sociais da entidade desportiva em proveito próprio ou de terceiros.

3 Empregado

Empregado é o atleta que praticar o futebol, sob a subordinação de empregador, prestando serviços com continuidade e mediante remuneração.

Atleta profissional é o praticante de esporte de alto nível que se dedica à atividade esportiva de forma remunerada e permanente e que tem nessa atividade sua principal fonte de renda por meio do trabalho, independentemente da forma como recebe sua remuneração (parágrafo único do art. 72 da Lei n. 14.597/2023).

3.1 Elementos

O atleta de futebol é uma pessoa física. A pessoa jurídica não joga futebol. Embora sejam feitos contratos com pessoas jurídicas de jogadores de futebol para determinados fins, somente a pessoa física do jogador é que treina e joga o futebol.

A subordinação do contrato de trabalho do atleta de futebol tem características diferenciadas, pois o empregador determina treinos, concentração, excursões, sua alimentação, horas de sono, controle de peso, abstinência de relações sexuais antes dos jogos. Já ocorreu de os atletas serem proibidos pelo clube de dar entrevistas. As entrevistas muitas vezes são dadas em local onde existam os logotipos do patrocinador etc.

Deve o atleta profissional de futebol prestar serviços com continuidade ou habitualidade para a configuração da relação de emprego. Não é atleta profissional o que joga eventualmente, pois a profissionalidade pressupõe que o prestador de serviços trabalhe habitualmente. Empregado é, portanto, a pessoa física que presta serviços ao empregador, de forma subordinada, pessoalmente, habitualmente e mediante o pagamento de salário. O atleta profissional de futebol é empregado do clube de futebol.

O contrato de trabalho do atleta profissional de futebol é oneroso, como qualquer contrato de trabalho. Não se trata de contrato gratuito. Se o contrato é gratuito, o atleta não é profissional.

O contrato de trabalho do atleta profissional é *intuitu personae*. O pacto é firmado com certa e específica pessoa física. Não posso substituir Pelé, Garrincha, Zico ou outro grande jogador por qualquer pessoa. O jogo de outro atleta não é o mesmo do contratado. A torcida gosta de ver certo jogador. Muitas vezes, a renda do jogo ou os patrocínios existem em razão de certo jogador estar em campo. A criatividade e o talento de um jogador não são os mesmos em relação a outro jogador.

Remuneração tem sentido amplo, que abrange o salário e as gorjetas (art. 457 da CLT).

Reza o art. 28 da Lei n. 9.615/98 que a atividade do atleta profissional é caracterizada por remuneração pactuada em contrato especial de trabalho desportivo, firmado com entidade de prática desportiva. A referida regra se aplica a qualquer atleta profissional e não apenas ao atleta profissional de futebol. O contrato especial de trabalho a que se refere a lei é o contrato escrito.

No contrato de trabalho, o elemento exclusividade não é importante, pois o empregado pode ter mais de um emprego. Entretanto, no contrato de trabalho do atleta profissional de futebol a exclusividade é a regra. O atleta não pode manter contrato com mais de um clube ou jogar ao mesmo tempo por mais de um clube.

4 Princípios

O desporto, como direito individual, tem como base os princípios:

1) da soberania, caracterizado pela supremacia nacional na organização da prática desportiva;

2) da autonomia, definido pela faculdade e liberdade de pessoas físicas e jurídicas organizarem-se para a prática desportiva;

3) da democratização, garantido em condições de acesso às atividades desportivas sem nenhuma distinção ou forma de discriminação;

4) da liberdade, expresso pela livre prática do desporto, de acordo com a capacidade e interesse de cada um, associando-se ou não à entidade do setor;

5) do direito social, caracterizado pelo dever do Estado em fomentar as práticas desportivas formais e não formais;

6) da diferenciação, consubstanciado no tratamento específico dado ao desporto profissional e não profissional;

7) da identidade nacional, refletido na proteção e incentivo às manifestações desportivas de criação nacional;

8) da educação, voltado para o desenvolvimento integral do homem como ser autônomo e participante e fomentado por meio da prioridade dos recursos públicos ao desporto educacional;

9) da qualidade, assegurado pela valorização dos resultados desportivos, educativos e dos relacionados à cidadania e ao desenvolvimento físico e moral;

10) da descentralização, consubstanciado na organização e funcionamento harmônicos de sistemas desportivos diferenciados e autônomos para os níveis federal, estadual, distrital e municipal;

11) da segurança, propiciado ao praticante de qualquer modalidade desportiva, quanto a sua integridade física, mental ou sensorial;

12) da eficiência, obtido por meio do estímulo à competência desportiva e administrativa (art. 2º da Lei n. 9.615/98).

A exploração e a gestão do desporto profissional constituem exercício de atividade econômica sujeitando-se, especificamente, à observância dos princípios:

1) da transparência financeira e administrativa;

2) da moralidade na gestão desportiva;

3) da responsabilidade social de seus dirigentes;

4) do tratamento diferenciado em relação ao desporto não profissional;

5) da participação na organização desportiva do país (parágrafo único do art. 2º da Lei n. 9.615/98).

A Lei Geral do Esporte afirma que são princípios fundamentais do esporte (art. 2º da Lei n. 14.597): I – autonomia; II – democratização; III – descentralização; IV – diferenciação; V – educação; VI – eficiência; VII – especificidade;

VIII – gestão democrática; IX – identidade nacional; X – inclusão; XI – integridade; XII – liberdade; XIII – participação; XIV – qualidade; XV – saúde; XVI – segurança.

Considerado o esporte como de alto interesse social, sua exploração e gestão sujeitam-se à observância dos seguintes princípios:

> I – transparência financeira e administrativa e conformidade com as leis e os regulamentos externos e internos;
>
> II – moralidade na gestão esportiva;
>
> III – responsabilidade social de seus dirigentes (parágrafo único do art. 2º da Lei n. 14.597).

Prescreve o inciso XIII do art. 5º da Constituição que "é livre o exercício de qualquer trabalho, ofício ou profissão, atendidas as qualificações profissionais que a lei estabelecer".

A Lei de Bases e Actividade Física e do Desporto de Portugal reza que "todos têm direito à atividade física e desportiva, independentemente da sua ascendência, sexo, raça, etnia, língua, território de origem, região, convicções políticas ou ideológicas, instrução, situação econômica, condição social ou orientação sexual" (art. 2º, 1). "A actividade física e o desporto devem contribuir para a promoção de uma situação equilibrada e não discriminatória entre homens e mulheres" (art. 2º, 2).

5 Contrato de trabalho

Determina o § 4º do art. 28 da Lei n. 9.615/98 que "aplicam-se ao atleta profissional as normas gerais da legislação trabalhista e da Seguridade Social, ressalvadas as peculiaridades constantes desta Lei".

A relação do atleta profissional com seu empregador esportivo regula-se pelas normas dessa Lei, pelos acordos e pelas convenções coletivas, pelas cláusulas estabelecidas no contrato especial de trabalho esportivo e, subsidiariamente, pelas disposições da legislação trabalhista e da seguridade social (art. 85 da Lei n. 14.597/2023). Logo, é aplicada a CLT ao contrato de trabalho do atleta profissional, de forma subsidiária. Se a matéria não estiver regulada na Lei n. 9.615 ou na Lei n. 14.597, aplica-se a CLT.

Será caracterizada a atividade do atleta profissional da modalidade futebol por remuneração pactuada em contrato especial de trabalho esportivo firmado com organização que se dedique à prática esportiva (art. 97, VIII, da Lei n. 14.597/2023).

O contrato do atleta profissional de futebol firmado com o clube é um contrato de trabalho.

A CLT estabelece que o contrato de trabalho pode ser expresso ou tácito (art. 443). O contrato de trabalho do atleta de futebol será sempre celebrado por escrito. Logo, trata-se de requisito substancial para a validade do negócio jurídico entabulado entre o clube e o jogador de futebol. Não é possível, portanto, ser feito contrato de trabalho verbal ou tácito com o atleta profissional de futebol. Objetiva-se evitar dúvidas sobre o que foi contratado, além de não permitir alterações prejudiciais ao trabalhador.

Obriga-se o atleta a prestar serviços especializados, referentes a determinada modalidade desportiva. A obrigação é infungível. Não posso substituir um jogador por outro. Não há como mandar alguém para jogar no lugar de Pelé ou de Garrincha.

O contrato deverá conter:

1) os nomes das partes contratantes devidamente individualizadas e caracterizadas;

2) o modo e a forma de remuneração, especificados o salário, os prêmios, as gratificações e, quando houver, as bonificações, bem como o valor das luvas, se previamente convencionadas;

3) o número da CTPS do atleta profissional de futebol, assim como será feita a anotação na CTPS do contrato de trabalho. O objetivo é identificar o atleta;

4) cláusula indenizatória desportiva, devida exclusivamente à entidade de prática desportiva à qual está vinculado o atleta, nas seguintes hipóteses:

a) transferência do atleta para outra entidade, nacional ou estrangeira, durante a vigência do contrato especial de trabalho desportivo; ou

b) por ocasião do retorno do atleta às atividades profissionais em outra entidade de prática desportiva, no prazo de até 30 (trinta) meses;

5) cláusula compensatória desportiva, devida pela entidade de prática desportiva ao atleta, nas hipóteses de rescisão decorrente do inadimplemento salarial, de responsabilidade da entidade de prática desportiva empregadora, de rescisão indireta, nas demais hipóteses previstas na legislação trabalhista, e de dispensa imotivada do atleta.

O contrato é escrito, pois precisa ser registrado na entidade de administração da modalidade (art. 34, I, da Lei n. 9.615/98).

Serão determinados os direitos e as obrigações dos contratantes e as condições para a dissolução do contrato. Exemplo pode ser a fixação do valor do salário, das luvas etc.

O contrato de trabalho deverá também conter a cláusula penal. Esta visa, em tese, evitar que o contrato seja rescindido prematuramente pelo atleta. Assim, quanto maior for o valor da cláusula penal pela rescisão unilateral, maiores chances o atleta terá de cumpri-lo até o final.

O art. 4º da Lei n. 6.354/76 exigia que o atleta profissional de futebol fosse alfabetizado. Esse artigo foi revogado pela Lei n. 9.615/98. Não se exige, portanto, que o atleta seja alfabetizado para jogar futebol.

6 Natureza jurídica do contrato

O contrato de trabalho do atleta com o clube tem natureza desportiva. Tem também natureza trabalhista. É um contrato especial de trabalho, regido por legislação especial.

Afirma Maria Helena Diniz que:

> a sua natureza jurídica mais se aproxima da prestação de serviços profissionais às entidades desportivas, sobrevivendo nesta configuração jurídica, não obstante possam ser-lhe aplicadas analogicamente normas de direito do trabalho e de seguridade social. É contrato típico e específico do direito de desporto[3].

Não se nega que o contrato do atleta profissional com o clube é de prestação de serviços *lato sensu*, porém não é regido pelo Direito Civil. É um contrato de trabalho regido por lei especial: Lei n. 9.615/98.

O trabalho do atleta de futebol profissional é uma espécie de trabalho artístico. Certos jogadores foram verdadeiros "artistas da bola", como Pelé, Garrincha, Zico, Sócrates, Falcão, Ronaldo, Ronaldinho Gaúcho etc.

Na Lei n. 6.354, o vínculo empregatício era acessório do vínculo desportivo. Este era o principal. O antigo parágrafo único do art. 28 da Lei n. 9.615 estabelecia o contrário: o vínculo desportivo do atleta com a entidade contratante tinha natureza acessória ao respectivo vínculo empregatício, dissolvendo-se, para todos os

---

[3] DINIZ, Maria Helena. *Tratado teórico e prático dos contratos*. São Paulo: Saraiva, 1994. v. 5, p. 279.

fins, com o término da vigência do contrato de trabalho. Atualmente, o § 5º do art. 28 da Lei n. 9.615 dispõe que:

> o vínculo desportivo do atleta com a entidade de prática desportiva contratante constitui-se com o registro do contrato especial de trabalho desportivo na entidade de administração do desporto, tendo natureza acessória ao respectivo vínculo empregatício.

Vínculo desportivo é acessório ao contrato de trabalho. É a relação jurídica constituída pelo registro do contrato de trabalho do atleta na entidade de administração do desporto.

Principal é o vínculo de emprego, o que me parece mais correto, pois, não existindo contrato de trabalho, não há que se falar em vínculo desportivo, em razão de que existe trabalho subordinado do prestador de serviços.

O atleta autônomo tem de ter mais de 16 anos e firmar contrato de natureza civil.

Ele aufere rendimentos por conta e por meio de contrato de natureza civil (art. 28-A da Lei n. 9.615/98). O vínculo desportivo do atleta autônomo com a entidade de prática desportiva resulta de inscrição para participar de competição e não implica reconhecimento de relação empregatícia. A filiação ou a vinculação de atleta autônomo a entidade de administração ou a sua integração a delegações brasileiras partícipes de competições internacionais não caracteriza vínculo empregatício.

Atleta autônomo (art. 28-A da Lei n. 9.615): diz respeito a modalidades individuais, por exemplo, o jogador de tênis.

7 Prazo do contrato

O contrato do atleta terá vigência por tempo determinado.

Previa o inciso II do art. 3º da Lei n. 6.354/76 que o prazo não poderia ser inferior a três meses ou superior a dois anos.

A Lei n. 8.672/93 previa que "o contrato de trabalho do atleta profissional terá prazo determinado, com vigência não inferior a três meses e não superior a trinta e seis meses" (art. 23). O prazo máximo estava de acordo com o art. 445 da CLT, que prevê que os contratos de prazo determinado têm prazo máximo de dois anos.

De modo excepcional, o prazo do primeiro contrato poderá ser de até 48 meses, no caso de atleta em formação, não profissional, vinculado à entidade de prática, na qual venha exercendo a mesma atividade pelo menos durante 24 meses.

A redação original do art. 30 da Lei n. 9.615/98 previa que "o contrato de trabalho do atleta profissional terá prazo determinado, com vigência nunca inferior a três meses". Não havia referência ao prazo máximo. Aplicava-se o art. 445 da CLT, que estabelece o prazo máximo dos contratos de prazo determinado em dois anos. Isso representava um retrocesso, pois a Lei n. 8.672/93 previa um prazo de 36 meses e agora o prazo era reduzido para 24 meses (dois anos).

As características do atleta profissional justificam a existência de contrato de trabalho de prazo determinado, pois, do contrário, o atleta poderia sair do clube no meio do campeonato. Daí a necessidade de cláusula penal, caso o contrato não seja cumprido integralmente, ou seja, cumprido parcialmente pelo atleta.

A Lei n. 9.615 estabelece o prazo mínimo do contrato, que não poderá ser inferior a três meses (art. 30). O prazo mínimo de três meses serve para que o jogador mostre a sua habilidade, a sua técnica. Mostra a necessidade de o atleta ser testado na posição, de mostrar seu futebol e de verificar se se ambienta com os demais colegas.

A Medida Provisória n. 2.011-3, de 30 de dezembro de 1999, alterou a redação do art. 30, estabelecendo o limite máximo do contrato de prazo determinado em seis anos.

A Lei n. 9.981, de 14 de julho de 2000, alterou a redação do art. 30 da Lei n. 9.615 para estabelecer o prazo máximo de cinco anos. A primeira lei acrescentou o parágrafo único ao art. 30 da Lei n. 9.615, afirmando que não se aplica ao atleta o art. 445 da CLT. O prazo de cinco anos é justificado para efeito de o clube poder ter o retorno do investimento feito no atleta, que às vezes demora em apresentar resultados. É o que ocorreria com um contrato de curta duração, em que o atleta fosse reconhecido no meio futebolístico e logo no primeiro ano se transferisse para outro clube da mesma cidade ou até do exterior, sem que houvesse algum pagamento ao clube que formou o atleta.

A regra do parágrafo único do art. 30 da Lei n. 9.615/98 é inútil e dispensável, pois se o prazo máximo do contrato de trabalho do atleta é de cinco anos não pode ser o de dois anos do art. 445 da CLT. Se há norma específica, que é o art. 30 da Lei n. 9.615/98, que estabelece o prazo máximo do contrato de cinco anos, não se aplica a regra geral de contratos de prazo determinado contida no art. 445 da CLT.

O contrato do atleta profissional de futebol pode ser prorrogado mais de uma vez e sua renovação não precisa observar o interstício de seis meses entre um contrato e outro. Logo, não são aplicáveis os arts. 451 e 452 da CLT, por serem incompatíveis com os contratos de prazo determinado firmados pelo atleta com o clube. Todo contrato de trabalho firmado pelo clube com o atleta é de prazo determinado. O parágrafo único do art. 30 da Lei n. 9.615 é claro no sentido de não se aplicar o art. 451 da CLT.

O art. 453 da CLT, que estabelece a soma de períodos descontínuos, também não pode ser aplicado, por ser incompatível com a regra de que os contratos são sempre firmados por prazo determinado. O Pleno do TST já entendeu da mesma forma[4].

Terminado o prazo do contrato de trabalho do atleta profissional de futebol, ele não se transforma em contrato de prazo indeterminado.

Havendo a cessação do contrato de trabalho do atleta e não sendo ele renovado, muitas vezes ocorre de o atleta continuar a participar da competição desportiva. É feito um seguro no valor total da proposta de renovação do contrato (parágrafo único do art. 20 da Resolução CND n. 10/86).

A entidade de prática desportiva formadora do atleta terá o direito de assinar com ele, a partir de 16 anos de idade, o primeiro contrato especial de trabalho desportivo, cujo prazo não poderá ser superior a cinco anos (art. 29 da Lei n. 9.615). Anteriormente, o prazo era de dois anos. Agora, é de cinco anos.

O inciso I do art. 34 da Lei n. 9.615/98 estabelece que são deveres da entidade de prática desportiva empregadora registrar o contrato especial de trabalho desportivo do atleta profissional na entidade de administração da respectiva modalidade desportiva. Esse registro é feito perante a CBF, em se tratando de atleta profissional de futebol.

8 Primeiro contrato

A Constituição prevê que o trabalho só pode ser feito a partir dos 16 anos, salvo na condição de aprendiz (art. 7º, XXXIII). O atleta profissional não pode ser aprendiz, pois não há curso de capacitação técnico profissional a ser feito.

Dispunha o art. 5º da Lei n. 6.354/76 que ao menor de 16 anos é vedada a celebração de contrato, sendo permitida ao maior de 16 anos e menor de 21 anos somente com o prévio e expresso assentimento de seu representante legal. Após 18 anos completos, na falta ou negativa do assentimento do responsável legal o

---

4 RR 285/82, Rel. Min. Ildélio Martins, *DJU* 10.7.1983.

contrato poderia ser celebrado mediante suprimento judicial (parágrafo único do art. 5º da Lei n. 6.354/76).

A regra da Lei n. 6.354/76 poderia ser entendida como derrogada pelo Código Civil de 2002 no ponto relativo à capacidade plena para atos da vida civil. A pessoa adquire capacidade plena aos 18 anos. Logo, depois dos 18 anos não há necessidade de prévio e expresso assentimento do representante do menor, mas apenas entre 16 e 18 anos. A CLT já previa maioridade trabalhista a partir de 18 anos. O Código Civil se adequou a isso também. Não é possível o atleta ter 18 anos e ser maior para fins civis e não ser maior para fins trabalhistas, quando a própria CLT já previa maioridade trabalhista a partir dos 18 anos.

A entidade de prática desportiva formadora do atleta terá o direito de assinar com ele, a partir de 16 anos de idade, o primeiro contrato de trabalho profissional, cujo prazo não poderá ser superior a cinco anos (art. 29 da Lei n. 9.615/98).

A organização esportiva formadora de atleta terá o direito de assinar com ele, a partir de 16 anos de idade, o primeiro contrato especial de trabalho esportivo, cujo prazo não poderá ser superior a três anos para a prática do futebol e a cinco anos para outros esportes (art. 99 da Lei n. 14.597/2023).

É considerada formadora de atleta a entidade de prática desportiva que:

> I – forneça aos atletas programas de treinamento nas categorias de base e complementação educacional; e
>
> II – satisfaça cumulativamente os seguintes requisitos:
>
> a) estar o atleta em formação inscrito por ela na respectiva entidade regional de administração do desporto há, pelo menos, um ano;
>
> b) comprovar que, efetivamente, o atleta em formação está inscrito em competições oficiais;
>
> c) garantir assistência educacional, psicológica, médica e odontológica, assim como alimentação, transporte e convivência familiar;
>
> d) manter alojamento e instalações desportivas adequados, sobretudo em matéria de alimentação, higiene, segurança e salubridade;
>
> e) manter corpo de profissionais especializados em formação técnico desportiva;
>
> f) ajustar o tempo destinado à efetiva atividade de formação do atleta, não superior a quatro horas por dia, aos horários do currículo escolar ou de curso profissionalizante, além de propiciar-lhe a matrícula escolar, com exigência de frequência e satisfatório aproveitamento;

g) ser a formação do atleta gratuita e a expensas da entidade de prática desportiva;

h) comprovar que participa anualmente de competições organizadas por entidade de administração do desporto em, pelo menos, duas categorias da respectiva modalidade desportiva; e

i) garantir que o período de seleção não coincida com os horários escolares (§ 2º do art. 29 da Lei n. 9.615/98).

Considera-se formadora de atleta a organização esportiva que (§ 1º do art. 99 da Lei n. 14.597/2023):

I – forneça aos atletas programas de treinamento nas categorias de base e complementação educacional; e

II – satisfaça cumulativamente os seguintes requisitos:

a) tenha inscrito o atleta em formação na respectiva organização esportiva que administra e regula a modalidade há, pelo menos, 1 (um) ano;

b) comprove que, efetivamente, o atleta em formação está inscrito em competições oficiais;

c) garanta ao atleta em formação assistência educacional, psicológica, médica, fisioterapêutica e odontológica, bem como alimentação, transporte e convivência familiar;

d) mantenha, quando tiver alojamento de atletas, instalações de moradia adequadas, sobretudo quanto a alimentação, higiene, segurança e salubridade;

e) mantenha corpo de profissionais especializados em formação técnico-esportiva;

f) ajuste o tempo destinado à efetiva atividade de formação do atleta, não superior a 4 horas por dia, aos horários do currículo escolar ou de curso profissionalizante e propicie a ele a matrícula escolar, com exigência de frequência e de satisfatório aproveitamento;

g) assegure a formação gratuita do atleta, a expensas da organização esportiva contratante;

h) comprove que participa anualmente de competições organizadas por organização esportiva que administra e regula o esporte em, pelo menos, duas categorias da respectiva modalidade esportiva;

i) garanta que o período de seleção não coincida com os horários escolares;

j) realize exames médicos admissionais e periódicos, com resultados arquivados em prontuário médico;

k) proporcione ao atleta em formação convivência familiar, com visitas regulares à sua família;

l) ofereça programa contínuo de orientação e suporte contra o abuso e a exploração sexual;

m) qualifique os profissionais que atuam no treinamento esportivo para a atuação preventiva e de proteção aos direitos da criança e do adolescente;

n) institua ouvidoria para receber denúncia de maus-tratos a crianças e adolescentes e de exploração sexual deles;

o) propicie ao atleta em formação a participação em atividades culturais e de lazer, nos horários livres; e

p) apresente ao Ministério Público dos Estados e do Distrito Federal, anualmente, os laudos técnicos expedidos pelos órgãos e pelas autoridades competentes pela vistoria das condições de segurança dos alojamentos que mantenha para atletas em formação.

A entidade de prática desportiva formadora e detentora do primeiro contrato especial de trabalho desportivo com o atleta por ela profissionalizado terá o direito de preferência para a primeira renovação desse contrato, cujo prazo não poderá ser superior a três anos, salvo se para equiparação de proposta de terceiro (§ 7º do art. 29 da Lei n. 9.615/98). O objetivo da norma é fazer que o clube formador de jogadores tenha o direito de preferência para a primeira renovação, em razão do investimento e da preparação que fez em relação ao atleta profissional de futebol. O investimento do clube é feito no período fixado pela lei para fins de primeira renovação do contrato, que antes era de dois anos e agora é de três anos. O prazo é relativamente curto para ser feito o contrato, pois o jogador pode não apresentar seu real potencial, o que só se verifica, muitas vezes, a partir de 25 anos e o clube usufrui pouco tempo do investimento de formação que fez no atleta. Aos 21 anos, o atleta pode ainda não ter atingido todo o seu potencial.

A organização esportiva formadora e detentora do primeiro contrato especial de trabalho esportivo com o atleta por ela profissionalizado terá o direito de preferência para a primeira renovação desse contrato, cujo prazo não poderá ser superior a 3 (três) anos, salvo para equiparação de proposta de terceiro (§ 7º do art. 99 da Lei n. 14.597/2023).

O atleta não profissional em formação, maior de 14 anos e menor de 20 anos de idade poderá receber auxílio financeiro da entidade de prática desportiva formadora, sob a forma de bolsa de aprendizagem livremente pactuada mediante contrato formal, sem que seja gerado vínculo empregatício entre as partes (§ 4º do art. 29 da Lei n. 9.615/98). Haverá, portanto, relação de trabalho e não de emprego. Seria uma espécie de contrato de formação.

A entidade nacional de administração do desporto certificará como entidade de prática desportiva formadora aquela que comprovadamente preencha os requisitos estabelecidos na Lei n. 9.615/98 (§ 3º do art. 29 da Lei n. 9.615/98).

Fará jus a valor indenizatório a entidade de prática desportiva formadora se ficar impossibilitada de assinar o primeiro contrato especial de trabalho desportivo por oposição do atleta, ou quando ele se vincular, sob qualquer forma, a outra entidade de prática desportiva, sem autorização expressa da entidade de prática desportiva formadora, atendidas as seguintes condições:

I – o atleta deverá estar regularmente registrado e não pode ter sido desligado da entidade de prática desportiva formadora;

II – a indenização será limitada ao montante correspondente a 200 vezes os gastos comprovadamente efetuados com a formação do atleta, especificados no contrato de formação;

III – o pagamento do valor indenizatório somente poderá ser efetuado por outra entidade de prática desportiva e deverá ser efetivado diretamente à entidade de prática desportiva formadora no prazo máximo de 15 dias, contados da data da vinculação do atleta à nova entidade de prática desportiva, para efeito de permitir novo registro em entidade de administração do desporto (§ 5º do art. 29 da Lei n. 9.615/98).

O contrato de formação desportiva a que se refere o § 4º do art. 29 da Lei n. 9.615/98 deverá incluir obrigatoriamente:

> I – identificação das partes e dos seus representantes legais;
>
> II – duração do contrato;
>
> III – direitos e deveres das partes contratantes, inclusive garantia de seguro de vida e de acidentes pessoais para cobrir as atividades do atleta contratado; e
>
> IV – especificação dos itens de gasto para fins de cálculo da indenização com a formação desportiva (§ 6º do art. 29 da Lei n. 9.615/98).

A entidade de prática desportiva formadora e detentora do primeiro contrato especial de trabalho desportivo com o atleta por ela profissionalizado terá o direito de preferência para a primeira renovação desse contrato, cujo prazo não poderá ser superior a três anos, salvo se para equiparação de proposta de terceiro (§ 7º do art. 29 da Lei n. 9.615/98).

Para assegurar seu direito de preferência, a entidade de prática desportiva formadora e detentora do primeiro contrato especial de trabalho desportivo deverá apresentar, até 45 dias antes do término do contrato em curso, proposta ao atleta, de cujo teor deverá ser cientificada a correspondente entidade regional de administração do desporto, indicando as novas condições contratuais e os salários ofertados, devendo o atleta apresentar resposta à entidade de prática desportiva formadora, de cujo teor deverá ser notificada a referida entidade de administração, no prazo de 15 dias contados da data do recebimento da proposta, sob pena de aceitação tácita (§ 8º do art. 29 da Lei n. 9.615/98).

Na hipótese de outra entidade de prática desportiva resolver oferecer proposta mais vantajosa a atleta vinculado à entidade de prática desportiva que o formou, deve-se observar o seguinte:

> I – a entidade proponente deverá apresentar à entidade de prática desportiva formadora a proposta, fazendo dela constar todas as condições remuneratórias;
>
> II – a entidade proponente deverá dar conhecimento da proposta à correspondente entidade regional de administração; e
>
> III – a entidade de prática desportiva formadora poderá, no prazo máximo de 15 dias, a contar do recebimento da proposta, comunicar se exercerá o direito de preferência de que trata o § 7º do art. 29 da Lei n. 9.615/98, nas mesmas condições oferecidas (§ 9º do art. 29 da Lei n. 9.615/98).

A entidade de administração do desporto deverá publicar o recebimento das propostas, nos seus meios oficiais de divulgação, no prazo de cinco dias contados da data do recebimento (§ 10 do art. 29 da Lei n. 9.615/98).

Caso a entidade de prática desportiva formadora oferte as mesmas condições, e, ainda assim, o atleta se oponha à renovação do primeiro contrato especial de trabalho desportivo, ela poderá exigir da nova entidade de prática desportiva contratante o valor indenizatório correspondente a, no máximo, 200 vezes o valor do salário mensal constante da proposta (§ 11 do art. 29 da Lei n. 9.615/98).

A contratação do atleta em formação será feita diretamente pela entidade de prática desportiva formadora, sendo vedada a sua realização por meio de terceiros (§ 12 do art. 29 da Lei n. 9.615/98). A contratação não poderá, portanto, ser feita por intermediários, mas diretamente pela entidade de prática desportiva formadora.

A entidade de prática desportiva formadora deverá registrar o contrato de formação desportiva do atleta em formação na entidade de administração da respectiva modalidade desportiva (§ 13 do art. 29 da Lei n. 9.615/98).

Será considerado como efetivo exercício, para todos os efeitos legais, o período em que o atleta servidor público civil ou militar, da Administração Pública direta, indireta, autárquica ou fundacional, estiver convocado para integrar representação nacional em treinamento ou competição desportiva no país ou no exterior (art. 84 da Lei n. 9.615/98). A entidade nacional da administração da respectiva modalidade desportiva (CBF) definirá o período de convocação, cabendo a ela ou aos Comitês Olímpico ou Paralímpico Brasileiros fazer a devida comunicação e solicitar ao ministério do Esporte a competente liberação do afastamento do atleta, árbitro e assistente, cabendo ao referido Ministério comunicar a ocorrência ao órgão de origem do servidor ou militar.

9 Nulidades

São nulas de pleno direito as cláusulas de contratos firmados entre as entidades de prática desportiva e terceiros, ou entre estes e atletas, que possam intervir ou influenciar nas transferências de atletas ou, ainda, que interfiram no desempenho do atleta ou da entidade de prática desportiva, exceto quando objeto de acordo ou convenção coletiva de trabalho (art. 27-B da Lei n. 9.615/98).

São nulos de pleno direito os contratos firmados pelo atleta ou por seu representante legal com agente desportivo, pessoa física ou jurídica, bem como as cláusulas contratuais ou de instrumentos procuratórios que:

> I – resultem vínculo desportivo;
>
> II – impliquem vinculação ou exigência de receita total ou parcial exclusiva da entidade de prática desportiva, decorrente de transferência nacional ou internacional de atleta, em vista da exclusividade de que trata o inciso I do art. 28;
>
> III – restrinjam a liberdade de trabalho desportivo;
>
> IV – estabeleçam obrigações consideradas abusivas ou desproporcionais;
>
> V – infrinjam os princípios da boa-fé objetiva ou do fim social do contrato; ou
>
> VI – versem sobre o gerenciamento de carreira de atleta em formação com idade inferior a 18 (dezoito) anos (art. 27-C da Lei n. 9.615/98).

10 Norma coletiva

Os atletas profissionais pertencem ao 3º grupo da Confederação Nacional dos Trabalhadores em Estabelecimentos de Educação e Cultura, o dos Trabalhadores em Estabelecimentos de Cultura Física.

11 Aviso-prévio

No contrato de trabalho do atleta profissional não existe aviso-prévio, pois o pacto é firmado sob prazo determinado. As partes sabem de antemão quando será o término do contrato de trabalho. Dispõe o art. 487 da CLT que, "não havendo prazo estipulado, a parte, que sem justo motivo, quiser rescindir o contrato deverá avisar a outra da sua resolução com antecedência mínima de...". Havendo prazo estipulado para o término do contrato, não existe aviso-prévio.

Prevê o art. 481 da CLT que "aos contratos por prazo determinado, que contiverem cláusula assecuratória do direito recíproco de rescisão antes de expirado o termo ajustado, aplicam-se, caso seja exercido tal direito por qualquer das partes, os princípios que regem a rescisão dos contratos por prazo indeterminado". É possível, portanto, aplicar o art. 481 da CLT no contrato firmado com o jogador de futebol, se o pacto tiver cláusula de rescisão antecipada do contrato. Nesse caso, haverá aviso-prévio.

4

Capacidade

1 Capacidade

Ao menor de 16 anos é vedada a celebração de contrato de trabalho, sendo permitido ao maior de 16 anos e menor de 21 anos, somente com o prévio e expresso assentimento de seu representante legal (art. 5º da Lei n. 6.354/76). Na época da edição da lei, o inciso X do art. 165 da Emenda Constitucional n. 1, de 1969, permitia o trabalho a partir dos 12 anos.

O inciso XXXIII do art. 7º da Constituição dispõe que é vedado qualquer trabalho do menor de 16 anos, salvo na condição de aprendiz e a partir dos 14 anos.

O limite mínimo para a prática do futebol é justificável para que a pessoa esteja em fase final de desenvolvimento físico para o desenvolvimento da atividade. Há que se resguardar também o crescimento da pessoa para que possa praticar adequadamente o futebol.

Após os 18 anos de idade, na falta ou negativa do assentimento do responsável legal, o contrato poderia ser celebrado mediante suprimento judicial (parágrafo único do art. 5º da Lei n. 6.354/76). Essa regra fica derrogada pelo art. 5º do Código Civil, que considera o maior de 18 anos plenamente capaz.

Passou a prever o art. 29 da Lei n. 9.615/98 que o clube pode assinar com o atleta de 16 anos o primeiro contrato de trabalho profissional, que não pode ter prazo superior a cinco anos. Dezesseis anos é a idade a partir da qual a pessoa pode trabalhar e assinar contrato de trabalho. Antes dessa idade e a partir de 14 anos, somente pode ser aprendiz.

O desporto pode ser realizado de forma profissional e não profissional. O desporto realizado de modo não profissional compreende o semiprofissional e o amador (não profissional). Amador vem de *amare*, que significa dar-se por inteiro, sem nada exigir em troca. O amador é caracterizado pela liberdade de prática do desporto e pela inexistência de contrato de trabalho, sendo permitido receber incentivos materiais e patrocínio (art. 3º, II, da Lei n. 9.615/98). O semiprofissional é realizado entre atletas de 14 a 18 anos. O atleta completando 18 anos deve ser profissionalizado, sob pena de voltar à condição de amador.

É vedada a participação em competições esportivas profissionais de atletas não profissionais com idade superior a 20 anos (art. 43 da Lei n. 9.615/98). Não é mais possível fazer estágio do jogador de futebol entre 14 e 18 anos. Se o menor não for profissionalizado aos 20 anos pelo clube, poderá procurar qualquer outro clube que o queira contratar.

É proibida a prática de profissionalismo, em qualquer idade, quando se tratar de:

1) desporto educacional, seja nos estabelecimentos escolares de ensino fundamental e médio ou superiores. O desporto educacional visa apenas a um sistema de integração ou de prática de atividade desportiva na escola. É uma forma de proporcionar desenvolvimento físico ao aluno;

2) desporto militar. O desporto não é o fim do sistema militar, que é baseado em disciplina e hierarquia. Não visa o desporto militar ao profissionalismo, mas apenas é uma maneira de dar forma física ao militar;

3) menores até a idade de 16 anos completos (art. 44 da Lei n. 9.615/98), pois o menor de 16 anos não pode trabalhar (art. 7º, XXXIII, da Constituição).

2 Atleta estrangeiro

A presença de atleta de nacionalidade estrangeira na equipe de competição da entidade de prática desportiva caracteriza a prática desportiva profissional.

Observadas as hipóteses previstas em regulamento, o visto temporário para trabalho poderá ser concedido ao imigrante que venha exercer atividade laboral, com ou sem vínculo empregatício no Brasil, desde que comprove oferta de trabalho formalizada por pessoa jurídica em atividade no País, dispensada esta exigência se o imigrante comprovar titulação em curso de ensino superior ou equivalente (§ 5º do art. 14 da Lei n. 13.445/2017). O visto temporário de trabalho terá prazo de validade pelo mesmo período que durar o contrato de trabalho do atleta estrangeiro com o clube que adquiriu os direitos da utilização da sua atividade desportiva.

Havendo renovação do contrato de trabalho do jogador estrangeiro, há necessidade de requerer novo visto temporário de trabalho, que terá prazo de validade pelo mesmo período da renovação do contrato do atleta estrangeiro.

A entidade de administração do desporto será obrigada a exigir da entidade de prática desportiva o comprovante do visto de trabalho do atleta de nacionalidade estrangeira fornecido pelo Ministério do Trabalho, sob pena de cancelamento da inscrição desportiva (§ 2º do art. 46 da Lei n. 9.615/98). Se o atleta não tiver o visto temporário, a entidade de administração vai cancelar o registro do contrato de trabalho do atleta. Se a entidade desportiva utilizar o atleta na competição esportiva oficial, perderá os pontos do jogo eventualmente obtidos.

5

Direitos e deveres de atletas e clubes

O contrato de trabalho é sinalagmático, pois importa direitos e deveres tanto para o empregado como para o empregador.

Os deveres podem ser divididos em: a) legais, previstos em lei; b) contratuais, previstos no contrato de trabalho. São obrigações contratuais o pagamento de luvas e bichos aos atletas.

Os deveres dos clubes são previstos no art. 34 da Lei n. 9.615/98:

> I – registrar especial de trabalho desportivo do atleta profissional na entidade de administração nacional da respectiva modalidade desportiva. No caso do atleta profissional de futebol, o registro do contrato de trabalho é feito na CBF, que é a entidade de âmbito nacional do futebol;
>
> II – proporcionar aos atletas profissionais as condições necessárias à participação nas competições desportivas, treinos e outras atividades preparatórias ou instrumentais;
>
> III – submeter os atletas profissionais aos exames médicos e clínicos necessários à prática desportiva.

As entidades de prática desportiva de participação ou de rendimento, profissional ou não profissional, promoverão obrigatoriamente exames periódicos para avaliar a saúde dos atletas (art. 82-A da Lei n. 9.615) Deverão também disponibilizar equipes para atendimento de emergências entre árbitros e atletas (art. 89-A da Lei n. 9.615).

O empregador será obrigado a proporcionar ao atleta boas condições de higiene e segurança de trabalho e, no mínimo, assistência médica e odontológica imediata nos casos de acidentes durante os treinamentos ou competições e nos horários em que esteja à sua disposição.

As condições de higiene e segurança de trabalho dizem respeito a higiene, bons alojamentos, vestiários e sanitários.

A assistência médica e odontológica deve ser imediata em casos de acidentes nos treinos ou nos jogos e nos horários em que o atleta estiver à disposição do clube. Pode-se estender a regra nos períodos de excursões, quando o atleta estiver em estações de repouso, na concentração etc. Entretanto, o clube não tem obrigação de pagar dentista ao atleta para um tratamento normal dentário que não seja decorrente de acidente do trabalho.

A assistência não precisa ser feita necessariamente nas dependências do clube. Pode ser feita por meio de serviços médicos ou odontológicos.

Em relação aos clubes, deve ser observado o art. 157 da CLT:

> I – cumprir e fazer cumprir as normas de segurança e medicina do trabalho;
>
> II – instruir os empregados, por meio de ordens de serviço, quanto às precauções a tomar no sentido de evitar acidentes do trabalho ou doenças ocupacionais;
>
> III – adotar as medidas que lhes sejam determinadas pelo órgão regional competente;
>
> IV – facilitar o exercício da fiscalização pela autoridade competente.

O clube também deverá reter e recolher o imposto de renda e a contribuição previdenciária incidentes sobre as verbas salariais pagas ao atleta e recolher o FGTS incidente sobre a remuneração do atleta.

Caberá ao clube a contratação de seguro de vida e de acidentes pessoais, vinculado à atividade desportiva, para os atletas profissionais, com o objetivo de cobrir os riscos a que eles estão sujeitos (art. 45 da Lei n. 9.615/98). O objetivo é cobrir os riscos em caso de contusões ou outros.

A importância segurada deve garantir ao atleta profissional, ou ao beneficiário por ele indicado no contrato de seguro, o direito a indenização mínima correspondente ao valor anual da remuneração pactuada.

A entidade de prática desportiva é responsável pelas despesas médico-hospitalares e de medicamentos necessários ao restabelecimento do atleta enquanto a seguradora não fizer o pagamento da indenização.

Estão elencados os deveres dos atletas no art. 35 da mesma norma:

> I – participar dos jogos, treinos, estágios e outras sessões preparatórias de competições com a aplicação e dedicação correspondente às suas condições psicofísicas e técnicas. É o que ocorre com as concentrações para os jogos, com os treinamentos para os jogos e também com o que chamam de pré-temporada, para o atleta readquirir forma física, fazer exames médicos etc. Da mesma forma, também é obrigado a participar das competições dentro ou fora do país;
>
> II – preservar as condições físicas que lhes permitam participar das competições desportivas, submetendo-se aos exames médicos e tratamentos clínicos necessários à prática desportiva;
>
> III – exercitar a atividade desportiva profissional de acordo com as regras da respectiva modalidade desportiva e as normas que regem a disciplina e a ética desportivas.

Pode-se dizer que esses deveres são exemplificativos, pois outros podem estar previstos em lei ou no contrato ou ser decorrentes da própria previsão da lei. O clube, por exemplo, deve proporcionar um ambiente de trabalho sadio, observando normas de segurança e medicina do trabalho.

Cabe aos atletas:

> I – observar as normas de segurança e medicina do trabalho, inclusive as instruções apresentadas pelo empregador;
>
> II – colaborar com a empresa na aplicação dos dispositivos previstos no Capítulo da CLT sobre medicina e segurança do trabalho (art. 158 da CLT).

O empregador pode determinar que o atleta use caneleira nos treinos com bola.

6 Poder de direção do empregador

O poder de direção é a forma como o empregador define como serão desenvolvidas as atividades do empregado decorrentes do contrato de trabalho.

O fundamento legal do poder de direção é encontrado no art. 2º da CLT, na definição de empregador, pois este é quem dirige as atividades do empregado.

Luiz José de Mesquita afirma que o poder de direção é:

> um poder de ação do sujeito ativo para legislar, governar e sancionar, no que respeita à ordem profissional da empresa a que corresponde; para o sujeito passivo, o dever de obediência a esse poder. Trata-se de um poder de direito que se especifica e concretiza em normas, comandos e decisões. As normas regulamentadoras da atividade profissional do empregado formam o poder legislativo da empresa. As ordens, ou comandos técnicos e administrativos, constituem o chamado poder diretivo. As decisões disciplinares constituem o poder disciplinar. O poder hierárquico é, pois, o conjunto dos poderes da autoridade da empresa[1].

Compreende o poder de direção o poder de organizar suas atividades, de controlar e disciplinar o trabalho.

1 MESQUITA, Luiz José de. *Direito disciplinar do trabalho*. 2. ed. São Paulo: LTr, 1991, p. 43.

O poder de direção do clube é diferenciado do empregador comum, em razão da natureza da sua atividade, pois determina punição, dias de treinos, jogos, concentrações etc.

Com o objetivo de manter a ordem desportiva, o respeito aos atos emanados de seus poderes internos, poderão ser aplicadas, pelas entidades de administração do desporto e de prática desportiva, as seguintes sanções: advertência, censura escrita, multa, suspensão, desfiliação ou desvinculação (art. 48 da Lei n. 9.615/98). A referida regra se aplica a entidade de administração do desporto e de prática desportiva. Essa entidade não é o empregador, ou seja, o clube de futebol, pois o artigo diz respeito a entidade de administração de prática desportiva, que não é o clube. Desfiliação não diz respeito ao empregador, mas à federação ou confederação. A suspensão é imposta pela federação ou confederação. Não é imposta pelo empregador.

Não há mais previsão expressa em lei para a multa contratual. O art. 462 da CLT autoriza o desconto no salário quando resultar de "dispositivo de lei". Não há mais dispositivo da Lei n. 9.615 permitindo o desconto. Agora o fundamento é o empregado ter de receber pelo seu trabalho, pois é uma forma de reduzir o valor líquido proveniente do salário.

A advertência ou admoestação implica mostrar ao atleta que ele está errado, repreendendo-o. O ideal é que seja feita por escrito para que o atleta saiba por que está sendo advertido e também possa servir de prova na Justiça, caso a matéria seja levada a ela. A advertência não pode ser aplicada com sentido de humilhação ao atleta. Os objetivos da advertência são pedagógicos, para mostrar que o atleta está errado, e corretivos, para que não faça novamente o mesmo ato.

O atleta poderá ser suspenso. Isso significa que não vai trabalhar e também não vai receber pelos dias da suspensão. Entretanto, o atleta também não poderá ser suspenso por mais de 30 dias, como acontece com qualquer trabalhador, sob pena de se considerar rescindido injustamente o contrato de trabalho (art. 474 da CLT).

Se o atleta for suspenso pelo tribunal desportivo, o clube também poderá não pagar seu salário, pois ele não poderá jogar.

O clube poderá exigir que o atleta treine, visando a que ele não perca sua condição física. Entretanto, nesse caso, terá de pagar o seu salário. Logicamente, o clube não terá de pagar bichos, pois o atleta não está jogando, e não terá de pagar direito de arena, pelo mesmo motivo.

As multas aplicadas aos atletas eram destinadas ao Fundo de Assistência ao Atleta Profissional (FAAP).

Leciona Luiz José de Mesquita:

> a multa é uma sanção pecuniária, que se efetiva por meio de desconto na remuneração do empregado. Pena de cumprimento monetário, atinge diretamente o patrimônio do empregado. Por isso, em outros países, dela se fez uso e abuso, encontrado no regime da economia liberal, um fator de sua propulsão, quando o Estado, recusando-se a defender os oprimidos, deixava ao livre jogo das vontades que o mais forte economicamente explorasse o mais fraco. Paul Pic refere-se aos verdadeiros atentados resultantes dessa arbitrariedade na aplicação das multas. Constituíram, para certos padrões, um meio de reduzir indiretamente os salários, tal como o *truck system*. Infligidas, com frequência, abusivamente, sem que os trabalhadores pudessem protestar, sob pena de serem despedidos, feriam duramente a família toda do empregado. Caráter relevante desta pena é, pois, o seu conteúdo pecuniário.
>
> A multa terá natureza jurídica diversa, conforme tiver caráter de pena civil ou disciplinar. Pena civil será ela se tiver por objetivo a execução de uma obrigação contratual. Neste caso, normalmente, ela é reparadora ou compensadora dos prejuízos, por exemplo, se instituída para o caso de compensar estragos do material, se instituída para reparar o não cumprimento do contrato, por falta de entrega de tarefas, etc. Será, então, uma cláusula penal. Tem caráter patrimonial e, portanto, a rigor, seria até transmissível.
>
> Pena disciplinar será ela quando tiver por objetivo a manutenção da ordem interna da empresa. Ela é, neste caso, repreensiva. Tem caráter estritamente pessoal, e, portanto, daí resulta a intransmissibilidade aos herdeiros do débito da multa em que incorreu o *de cujus*.
>
> Quando tiver por objetivo proteger os interesses comuns da comunidade, não pode ser a multa equiparada à cláusula penal do direito civil[2].

A associação empregadora e as entidades que a ela estejam filiadas poderiam aplicar ao atleta as penalidades estabelecidas na legislação desportiva, facultada reclamação ao órgão competente da Justiça e Disciplina Desportivas (art. 15 da Lei n. 6.354/76).

A multa aplicada pelo clube ficava limitada a 40% do salário do atleta (§ 1º do art. 15 da Lei n. 6.354). O cálculo era feito sobre o salário-base e não sobre a remuneração, que inclui o salário mais o direito de arena e o direito de imagem.

---

2 MESQUITA, Luiz José de, op. cit., p. 221.

Reverte a multa ao Fundo de Assistência do Atleta Profissional (FAAP), não readquirindo o atleta condição de jogo enquanto não comprovar, perante a confederação, a federação ou a liga desportiva respectiva, o recolhimento em cada caso. Agora, com a revogação da Lei n. 6.354 pela Lei n. 12.395/2011, não há mais limite para a aplicação da multa, que poderá, portanto, ser de 100%.

Não se pode dizer que a multa é inconstitucional por reduzir o salário do empregado. O inciso VI do art. 7º da Constituição dispõe que o salário só poderá ser reduzido por meio de convenção ou acordo coletivo. A multa não está reduzindo o salário do atleta. O art. 462 da CLT permite descontos no salário do empregado previstos em lei. A multa atualmente não representa um desconto previsto em lei.

As transgressões relativas à disciplina e às competições desportivas sujeitam o infrator a (§ 1º do art. 50 da Lei n. 9.615/98):

> I – advertência;
>
> II – eliminação;
>
> III – exclusão do campeonato ou torneio;
>
> IV – indenização;
>
> V – interdição de praça de desportos;
>
> VI – multa;
>
> VII – perda do mando do campo;
>
> VIII – perda de pontos;
>
> IX – perda de renda;
>
> X – suspensão por partida;
>
> XI – suspensão por prazo.

As penas disciplinares não podem ser aplicadas aos menores de 14 anos.

As penas pecuniárias não serão aplicadas a atletas não profissionais, isto é, serão aplicadas apenas aos atletas profissionais.

O fato de o jogador ter sido expulso no jogo pode implicar que o empregador aplique multa ao atleta. Não se trata de *bis in idem*, pois uma coisa é a pena a que o jogador fica sujeito pela violação do Código Desportivo, outra coisa é a multa que o clube pode aplicar ao atleta.

O atleta fica sujeito ao poder disciplinar do clube, mas também da federação, confederação ou entidade internacional, mesmo que as três últimas não sejam seu empregador.

7
Suspensão e interrupção do contrato de trabalho

1 Denominação

Alguns autores entendem que as expressões *suspensão* e *interrupção do contrato de trabalho* não são apropriadas. Orlando Gomes e Élson Gottschalk afirmam que a terminologia empregada "é ineficaz para substituir a suspensão parcial do contrato"[1]. Antonio Lamarca pensa que se trata de distinção meramente cerebrina[2]. Na paralisação parcial do contrato de trabalho não haveria como se fazer distinção entre um e outro tema. Poder-se-ia dizer que, na verdade, o que se suspende é o trabalho e não o contrato de trabalho, que permanece íntegro.

Suspensão total do contrato de trabalho ocorreria quando o pacto não produz nenhum efeito. Suspensão parcial do contrato de trabalho dá-se quando algum efeito o contrato de trabalho ainda produz, apesar de suspenso.

A nossa legislação, contudo, faz distinção entre suspensão e interrupção do contrato de trabalho, tanto que o Capítulo IV do Título IV da CLT é denominado "Da suspensão e da interrupção", referindo-se ao contrato de trabalho.

Entretanto, não há suspensão do contrato de trabalho, mas do trabalho, da execução do pacto ou dos seus efeitos.

---

1 GOMES, Orlando; GOTTSCHALK, Élson. *Curso de direito do trabalho*. 17. ed. Rio de Janeiro: Forense, 2006, p. 342.

2 LAMARCA, Antonio. *Contrato individual do trabalho*. São Paulo: Revista dos Tribunais, 1967, p. 249.

2 Conceitos

Há, também, dificuldade em conceituar a suspensão e a interrupção do contrato de trabalho. A CLT não traz definições das duas hipóteses.

A maioria da doutrina esclarece que na suspensão o empregador não deve pagar salários, nem contar o tempo de serviço do empregado que estiver afastado. Na interrupção, há necessidade do pagamento dos salários no afastamento do trabalhador[3] e, também, a contagem do tempo de serviço. No entanto, esse conceito não resolve todos os casos, pois pode não haver pagamento de salários nem contagem do tempo de serviço para determinado fim, mas haver para outro, como recolhimento do FGTS, por exemplo, na hipótese de o empregado estar afastado para prestar serviço militar ou por acidente do trabalho.

Octavio Bueno Magano faz considerações um pouco diferentes, esclarecendo que suspensão é "a cessação provisória mas total da execução do contrato de trabalho. Interrupção é a cessação provisória e parcial do contrato de trabalho"[4].

A suspensão dos efeitos do contrato de trabalho é a cessação temporária e total da execução e dos efeitos do contrato de trabalho.

Na suspensão, o empregado não trabalha temporariamente, porém nenhum efeito produz no seu contrato de trabalho. São suspensas as obrigações e os direitos. O contrato de trabalho ainda existe, apenas seus efeitos não são observados. Nesse período, o empregador não tem obrigação de pagar o salário nem de contar o tempo de serviço do empregado pelo fato de o último deixar de trabalhar.

São exemplos de suspensão dos efeitos do contrato de trabalho a concessão de auxílio-doença ou de aposentadoria por invalidez pelo INSS, após os 15 primeiros dias do afastamento, a licença sem remuneração, as suspensões disciplinares etc.

A interrupção dos efeitos do contrato de trabalho é a cessação temporária e parcial dos efeitos do contrato de trabalho, porém há a produção de efeitos[5]. O empregador paga os salários e conta o tempo de serviço do empregado, embora ele não preste serviços.

---

3 NASCIMENTO, Amauri Mascaro. *Curso de direito do trabalho*. 24. ed. São Paulo: Saraiva, 2009, p. 933.

4 MAGANO, Octavio Bueno. *Manual de direito do trabalho*: direito individual do trabalho. 4. ed. São Paulo: LTr, 1993. v. II, p. 310.

5 MARTINS, Sergio Pinto. *Direito do trabalho*. 41. ed. São Paulo: Saraiva, 2025, p. 423.

São exemplos de interrupção dos efeitos do contrato de trabalho os 15 primeiros dias de afastamento do empregado, as férias, o repouso semanal remunerado, a convocação do atleta para a seleção nacional, o fato de o empregador ficar impedido, temporariamente, de participar de competições por infração disciplinar ou licença de participar de competições por infração disciplinar ou licença etc.

Durante os primeiros 15 dias de afastamento do atleta por doença ou por acidente do trabalho, o clube deve pagar os seus salários. Após o 15º dia de afastamento por doença ou acidente do trabalho, o clube não tem mais obrigação de pagar os salários do atleta, que ficam por conta do INSS.

O jogador não pode ser suspenso por mais de 30 dias, pois se aplica o art. 474 da CLT (§ 4º do art. 28 da Lei n. 9.615/98). A suspensão por mais de 30 dias do atleta importará a rescisão injusta do contrato de trabalho.

A entidade de prática desportiva poderá suspender o contrato especial de trabalho desportivo do atleta profissional, ficando dispensada do pagamento da remuneração nesse período, quando o atleta for impedido de atuar, por prazo ininterrupto superior a 90 dias, em decorrência de ato ou evento de sua exclusiva responsabilidade, desvinculado da atividade profissional, conforme previsto no referido contrato (§ 7º do art. 28 da Lei n. 9.615). Há necessidade, porém, de ser feita previsão no contrato de trabalho. Trata-se de hipótese de suspensão dos efeitos do contrato de trabalho, pois o clube pode ficar dispensado do pagamento do salário ao atleta durante o prazo de impedimento ou do cumprimento da pena. Fica a critério do empregador prorrogar o contrato pelo prazo do impedimento ou do cumprimento da pena, podendo o empregador entender que no prazo final o contrato cessa. O impedimento da atuação do atleta decorre da sua própria e exclusiva responsabilidade, como em hipóteses em que ofendeu fisicamente ou houver ofensa à honra ou boa fama de árbitros ou auxiliares das partidas desportivas. O empregador não deu causa ao impedimento do atleta. O § 7º do art. 28 da Lei n. 9.615/98 não permite a dispensa do empregado, mas a suspensão dos efeitos do contrato de trabalho, desde que o atleta fique impedido de atuar por prazo ininterrupto superior a 90 dias.

O contrato poderá ficar prorrogado por igual prazo e nas mesmas condições a critério do empregador. Não há, portanto, obrigação. Se o empregador não tiver interesse, o contrato não será prorrogado.

O § 2º do art. 472 da CLT permite a prorrogação do contrato de trabalho de prazo determinado, em relação ao tempo de afastamento do empregado, mas exige comum acordo das partes.

Deverá conter o contrato especial de trabalho desportivo cláusula expressa reguladora de sua prorrogação automática na ocorrência da hipótese prevista no § 7º do art. 28 da Lei n. 9.615/98 (§ 8º do art. 28 da Lei n. 9.615/98).

É sabido que todo atleta profissional de futebol tem como sonho defender a sua seleção nacional de futebol. Isso decorre não só de patriotismo, mas também de promoção de seu nome, que pode muitas vezes importar em transferência para clubes no exterior, com melhoria da sua remuneração.

A participação de atletas profissionais em seleções será estabelecida na forma como acordarem a entidade de administração convocante e a entidade de prática desportiva cedente (art. 41 da Lei n. 9.615/98).

A entidade convocadora indenizará a cedente dos encargos de administração previstos no contrato de trabalho, pelo período em que durar a convocação do atleta, sem prejuízo de eventuais ajustes celebrados entre este e a entidade convocadora (§ 1º do art. 41 da Lei n. 9.615/98). Pela previsão legal, quem paga os salários e demais verbas do convocado para a seleção é o clube, que será indenizado pela CBF. A contagem do contrato com o clube continua normalmente.

O período de convocação estender-se-á até a reintegração do atleta à entidade que o cedeu, apto a exercer sua atividade.

O direito de greve pode ser exercido se o empregador puder atender às reivindicações. Quando os protestos são contra a federação ou confederação, em que os clubes não podem mudar calendário de jogos, não se pode falar em greve.

8
Cessão e transferência

Cessão vem do latim *cessio*, de *cedere* (ceder, transpassar). O titular de direitos os cede a outra pessoa. O mais correto é se falar em cessão de direitos.

Transferência vem do latim *transferens*, de *transferre* (transferir, transporte, levar de um lugar para outro). É a translação, passagem, mudança, permuta. Na transferência, as pessoas ou coisas mudam de um lugar para outro.

A cessão eventual, temporária ou definitiva do atleta por um empregador a outro dependerá, em qualquer caso, da prévia concordância, por escrito, do atleta, sob pena de nulidade. A cessão deve ser feita com anuência por escrito do atleta visando evitar fraudes, justamente para se evitar qualquer discussão a respeito das condições da cessão e da concordância do atleta. Logo, não pode a concordância ser verbal ou tácita. Tanto a cessão eventual como a temporária ou definitiva vai depender da concordância por escrito do atleta.

Qualquer cessão ou transferência de atleta profissional ou não profissional depende de sua formal e expressa anuência (art. 38 da Lei n. 9.615/98). Parece que o que a lei pretende dizer é que a cessão ou transferência deve ter anuência por escrito do atleta. Não poderá ser feita a transferência de forma tácita. Trata-se de requisito para a validade do negócio jurídico. Caso o atleta não concorde com a transferência, ela não poderá ser feita.

O contrato de trabalho é bilateral. Assim, para que haja a cessão ou transferência do jogador, é preciso sua anuência por escrito.

O atleta de futebol pode ser emprestado para outro clube, mas para isso é necessária a anuência expressa do atleta.

A jurisprudência já entendeu:

> Atleta profissional – Cessão. A cessão do atleta profissional de futebol encontra disciplina própria na Lei n 6.354/76, cujo art. 10 é explícito no sentido de

> que é imprescindível a concordância do empregado, por escrito, sob pena de nulidade. Não observada a formalidade legal, o ato não produz nenhum efeito em relação ao contrato, que se mantém nas mesmas condições inicialmente ajustadas (TRT 19ª R., RO 1998021800-69/98, Rel. Juiz Pedro Inácio, *DOE/* AL 1º.10.1999).

A transferência do atleta profissional de uma entidade de prática desportiva para outra do mesmo gênero poderá ser temporária (contrato de empréstimo) e o novo contrato celebrado deverá ser por período igual ou menor que o anterior, ficando o atleta sujeito à cláusula de retorno à entidade de prática desportiva cedente, vigorando no retorno o antigo contrato, quando for o caso.

Na prática a transferência temporária normalmente é chamada de empréstimo. O nome correto não é empréstimo, mas cessão temporária do atleta para outro clube. Empréstimo é o negócio jurídico em que uma pessoa entrega a outra, gratuitamente, uma coisa para que dela se sirva, com a obrigação de restituir (Coelho Rocha). Empréstimo diz respeito a coisas. Em Portugal, o nome é cedência temporária. Pode ser onerosa ou gratuita a cessão temporária. A transferência temporária geralmente não é gratuita, mas onerosa, além do que ela não tem por objetivo entregar coisa, mas o jogador.

É uma forma de redução de custos para o clube que não utiliza o jogador. Para outro clube, é uma forma de obter um atleta de maior nível. Para o atleta, é uma maneira de não ficar parado.

Na cessão temporária, a subordinação se dá com o novo clube, que determina treinos, concentração etc.

Pode ou não ser celebrado outro contrato com o novo clube, ficando o clube anterior responsável pela totalidade ou pela diferença dos salários contratados.

O contrato principal é o anterior. O acessório é firmado com o novo clube.

Durante o período em que o atleta é emprestado para outro clube, seu contrato de trabalho fica suspenso.

O termo final do contrato de trabalho para o clube a que o jogador foi emprestado não poderá ser superior ao do contrato anterior com o clube a que estava vinculado. O atleta somente retornará para o clube anterior se houver prazo remanescente do seu contrato a ser cumprido.

O art. 39 da Lei n. 9.615 não prevê que em caso de cessão o clube cedente é responsável pelos créditos trabalhistas do empregado no período prestado ao cessionário. Não há responsabilidade solidária ou subsidiária do cedente.

No período de 30 meses serve a multa para evitar conluios no sentido de o jogador desaparecer por um tempo e depois voltar em outro clube sem pagar nenhum valor ao clube anterior, que investiu no atleta.

Faz referência o § 1º do art. 28 da Lei n. 9.615/98 a valor médio do salário. Na verdade, o salário é fixo. O valor médio deveria ser de outras verbas que tenham natureza salarial, como bichos e outros. Seria melhor que o legislador tivesse dito "valor médio remuneratório".

O § 2º do art. 28 da Lei n. 9.615 sofreu influência do art. 17/2 do Regulamento do Estatuto de Transferência de jogadores da FIFA, desde 2001, que prevê a responsabilidade solidária do jogador com o terceiro assediador pela ruptura contratual antecipada nas transferências internacionais e que se aplica desde 2001.

O atleta cedido temporariamente a outra entidade de prática desportiva que tiver os salários em atraso, no todo ou em parte, por mais de dois meses, notificará a entidade de prática desportiva cedente para, querendo, purgar a mora, no prazo de 15 dias, não se aplicando, nesse caso, o disposto no *caput* do art. 31 da Lei n. 9.615 (art. 39 da Lei n. 9.615). O não pagamento ao atleta de salário e contribuições previstas em lei por parte da entidade de prática desportiva cessionária, por dois meses, implicará a rescisão do contrato de empréstimo e a incidência da cláusula compensatória desportiva nele prevista, a ser paga ao atleta pela entidade de prática desportiva cessionária. Ocorrendo a rescisão mencionada, o atleta deverá retornar à entidade de prática desportiva cedente para cumprir o antigo contrato especial de trabalho desportivo.

Na cessão ou transferência do atleta profissional para entidade de prática desportiva estrangeira, serão observadas as instruções expedidas pela entidade nacional de título (art. 40 da Lei n. 9.615/98). No caso do atleta de futebol, as instruções serão expedidas pela CBF.

O art. 5º da Resolução n. 2 da FIFA, de 16 de agosto de 2005, prevê que o atleta só pode ser registrado por um clube de cada vez. Os jogadores podem ser inscritos por um máximo de três clubes durante uma temporada, mas só poderão jogar por dois clubes. É possível excepcionalmente a um jogador se transferir para outro clube que pertença a associação com temporadas sobrepostas, ou seja, com calendários diferentes, permitindo-se que ele participe das partidas oficiais de um terceiro clube durante a temporada em questão, desde que tenha cumprido suas obrigações contratuais com os clubes anteriores.

As condições para transferência do atleta profissional para o exterior deverão integrar obrigatoriamente os contratos de trabalho entre o atleta e a entidade de prática desportiva brasileira que o contratou (§ 1º do art. 40 da Lei n. 9.615/98).

Álvaro de Mello Filho afirma que:

> a) de um lado, estão os partidários da tese de que as condições para transferência do atleta profissional para o exterior somente produzirão efeitos jurídicos enquanto vigente o contrato entre o atleta e o clube, até porque o vínculo desportivo dissolve-se "para todos os efeitos legais com o término da vigência do contrato de trabalho", consoante dispõe o § 2º do art. 28. Vale dizer, se o contrato de trabalho venceu-se, é descabida a exigência, pelo clube, do adimplemento de condições de transferências para o exterior do atleta profissional, quando o contrato juridicamente já não existe;
>
> b) de outro lado, há os que entendem que nas transferências para o exterior, seja durante, seja após o contrato, há que se cobrar uma "compensação", desde que insculpida no respectivo contrato de trabalho. Ou seja, se esse 'valor de indenização' a ser pago por clube do exterior for pactuado, livremente, pelo atleta profissional no exercício de sua autonomia da vontade, não se vislumbra qualquer injuridicidade, até porque § 2º do art. 28 da Lei Pelé só se dirige a entidades contratantes brasileiras e não a clubes estrangeiros. Outrossim, é imperioso destacar que não tem sentido exportar de graça e importar pagando caro, pois não se aplicam aqui "critérios de reciprocidade, conquanto nenhum atleta argentino, italiano ou alemão virá sem ônus para clube brasileiro, tenha, ou não, terminado o seu contrato de atleta profissional no seu clube estrangeiro". Nesse contexto, verifica-se que "as condições para transferência do atleta profissional para o exterior" (parágrafo único do art. 40) tipificam-se como norma especial que beneficia os clubes brasileiros, não sendo aplicável aos clubes estrangeiros, até porque estes estão fora do campo de incidência da legislação pátria[1].

Se o contrato de trabalho do atleta profissional já não está em vigor, não se pode falar em aplicação de cláusula penal, salvo se houvesse espécie de cláusula de não concorrência que tivesse vigência por prazo determinado depois do término da relação de emprego. Não se pode querer cobrar algum valor do clube estrangeiro pelo mesmo motivo: que o contrato de trabalho entre clube e atleta não mais está em vigor. Terminado o contrato de trabalho, o jogador é livre para fazer novo contrato de trabalho com quem desejar, inclusive celebrar contrato de trabalho com clube estrangeiro.

---

1 MELLO FILHO, Álvaro de. *Lei Pelé*: comentários à Lei n. 9.615/98. Brasília: Brasília Jurídica, 1998, p. 19.

O valor da cláusula indenizatória desportiva internacional originalmente pactuada entre o atleta e a entidade de prática desportiva cedente, independentemente do pagamento da cláusula indenizatória desportiva nacional, será devido a esta pela entidade de prática desportiva cessionária caso esta venha a concretizar transferência internacional do mesmo atleta, em prazo inferior a três meses, caracterizando o conluio com a entidade de prática desportiva estrangeira (§ 2º do art. 40 da Lei n. 9.615).

Não constituirá impedimento para a transferência ou celebração de contrato a falta de pagamento de taxas ou de débitos contraídos pelo atleta com as entidades desportivas ou seus empregadores anteriores. Débitos do jogador podem ser os decorrentes de empréstimos concedidos pelo empregador ou os de multas impostas ao atleta.

As taxas ou os débitos eram de responsabilidade do empregador contratante, sendo permitido o desconto nos salários do atleta contratado. O art. 462 da CLT permite que sejam feitos descontos no salário do empregado decorrentes de lei, como é o caso mencionado. Não se está reduzindo o salário do atleta, que continua o mesmo, mas apenas está sendo feito desconto em seu salário.

Sempre que ocorrer transferência nacional, definitiva ou temporária, de atleta profissional, até 5% do valor pago pela nova entidade de prática desportiva será obrigatoriamente distribuído entre as entidades de práticas desportivas que contribuíram para a formação do atleta, na proporção de:

I – 1% (um por cento) para cada ano de formação do atleta, dos 14 aos 17 anos de idade, inclusive; e

II – 0,5% (meio por cento) para cada ano de formação, dos 18 aos 19 anos de idade, inclusive (art. 29-A da Lei n. 9.615/98).

Caberá à entidade de prática desportiva cessionária do atleta reter do valor a ser pago à entidade de prática desportiva cedente 5% do valor acordado para a transferência, distribuindo-o às entidades de prática desportiva que contribuíram para a formação do atleta (§ 1º do art. 29-A da Lei n. 9.615/98).

Como exceção à regra estabelecida no parágrafo anterior, caso o atleta se desvincule da entidade de prática desportiva de forma unilateral, mediante pagamento da cláusula indenizatória desportiva prevista no inciso I do art. 28 desta Lei, caberá à entidade de prática desportiva que recebeu a cláusula indenizatória desportiva distribuir 5% de tal montante às entidades de prática desportiva responsáveis pela formação do atleta (§ 2º do art. 29-A da Lei n. 9.615/98).

O porcentual devido às entidades de prática desportiva formadoras do atleta deverá ser calculado sempre de acordo com certidão a ser fornecida pela entidade nacional de administração do desporto, e os valores distribuídos proporcionalmente em até 30 dias da efetiva transferência, cabendo-lhe exigir o cumprimento do que dispõe este parágrafo (§ 3º do art. 29-A da Lei n. 9.615/98).

9 Passe

1 Passe

O passe inicialmente foi regulamentado por meio do Decreto n. 53.820, de 24 de março de 1964.

Leciona Orlando Soares que:

> quanto ao Brasil, foi a partir da Copa Mundial de 1970 que o regime militar se decidiu a empresariar o futebol, para explorá-lo politicamente, a partir do que passou a constituir um pasto fértil, que possibilitou manipulações de toda ordem, tráfico de influência, esbanjamentos de recursos públicos e privados, captação de contribuições de apostas no sistema de loterias, fraudes, corrupção, propostas milionárias para a contratação de jogadores e venda dos mesmos – como se fossem mercadoria ou escravos – em suma, ocorreu aquilo que se convencionou denominar de "futebol milionário", fator de alienação, sobretudo dos jovens[1].

Passe ou atestado liberatório era a importância devida por um empregador a outro, pela cessão do atleta durante a vigência do contrato ou depois de seu término (art. 11 da Lei n. 6.354/76). Representava o pagamento feito por um clube a outro pela desvinculação do atleta da associação desportiva para quem prestava serviços.

---

1 SOARES, Orlando. *Comentários à Constituição da República Federativa do Brasil*. Rio de Janeiro: Forense, 2006, p. 911.

Evaristo de Moraes filho foi o autor do projeto que se transformou na Lei n. 6.354/76. Afirma o mestre:

> em verdade, o passe não cerceia quando regulamenta a liberdade do atleta, não chegando, nem de longe, a poder ser acoimado de inconstitucional.
>
> Trata-se de instrumento adotado em toda parte, regulado pela legislação internacional como única medida capaz de impedir a concorrência desleal e o aliciamento ilícito dos jogadores, dentro ou fora do país.
>
> Vivendo os clubes de renda auferida pelas exibições que dão, muito dependem do renome e da fama dos seus atletas, como atrativos para uma grande plateia.
>
> Por sua vez, vedetes ou não, também muito dependem os atletas do renome da associação desportiva, de sua organização, da publicidade que goza, do tratamento que oferece, e assim por diante.
>
> Não raro, é o clube que faz a fama do atleta, educando-o, burilando as suas virtudes praticamente inatas e a sua própria personalidade. Tudo isso pode e deve ter correspondência patrimonial, que se traduz, afinal de contas, no direito, que ambos os contratantes possuem, de plena certeza e segurança do vínculo que os prende, manifestado num contrato por prazo determinado.
>
> Sem o instituto do passe, na ganância de auferir altas rendas nos espetáculos públicos, juntamente com o significado econômico e moral das vitórias e dos campeonatos, não haveria mais certeza nem garantia alguma nas contratações, de cuja insegurança seriam vítimas e algozes, ao mesmo tempo, os atletas e as associações desportivas.

Adilson Bassalho Pereira mencionava que:

> não é necessário qualquer conhecimento de Direito para se concluir, de imediato, que a figura do "passe", ou atestado liberatório, com as características de mecanismo autodefensivo das associações esportivas, que possui em nossos meios futebolísticos, é absolutamente incompatível com os textos constitucionais acima transcritos. Ou, em outras palavras, que a figura do passe, com as referidas características, é de todo inconstitucional, quer por impedir o livre exercício da profissão dos jogadores de futebol, quer por transformá-los em verdadeiras mercadorias, que se "compram" e se "emprestam", sem qualquer consideração para com a sua dignidade de seres humanos[2].

---

2 PEREIRA, Adilson Bassalho. O contrato de trabalho do jogador profissional de futebol e a legislação brasileira. *Revista de Direito do Trabalho*, n. 3, p. 179.

O atleta ficava vinculado ao clube pelo passe. O jogador acabava representando uma mercadoria, que é vendida e comprada, mas também é emprestada. Assim, poderia ser considerado uma espécie moderna de escravidão, no sentido de que os jogadores eram vendidos, comprados e emprestados.

Em Portugal, João Leal Amado observa que com o passe o trabalhador era tratado como se fosse mera *res in patrimonio*[3].

O passe não poderia ser considerado inconstitucional, pois o inciso XIII do art. 5º da Constituição exige que a lei estabeleça as qualificações profissionais para o desempenho da profissão. O atleta poderia deixar de exercer a profissão, se o seu contrato terminasse. Os critérios de pagamento do passe eram fixados no contrato, pressupondo a discussão das partes envolvidas. Um trabalhador pode acordar com o empregador de não trabalhar para outra empresa da mesma área para fazer concorrência ao primeiro durante certo tempo. Essa cláusula é considerada lícita. O passe não impedia o livre exercício da profissão. Não violava, portanto, o inciso XIII do art. 5º da Constituição.

Para os clubes, o passe era uma grande fonte de renda. Se o clube fez um investimento no atleta, deve ter algum retorno sobre a venda do atleta para o estrangeiro, evitando que ele fique mudando para outro clube em decorrência de uma proposta melhor. Era uma forma de ressarcimento ao clube pelo investimento por ele feito. O clube, porém, não tinha direito sobre a pessoa do atleta.

O atleta ficava com 15% do valor do passe.

Adquiria passe livre o atleta que, ao fim do contrato, tivesse 32 anos e tivesse prestado dez anos de serviço efetivo ao seu último empregador (art. 26 da Lei n. 6.354/76).

Cessado o contrato de trabalho com o clube, o atleta é livre para procurar outra agremiação. O vínculo desportivo é acessório do contrato de trabalho mantido entre o clube e o atleta.

Terminado o contrato de trabalho com o clube a partir de 26 de março de 2001, não existe mais o passe, podendo o atleta negociar novo contrato de trabalho com quem desejar.

---

3 AMADO, João Leal. Algumas reflexões sobre o chamado caso Bruno Valente. *Desporto & Direito: Revista Jurídica do Desporto*. Coimbra: Coimbra, n. 7, p. 29-39, set./dez., 2005.

2 Natureza jurídica

O passe tinha natureza indenizatória e não salarial.

O art. 2º do Decreto n. 53.820/64 mencionava que:

> na cessão de atleta profissional de futebol, a associação desportiva empregadora cedente poderá exigir da associação desportiva cessionária o pagamento de uma indenização ou passe, estipulado na forma das normas desportivas internacionais, dentro dos limites e nas condições que venham a ser estabelecidas pelo Conselho Nacional de Desportos.

Não decorria o passe da prestação do trabalho, mas da rescisão do contrato de trabalho. O clube teria direito a indenização pelo ressarcimento da perda do atleta para outro clube.

O TST já decidiu da mesma forma:

> [...] 3. Participação no valor do passe – Quando da cessão do passe do atleta, é dado ao clube cedente exigir do cessionário o pagamento do valor do passe estipulado de acordo com as normas desportivas – art. 13 da lei supra. Tratando-se de mera participação, o direito mostra-se acessório, seguindo a sorte do principal – arts. 58 e 59 do Código Civil. Impossível é emprestar-lhe natureza salarial, sob pena de caminhar-se para a esdrúxula assertiva segundo a qual o clube cedente recebe do cessionário parcela possuidora de feição também salarial (TST-RR – 4970/86, Ac. 1ª T. 1674/87, Rel. Min. Marco Aurélio, *DJU* 28.8.1987, p. 17671).

José Martins Catharino afirma que o passe, para o atleta, pode ser considerado como luvas imperativas[4], mostrando sua natureza de remuneração.

O passe pressupunha um contrato de prazo indeterminado. Não se aplicava em contratos de prazo determinado.

3 Extinção do passe

A redação original do § 2º do art. 28 da Lei n. 9.615/98 previa a extinção do passe a partir de três anos de vigência da referida norma.

---

4 CATHARINO, José Martins. *O contrato de emprego futebolístico na lei brasileira*: estudo em homenagem ao professor Orlando Gomes. Rio de Janeiro: Forense, 1979.

Dispõe o § 2º do art. 28 da Lei n. 9.615, com a redação determinada pela Lei n. 9.981, de 14 de julho de 2000, sobre a extinção do passe a partir de 26 março de 2001. A alteração teve por objetivo proteger direitos adquiridos. Entretanto, o inciso XXXVI do art. 5º da Constituição dispõe que a lei não prejudicará o direito adquirido, o ato jurídico perfeito e a coisa julgada.

Existe direito adquirido quando a pessoa implementa todos os requisitos contidos na lei e pode exercer esse direito a qualquer momento.

O clube tinha direito adquirido a ser indenizado pelo passe do atleta quando celebrou o contrato de trabalho com ele antes da vigência da Lei n. 9.615/98. Não ia adivinhar que posteriormente haveria uma lei que extinguiria o passe. Assim, para contratos de trabalho celebrados antes de 26 de março de 2001, o passe continua a existir.

A partir de 26 de março de 2001 não há mais necessidade de o contrato conter direitos e obrigações das partes, critérios para fixação do preço do passe ou atestado liberatório. A partir da mesma data, não existe necessidade de o atleta comprovar que é alfabetizado, possuir carteira de trabalho, ter a sua situação militar regularizada. Desde 26 de março de 2001, para contratos celebrados a partir dessa data, não existe mais o passe.

O fim do passe, segundo alguns, é uma forma de acabar com a escravidão do jogador ao clube.

A cessão ou transferência de atleta profissional, na vigência do contrato de trabalho, depende de sua aquiescência formal e expressa (art. 38 da Lei n. 9.615/98), isto é, escrita.

A cláusula penal estabelecida pelo descumprimento, rompimento ou rescisão unilateral de certa forma objetiva compensar o fim do passe:

> Cláusula Penal. Lei Pelé. Iniciativa rescisória. A cláusula penal do art. 28 da Lei n. 9.615/98 (Lei Pelé) – Só cabe nas rescisões contratuais por iniciativa do atleta, porquanto é figura do vínculo desportivo (não empregatício) – Sucedânea do antigo passe, de cunho compensatório ao Clube, atrelando-se às transferências. Não é sem razão que a lei estabelece (art. 57) ser encargo do atleta o recolhimento da contribuição associativa (cuja base de incidência é a cláusula penal, quando das transferências) e limita a multa rescisória (na hipótese mais gravosa ao atleta – justa causa do empregador, art. 31) à aplicação do art. 479, CLT (TRT 9ª R., 5ª T., RO 00810-2002-093-09-00-1, j. 9.12.2004, *DJ/PR* 11.2.2005, p. 322).

Prevê o art. 93 da Lei n. 9.615/98 que o passe terminou em 26 de março de 2001, mas devem ser respeitados os direitos adquiridos decorrentes dos contratos de trabalho e vínculos desportivos de atletas profissionais pactuados com base na legislação anterior. Isso significa que os contratos de trabalho vigentes até 25 de março de 2001 ainda podem contemplar a regra do passe. Somente os contratos de trabalho firmados a partir de 26 de março de 2001 seguem as novas regras da Lei n. 9.615/98.

10
Remuneração e salário

1 Etimologia

Remuneração vem de *remuneratio*, do verbo *remuneror*. A palavra é composta de *re*, que tem o sentido de reciprocidade, e *muneror*, que indica recompensar.

Salário vem do latim *salarium*. Essa palavra vem de *sal*, do latim *salis*: do grego, *hals*. Sal era a forma de pagamento das legiões romanas. Posteriormente, foram sendo empregados outros meios de pagamento de salários, como óleo, animais, alimentos etc.

2 Conceito

O jogador de futebol nem sempre ganhou bem.

Relata Ruy Castro que "o jogador mais bem pago do futebol brasileiro era Zizinho, que recebia 30 mil cruzeiros mensais do Bangu. Um senador da República ganha 36 mil; um advogado ou médico, 20 mil. E os jogadores ainda tinham os bichos – que, num mês de muitas vitórias, podiam dar a ilusão de uma vida confortável. Mas, como sempre, a maioria ganhava mal e mesmo os maiores nomes estavam a anos-luz dos contratos milionários, dos carros importados e do sucesso social de que gozam hoje"[1].

---

1 CASTRO, Ruy. *Estrela solitária*: um brasileiro chamado Garrincha. 1. ed. 16 reimp. Rio de Janeiro: Companhia das Letras, 2012, p. 96.

O grande jogador que foi Garrincha morreu em situação difícil.

Hoje, grandes jogadores ganham muito, mas também há jogadores que têm outras profissões e, como jogador, ganham um salário mínimo.

Dispõe o art. 457 da CLT que "compreendem-se na remuneração do empregado, para todos os efeitos legais, além do salário devido e pago diretamente pelo empregador, como contraprestação do serviço, as gorjetas que receber". Integram o salário não só a importância fixa estipulada, como também comissões, percentagens, gratificações legais, pagas pelo empregador (§ 1º do art. 457 da CLT). Considera-se gorjeta não só a importância espontaneamente dada pelo cliente ao empregado, como também aquela que for cobrada pela empresa ao cliente, como adicional nas contas, a qualquer título, e destinado à distribuição aos empregados (§ 3º do art. 457 da CLT).

Remuneração é o conjunto de prestações recebidas habitualmente pelo empregado pela prestação de serviços, seja em dinheiro ou em utilidades, provenientes do empregador ou de terceiros, mas decorrentes do contrato de trabalho, de modo a satisfazer suas necessidades básicas e de sua família[2].

Salário é a prestação fornecida diretamente ao trabalhador pelo empregador em decorrência do contrato de trabalho, seja em razão da contraprestação do trabalho, da disponibilidade do trabalhador, das interrupções contratuais ou demais hipóteses previstas em lei.

A remuneração consiste no salário mais as gorjetas ou no salário e mais as prestações que são pagas por terceiros, mas decorrentes do contrato de trabalho.

As verbas previstas na Lei n. 9.615/98 são exemplificativas. Nada impede que em razão da habitualidade sejam pagas outras verbas ao atleta, distintas de luvas, bichos etc.

O atleta de futebol não poderá receber menos do que um salário, pois esse é o valor mínimo que deve ser pago a qualquer trabalhador, com o qual o trabalhador e sua família devem, em tese, poder sobreviver (art. 7º, IV, da Constituição).

O atleta poderá recusar-se a competir quando seus salários estiverem, no todo ou em parte, atrasados por dois ou mais meses (art. 32 da Lei n. 9.615/98).

A participação do atleta em seleção dependerá do que for acordado entre a entidade que o convocar e a entidade de prática desportiva a que pertencer o atleta (art. 41 da Lei n. 9.615/98). O clube será indenizado pela entidade que fizer a convocação em relação aos encargos previstos no contrato, enquanto durar a

---

[2] MARTINS, Sergio Pinto. *Direito do trabalho*. 41. ed. São Paulo: Saraiva, 2025, p. 280.

convocação, sem prejuízo de eventuais ajustes celebrados entre o atleta e a entidade convocadora (§ 1º do art. 41 da Lei n. 9.615/98).

O salário será pago pelo empregador, pois caberá à entidade convocadora indenizar o clube.

O pagamento feito pela entidade convocadora ao atleta não poderá ser abatido do valor do salário pago pelo empregador ao atleta.

O jogador pode receber salário por produção, como foi o caso de Juninho Pernambucano, no Vasco, ou o de Valdivia, no Palmeiras. O jogador deve jogar todos os jogos, não ser expulso ou ter excessivos cartões amarelos.

O período de convocação será estendido até a reintegração do atleta à entidade que o cedeu, apto a exercer sua atividade (§ 2º do art. 41 da Lei n. 9.615/98). Se o jogador estiver machucado, só será devolvido quando tiver plenas condições de exercer sua atividade. Caberá à CBF o pagamento do tratamento do atleta que se machucar quando estiver convocado para a seleção nacional.

O contrato coletivo de Portugal do sindicato de jogadores profissionais prevê piso salarial diferenciado para cada divisão.

Durante os primeiros 15 dias que o atleta estiver afastado, caberá à CBF pagar seus salários e demais verbas. A partir do 16º dia de afastamento, o atleta receberá benefício previdenciário do INSS. Caberá à CBF pagar a diferença do que o atleta recebe do clube e o que o INSS paga de benefício previdenciário.

3 Luvas

A palavra *luva* vem da expressão popular "assenta como uma luva", "feito como uma luva", "ficou bom feito uma luva". Algo que é feito sob medida.

As luvas são pagas quando há a renovação de locação comercial, pelo fundo do comércio ou pela posse do ponto. Já se verificava na antiga lei de luvas (Decreto n. 24.150, de 20 de abril de 1934). O locatário era obrigado a dar uma importância em dinheiro, além do aluguel combinado, visando à preferência na locação.

Luva é a importância paga pelo empregador ao atleta, na forma do que foi convencionado, pela assinatura do contrato. Em Portugal, as luvas são chamadas de prêmio de assinatura. São pagas em razão do passado do atleta, como da eficiência do atleta antes de ser contratado por um clube. Representam reconhecimento pelo desempenho e pelos resultados alcançados pelo profissional em sua carreira. As luvas dos jogadores são pagas quando há a assinatura de um contrato desportivo ou em razão da renovação do contrato do atleta. Seriam um pagamento não em razão do fundo de comércio, mas de um fundo de "trabalho". Têm origem costumeira. São uma espécie de pagamento antecipado.

As luvas são pagas antecipadamente, em uma única prestação ou em parcelas, como normalmente acontece. Podem ter valor fixo ou variável. Podem ser tanto pagas em dinheiro como em utilidades e até automóveis.

As luvas são classificadas voluntárias, em que a importância é atribuída pelo empregador ao jogador ou fixada de comum acordo entre as partes; ou estabelecidas por previsão legal. Podem também ser compulsórias.

As luvas tinham natureza salarial, pois eram inclusas no contrato de trabalho. São uma espécie de gratificação (§ 1º do art. 31 da Lei n. 9.615), como um salário pago antecipadamente. Não representam indenização, pois não têm por objetivo ressarcir nada. Integram as férias e a gratificação de Natal, além de haver incidência do FGTS sobre a referida verba.

As luvas seriam um pagamento decorrente do contrato de trabalho, incluídas no § 1º do art. 31 da Lei n. 9.615, como gratificações, prêmios e demais verbas inclusas no contrato de trabalho.

No TST, há acórdãos que entendem da mesma forma:

> "LUVAS" – NATUREZA JURÍDICA. As "luvas" constituem importância paga pelo clube ao atleta, pela assinatura do contrato. Têm caráter salarial, integrando a remuneração para todos os efeitos legais. Precedentes. Recurso de Revista parcialmente conhecido e desprovido (TST, 8ª T., RR 5700-63.2002.5.02.0047, Rel. Min. Maria Cristina Peduzzi, j. 7.12.2010).
>
> CONTRATO DESPORTIVO. ATLETA PROFISSIONAL DE FUTEBOL. LUVAS. NATUREZA JURÍDICA. As luvas, cujo termo em sentido figurado não é exclusivo do direito desportivo, mas também do Direito Comercial – locação comercial –, instituto com o qual também guarda semelhança, inclusive no tocante à sua finalidade, pois nesta o valor do ponto (fundo de comércio) aproxima-se do valor da propriedade do imóvel, implica em dizer que "em certo sentido, as luvas desportivas importam reconhecimento de um fundo de trabalho, isto é, o valor do trabalho desportivo já demonstrado pelo atleta que determinada associação contratar, tudo consoante lição do mestre José Martins Catharino. A verba luvas, portanto, não se reveste de natureza indenizatória, porquanto é sabido que a indenização tem como pressuposto básico o ressarcimento, a reparação ou a compensação de um direito lesado, em síntese, compensa uma perda, de que na hipótese não se trata, na medida em que a verba recebida a título de luvas tem origem justamente na aquisição de um

direito em face do desempenho personalíssimo do atleta, ou seja, o seu valor é previamente convencionado na assinatura do contrato, tendo por base a atuação do atleta na sua modalidade desportiva. Recurso de Revista conhecido e provido" (1ª T, RR 418.392/1998, Rel. Juiz Convocado Vieira de Mello Filho, *DJ* 9.8.2002).

LUVAS DESPORTIVAS. NATUREZA JURÍDICA. INTEGRAÇÃO SALARIAL. CONHECIMENTO. Nos termos do art. 12 da Lei n. 6.354/1976, as luvas desportivas são pagas em razão do contrato de trabalho, tomando-se em consideração o desempenho do atleta profissional de futebol ao longo de sua carreira, consoante prelecionam JOSÉ MARTINS CATHARINO e ALICE MONTEIRO DE BARROS. Trata-se, portanto, de verba de natureza eminentemente salarial na medida em que caracteriza uma modalidade de contraprestação paga pelo empregador ao empregado. Robustece esta convicção o fato de o art. 3º inciso III da Lei n. 6.354/1976 incluir as luvas desportivas no rol de parcelas que compõem a remuneração do atleta profissional de futebol, estabelecendo, inclusive, que tal valor deve estar expressamente especificado no contrato de trabalho, se previamente convencionado. Recurso conhecido, por divergência jurisprudencial, e parcialmente provido [...] (1ª T., RR 467.125/1998.5, Rel. Juiz Convocado Altino Pedrozo dos Santos, *DJ* 9.7.2004).

LUVAS E BICHOS. INTEGRAÇÃO. Em face do que dispõe o inciso III do art. 3º da Lei n. 6.354/76, qualquer parcela auferida pelo atleta em função do contrato, ainda que não prevista taxativamente, se integrará na remuneração para todos os efeitos, desde que se revista de habitualidade, segundo conceito já definido amplamente pela doutrina e jurisprudência. Os bichos fundam-se em uma valoração objetiva, dado o seu pagamento habitual e periódico, tendo feição retributiva, portanto, integram o salário do atleta, incidindo em todas as verbas decorrentes de seu contrato de trabalho. Ressalte-se que o fato de haver variações no valor pago e a liberalidade com a qual é concedido não elidem o caráter eminentemente salarial da verba *sub judice*. Já as luvas retratam um importe pago pelo clube empregador ao atleta que está prestes a assinar um contrato de trabalho com este (clube), tendo como base o egresso do jogador no cenário desportivo nacional. É um pagamento feito de forma convencionada pelas partes. Podem ser pagas de uma só vez, em parcelas semestrais, ou em quotas mensais junto com o salário. São fixadas levando-se em conta o passado do atleta e não seu desenvolvimento durante a vigência do contrato. Embora de natureza retributiva, não se confundem com prêmios ou gratificações, cujas causas ocorrem no curso do contrato. As luvas têm natureza de salário pago por antecipação, não se confundindo com indenização, pois nelas não se encontram presentes o caráter ressarcitório advindo da perda. Desta forma, as luvas compõem a remuneração do atleta para todos os efeitos legais. Recurso de revista conhecido e não provido (2ª T., AIRR e RR-25.959/2002-900-03-00.5, Rel. Min. Renato de Lacerda Paiva, *DJU* 17.3.2006).

As luvas são pagas antecipadamente ou divididas em parcelas, o que caracteriza pagamentos por conta do trabalho a ser realizado pelo atleta durante o tempo fixado no seu contrato. Em virtude de seu caráter eminentemente salarial, deverão ser integradas nas férias e gratificações natalinas (3ª T., RR-266.807/96, Rel. Min. José Zito Calasãs, *DJU* 21.2.1997, p. 3116).

ATLETA PROFISSIONAL. LUVAS. Por definição legal – art. 12 da Lei 6.354/76, as luvas constituem importância paga pelo empregador ao atleta, na forma do que for convencionado, pela assinatura do contrato tem, por isto mesmo, caráter remuneratório, integrando a remuneração do atleta para todos os efeitos legais (1ª T., RR-1957/81, Rel. Min. Marco Aurélio Mendes de Farias Mello, *DJU* 2.7.1982).

RECURSO DE EMBARGOS. ATLETA PROFISSIONAL. NATUREZA JURÍDICA DAS LUVAS. LEI DE DESPORTOS. O art. 12 da Lei 6.354/76 conceitua as luvas como 'a importância paga pelo empregador ao atleta, na forma do que for convencionado, pela assinatura do contrato'. Não viola a literalidade do dispositivo indicado decisão que reconhece a natureza salarial das luvas, matéria que demanda discussão doutrinária e jurisprudencial. Inexistente indicação de dissenso jurisprudencial sobre o tema, inviável o conhecimento dos embargos (SBDI-1, E-RR – 418392-77.1998.5.04.5555, Rel. Min. Aloysio Corrêa da Veiga, j. 28.5.2007, *DJ* 15.6.2007).

LUVAS – NATUREZA JURÍDICA (alegação de divergência jurisprudencial). A parcela "luvas" nos moldes em que foi legislativamente prevista (art. 12 da Lei nº 6.354/76), consiste na retribuição material paga pela entidade empregadora ao atleta profissional, em vista da celebração de seu contrato de trabalho, seja originalmente, seja por renovação. A doutrina sustenta que as luvas desportivas importam em reconhecimento de um "fundo de trabalho", isto é, do valor do trabalho desportivo já apresentado pelo atleta que será contratado, estabelecendo um paralelo com o "fundo de comércio", que é o valor do ponto adquirido pelo locatário. As luvas traduzem importância paga ao atleta pelo seu empregador, "na forma que for convencionada, pela assinatura do contrato"; compõem a sua remuneração para todos os efeitos legais (art. 12 da antiga Lei 6.354/76 e art. 31, § 1º, da Lei 9.615/98). Essa diretriz que se aplica ao atleta profissional, em relação a quem a parcela "luvas" foi originalmente destinada, também incide nos demais casos em que se configura um estímulo e incentivo à contratação, por reconhecimento das habilidades profissionais de determinado empregado. Assim, considerando que o pagamento de referida verba, no presente caso, se deu em razão do trabalho, conforme expressamente consignado pela v. decisão regional, é inconteste a natureza salarial de que se reveste. Precedentes. Recurso de revista conhecido e desprovido (2ª T., RR 90700-02.2000.5.02.0047, Rel. Min. Renato Lacerda Paiva, *DEJ* 18.6.2016).

RECURSO DE REVISTA DO ABC FUTEBOL CLUBE. *PROCESSO ANTERIOR À LEI 13.467/2017.* 1. CERCEAMENTO DO DIREITO DE DEFESA. AUSÊNCIA DE PRESQUESTIONAMENTO. SÚMULA 297/TST. 2. ATLETA PROFISSIONAL DE FUTEBOL. "LUVAS". NATUREZA JURÍDICA SALARIAL. LEIS N. 9.615/98 E 12.395/2011. 3. INTEGRAÇÃO DO AUXÍLIO--MORADIA AO SALÁRIO. RECONHECIMENTO DA NATUREZA SALARIAL DA PARCELA. MATÉRIA FÁTICA. SÚMULA 126/TST. 4. FGTS. MULTA DE 40%. AUSÊNCIA DE INTERESSE RECURSAL. A parcela "luvas", nos moldes em que foi legislativamente prevista, consiste na retribuição material paga pela entidade empregadora ao atleta profissional, em vista da celebração de seu contrato de trabalho, seja originalmente, seja por renovação. Tem sua natureza salarial reconhecida pelo Direito Brasileiro, tanto no art. 12 da antiga Lei 6.354/76 (revogada pela Lei nº 12.395/2011), como no art. 31, § 1º, da Lei 9.615/98. Assim, considerando que o pagamento se deu "em razão do contrato de trabalho", é inconteste a natureza salarial de que se reveste. Releva ponderar que a parcela, no caso em exame, não teve por escopo compensar ou ressarcir o Reclamante, na medida em que foi paga no momento de sua admissão. Logo, por todos os ângulos que se analise a controvérsia, resulta afastado o caráter indenizatório e evidenciada a natureza contraprestativa, salarial. Julgados. Por fim, esclareça-se a inviabilidade de reexame do critério adotado no acórdão regional sobre os reflexos de tal parcela, haja vista a completa ausência de irresignação da parte no recurso de revista, no particular. **Recurso de revista não conhecido quanto aos temas. 5. MULTA DO ART. 523, § 1º, DO CPC/2015 (ART. 475-J DO CPC/1973). INAPLICABILIDADE AO PROCESSO DO TRABALHO.** O Tribunal Pleno desta Corte, no julgamento do IRR – 1786-24.2015.5.04.0000, na sessão do dia 21.8.2017, firmou, por maioria, tese jurídica no sentido de que a multa coercitiva do art. 523, § 1º, do CPC de 2015 (art. 475-J do CPC de 1973) não é compatível com as normas vigentes da CLT que regem o processo do trabalho, ao qual não se aplica. Ressalva-se, no entanto, o posicionamento do Relator. **Recurso de revista conhecido e provido no aspecto**

(RR 118200-18.2012.5.02.21.0007, Rel. Min. Mauricio Godinho Delgado, j. 26.9.18, *DEJT* 28.9.2018).

Podem ser feitas em um único pagamento, como de um automóvel ou um imóvel.

Com a Lei n. 13.467, as luvas passam a não ter natureza salarial, pois gratificação contratual não tem natureza salarial (§ 1º do art. 457 da CLT).

O valor das luvas, caso ajustadas, não possui natureza salarial e constará de contrato avulso de natureza exclusivamente civil (§ 1º do art. 85 da Lei n. 14.597/2023).

4 Bicho

O *bicho* era o pagamento feito aos amadores pelas vitórias. Falavam que era proveniente do jogo do bicho para não vincular ao pagamento pela vitória.

Em 1923, o Vasco da Gama foi campeão da Liga Metropolitana, que era o campeonato carioca da época. Os torcedores apostavam na vitória do Vasco. Como ganhavam, dividiam o dinheiro com os jogadores, que eram amadores e recebiam remuneração.

Tem origem consuetudinária (costumeira). A cada valor do bicho correspondia um animal: cinco mil réis = cachorro, dez mil réis = coelho, vinte mil réis = peru, cinquenta mil réis = galo; cem mil réis = vaca e quatro pernas (quatrocentos mil réis)[3].

Bicho é a importância paga pelo clube ao jogador por vitórias, empates ou título alcançado. Normalmente, é pago aos atletas que participaram da partida, mas pode ser pago a todos os atletas. Visa estimular ou incentivar os atletas pelo resultado positivo na partida. Pode representar salário-condição, pois depende do atingimento do objetivo determinado pelo clube. Pode representar gratificação ajustada, por ser liberalidade do empregador ou espécie de prêmio pelo desempenho coletivo da equipe[4], embora seja pago individualmente. Tem característica aleatória, por depender da sorte na partida de vencer o adversário. O pagamento pode ser estabelecido por vitória ou empate, mas pode ser determinado em razão

---

3 CATHARINO, José Martins. *Contrato de emprego desportivo no direito brasileiro*. São Paulo: LTr, 1969, p. 32.

4 CATHARINO, José Martins. *Contrato de emprego desportivo no direito brasileiro*. São Paulo: LTr, 1969, p. 32.

da conquista do campeonato pelo clube, ocasião em que o valor será maior do que é pago normalmente por vitórias ou empates.

Amauri Mascaro Nascimento afirma que:

> por influência dos usos e costumes, as gratificações tornaram-se uma tradição. Os empregadores repetiram o ato espontâneo que passou, assim, a entrar nos quadros normais da relação de emprego. Essa reiteração criou, para o empregado, uma expectativa de contar com o valor correspondente nos seus ingressos econômicos. O empregado passou a exigi-la, sempre que habitual. Sensível ao aspecto econômico, a legislação trabalhista passou a considerar o que era antes uma liberalidade, uma verdadeira obrigação do empregador[5].

O bicho tem natureza de prêmio, de gratificação. Não se trata de gratificação legal, mas convencional. Logo, não tem natureza salarial (§ 1º do art. 457 da CLT). É uma espécie de gratificação ajustada. Visa incentivar resultados como empates ou vitórias.

Os prêmios por performance ou resultado, o direito de imagem e o valor das luvas, caso ajustadas, não possuem natureza salarial e constarão de contrato avulso de natureza exclusivamente civil (§ 1º do art. 85 da Lei n. 14.597/2023).

A Súmula 207 do STF afirma que as gratificações habituais, inclusive a de Natal, consideram-se tacitamente convencionadas. Se o bicho é pago com habitualidade, não pode ser suprimido.

O ideal é que o clube não deve pagar, como incentivo em cada partida, prêmios ou gratificações superiores à remuneração mensal do atleta. O objetivo é que o pagamento não seja feito apenas em prêmios ou bichos, mas em salário fixo. Se o atleta não ganhar ou empatar as partidas, nada receberá. Isso não é possível. Muitas vezes, porém, o pagamento do bicho por ganhar o campeonato acaba sendo superior ao salário de muitos atletas. José Martins Catharino leciona que:

> quando o salário propriamente dito é pequeno e a 'gratificação' é elevada, fica fortalecida a convicção que esta deriva de obrigação assumida pelo patrão, embora a ela queira se furtar. Quanto isto se dá, muitas vezes é até flagrante a fraude grosseira ao salário[6].

---

5 NASCIMENTO, Amauri Mascaro. *Teoria jurídica do salário*. São Paulo: LTr, 1994, p. 246.

6 CATHARINO, José Martins. *Tratado jurídico do salário*. São Paulo: LTr, 1994, p. 478.

Mala branca é o pagamento feito por clube aos jogadores de outro clube para que este último ganhe um jogo. Mala preta é o pagamento feito por um clube aos jogadores de outro clube para que este último perca o jogo.

5 Gratificação de Natal

A gratificação de Natal ou chamada de 13º salário tem natureza salarial. O § 1º do art. 31 da Lei n. 9.615/98 é claro no sentido de que a gratificação de Natal tem natureza salarial para o cálculo da cláusula penal.

A legislação esportiva não trata especificamente do 13º salário, mas ele também é devido ao atleta.

A primeira metade deve ser paga de 1º fevereiro a 30 de novembro e a segunda metade deve ser paga até o dia 20 de dezembro.

É devido à razão de 1/12 por mês de serviço, considerando-se mês o período igual ou superior a 15 dias.

6 Irredutibilidade salarial

Dispõe o inciso VI do art. 7º da Constituição: "irredutibilidade do salário, salvo o disposto em convenção ou acordo coletivo".

A regra é a irredutibilidade do salário.

A exceção é o salário poder ser reduzido, porém mediante convenção ou acordo coletivo, ou seja, há necessidade da participação do sindicato dos trabalhadores no ajuste coletivo. Isso permite que o sindicato dos trabalhadores fiscalize as reduções dos salários, o que será feito por prazo determinado e como exceção, por exemplo, nas crises econômicas.

No caso de o empregador ficar impedido, temporariamente, de participar de competições por infração disciplinar ou licença, nenhum prejuízo poderá advir para o atleta, que terá assegurada a sua remuneração contratual. Os riscos do empreendimento são do empregador (art. 2º) e não podem ser repassados para o atleta. Os bichos não poderão ser pagos, pois dependem da participação do atleta nas vitórias ou empates de sua equipe.

Terminado um contrato de trabalho em razão da expiração do prazo, pode no outro contrato o salário pactuado ser reduzido. Isso ocorre, principalmente, quando um atleta já não tem as mesmas condições físicas ou técnicas para jogar futebol. A cada contrato, as condições de trabalho do pacto de prazo determinado são ajustadas, inclusive os salários.

7 Equiparação salarial

Em relação aos atletas profissionais de futebol, não há direito a equiparação salarial, pois cada atleta tem uma característica, joga numa posição etc. Não há trabalho de igual valor (art. 461 da CLT). Por exemplo: não há como equiparar um jogador qualquer com Pelé, Garrincha, Zico etc., pois o futebol não é o mesmo. As habilidades e posições são diferentes.

8 Adicional de transferência

O atleta não tem direito a adicional de transferência, pois não está sendo transferido de uma unidade do clube para outra, em outra cidade. As partidas desportivas são realizadas em locais diversos. O atleta continua, porém, residindo no mesmo local.

11

Direito à imagem

1 Histórico

Leônidas da Silva foi o artilheiro da Copa de 1938 na França. Foi chamado pelos franceses de Diamante Negro (Diamant Noir). A Lacta fez um contrato com o jogador para ser seu garoto-propaganda. Foi, assim, lançado o chocolate Diamante Negro, que é comercializado em vários países.

A Editora Abril publicou o álbum de figurinhas *Heróis do Tri* com a imagem dos atletas que participaram da Copa de 1970. Houve autorização da CBF. Os atletas ajuizaram ações indenizatórias por não terem autorizado o uso de suas imagens no álbum. A Editora Abril e a CBF alegaram que o álbum tinha caráter informativo e não comercial, e a CBF tinha direito de explorar as imagens dos jogadores, pois era a titular do direito de arena. O STJ rejeitou tais alegações:

> Direito de arena. Limitação. Direito de imagem. Divergência jurisprudencial não configurada. O direito de arena é uma exceção ao direito de imagem, e deve ser interpretado restritivamente. A utilização com intuito comercial da imagem do atleta fora do contexto do evento esportivo não está por ele autorizado. Dever de indenizar que se impõe (AgRg- AI 141.987/SP (199700178250), 210318, 3ª T., Rel. Min. Eduardo Ribeiro, j. 15.12.1997).
>
> Indenização. Direito à imagem. Jogador de futebol. Álbum de figurinhas. Ato ilícito. Direito de arena. A exploração indevida da imagem de jogadores de

futebol em álbum de figurinhas, com intuito de lucro, sem o consentimento dos atletas, constitui prática ilícita a ensejar a cabal reparação do dano. O direito de arena, que a lei atribui às entidades desportivas, limita-se à fixação, transmissão e retransmissão de espetáculo esportivo, não alcançando o uso da imagem havido por meio da edição de "álbum de figurinhas". Recursos especiais não conhecidos (REsp 67292/RJ (199500274000), 257759, 4ª Turma, Rel. Min. Barros Monteiro, j. 3.12.1998).

Direito à imagem. Direito de arena. Jogador de futebol. Álbum de figurinhas. O direito de arena que a lei atribui às entidades esportivas limita-se à fixação, transmissão e retransmissão do espetáculo desportivo público, mas não compreende o uso da imagem dos jogadores fora da situação específica do espetáculo, como na reprodução de fotografias para compor 'álbum de fotografias'. Lei n. 5.988/73, art. 100; Lei n. 8.672/1993) (REsp. 46420/SP (199400093551), 78025, 4ª Turma, Rel. Min. Ruy Rosado de Aguiar, j. 12.9.1994).

O art. 5º da Constituição de 1988 passou a prever:

> [...]
>
> V – é assegurado o direito de resposta, proporcional ao agravo, além da indenização por dano material, moral ou à imagem;
>
> [...]
>
> X – são invioláveis a intimidade, a vida privada, a honra e a imagem das pessoas, assegurado o direito a indenização pelo dano material ou moral decorrente de sua violação;
>
> [...]
>
> XXVIII – são assegurados, nos termos da lei:
>
> a) a proteção às participações individuais em obras coletivas e à reprodução da imagem e voz humanas, inclusive nas atividades desportivas;
>
> [...].

Luizão (Luiz Carlos Goulart) propôs ação contra o Sport Clube Corinthians Paulista visando à rescisão do seu contrato de trabalho. O atleta ganhava R$ 40.000,00 mensais anotado na CTPS e R$ 350.000,00 mensais de licença de uso de imagem (Proc. 321/92, 12ª Vara do Trabalho de São Paulo). Foram feitos três contratos de imagem com cláusulas conflitantes entre si. A Vara do Trabalho desconsiderou o contrato de licença de uso de imagem e entendeu que o pagamento dizia respeito ao contrato de trabalho.

O art. 42 da Lei n. 9.615/98 passou a tratar do direito de arena:

> Art. 42. Às entidades de prática desportiva pertence o direito de negociar, autorizar e proibir a fixação, a transmissão ou retransmissão de imagem de espetáculo ou eventos desportivos de que participem. § 1º Salvo convenção em contrário, vinte por cento do preço total da autorização, como mínimo, será distribuído, em partes iguais, aos atletas profissionais participantes do espetáculo ou evento. § 2º O disposto neste artigo não se aplica a flagrantes de espetáculo ou evento desportivo para fins, exclusivamente, jornalísticos ou educativos, cuja duração, no conjunto, não exceda de três por cento do total do tempo previsto para o espetáculo.

A redação original do art. 42 da Lei n. 9.615/98 previa que a convenção poderia estabelecer porcentual maior que 20%. O mínimo de 20% não devia ser observado como mínimo pela convenção. Esta podia prever menos do que 20%. O inciso VI do art. 7º da Constituição permite a redução de salários por norma coletiva. Assim, a norma coletiva pode reduzir o direito de arena. O direito de arena era previsto em 20%. Não podia o Clube dos 13 e a CBF estabelecerem 5%, pois a convenção tinha de ser estabelecida com os atletas. Tinham os atletas direito à diferença de 5% para 20%.

Foi alterado o art. 42 da Lei n. 9.615 pelas Leis n. 12.395/2011 e 13.155/2015:

> Art. 42. Pertence às entidades de prática desportiva o direito de arena, consistente na prerrogativa exclusiva de negociar, autorizar ou proibir a captação, a fixação, a emissão, a transmissão, a retransmissão ou a reprodução de imagens, por qualquer meio ou processo, de espetáculo desportivo de que participem.
>
> § 1º Salvo convenção coletiva de trabalho em contrário, 5% (cinco por cento) da receita proveniente da exploração de direitos desportivos audiovisuais serão repassados aos sindicatos de atletas profissionais, e estes distribuirão, em partes iguais, aos atletas profissionais participantes do espetáculo, como parcela de natureza civil.
>
> § 1º-A. (vetado).
>
> § 2º O disposto neste artigo não se aplica à exibição de flagrantes de espetáculo ou evento desportivo para fins exclusivamente jornalísticos, desportivos ou educativos ou para a captação de apostas legalmente autorizadas, respeitadas as seguintes condições: (Redação dada pela Lei n. 13.155, de 2015)
>
> I – a captação das imagens para a exibição de flagrante de espetáculo ou evento desportivo dar-se-á em locais reservados, nos estádios e ginásios, para não

detentores de direitos ou, caso não disponíveis, mediante o fornecimento das imagens pelo detentor de direitos locais para a respectiva mídia;

II – a duração de todas as imagens do flagrante do espetáculo ou evento desportivo exibidas não poderá exceder 3% (três por cento) do total do tempo de espetáculo ou evento;

III – é proibida a associação das imagens exibidas com base neste artigo a qualquer forma de patrocínio, propaganda ou promoção comercial.

§ 3º O espectador pagante, por qualquer meio, de espetáculo ou evento desportivo equipara-se, para todos os efeitos legais, ao consumidor, nos termos do art. 2º da Lei n. 8.078, de 11 de setembro de 1990.

2 Denominação

Imagem vem do latim *imago*, da raiz *im*, que mostra a ideia de imitação.

A denominação correta é contrato de licença do uso de imagem ou contrato de cessão de direito de imagem e não contrato de imagem. Não se pode falar em contrato de imagem, pois não vai ser vendida a imagem da pessoa, mas cedida a licença para seu uso.

3 Conceito

Direito à imagem é o que decorre da imagem de certas pessoas públicas, que aparecem muito na mídia. É o que ocorre com o jogador perante a sociedade. É um acessório do principal. É um direito relativo à personalidade.

A Constituição assegura o direito de resposta, proporcional ao agravo, além da indenização por dano material, moral ou à imagem (art. 5º, V). São invioláveis a intimidade, a vida privada, a honra e a imagem das pessoas, assegurado o direito à indenização pelo dano material ou moral decorrente de sua violação (art. 5º, X, da Constituição). É assegurada, nos termos da lei, a proteção às participações individuais em obras coletivas e à reprodução da imagem e voz humanas, inclusive nas atividades desportivas (art. 5º, XXVIII, *a*).

Carlos Alberto Bittar afirma que o direito de imagem representa o que:

> a pessoa tem sobre sua forma plástica e respectivos componentes, distintos (rosto, olhos, perfil, busto) que a individualizam no seio da coletividade. Inci-

> de, pois, sobre a conformação física da pessoa, compreendendo esse direito um conjunto de caracteres que a identifica no meio social. Por outras palavras, é o vínculo que une uma pessoa à sua expressão externa, tomada no conjunto, ou parte significativa (como boca, os olhos, pernas, enquanto individualizadores da pessoa)[1].

Celso Bastos afirma que o direito à imagem:

> consiste no direito de ninguém ver o seu retrato exposto em público sem o seu consentimento. [...] O problema delicado que este direito suscita é que muitas pessoas vivem da sua imagem e consequentemente estão por decorrência da sua própria profissão colocadas em um nível de exposição pública que não é próprio das pessoas comuns.
>
> É curial portanto que estas pessoas que profissionalmente estão ligadas ao público, a exemplo dos políticos, não possam reclamar um direito de imagem com a mesma extensão daquele conferido aos particulares não comprometidos com a publicidade. Isto não quer dizer que estas pessoas estejam sujeitas a ser filmadas ou fotografadas sem o seu consentimento em lugares não públicos, portanto privados, e flagradas em situações não das mais adequadas para o seu aparecimento[2].

O direito de imagem é o pagamento feito ao atleta em razão da utilização da sua imagem para fins econômicos.

4 Distinção

Paul Roubier distingue cessão de licença:

> na licença ocorre simplesmente a concessão do exercício do direito de exploração, enquanto direito propriamente dito permanece nas mãos de seu titular, que não pretendeu dispor do mesmo. É isto que permite distinguir a licença da cessão: por meio da cessão ocorre o abandono, em todo ou em parte, do direito privativo: na licença existe a simples concessão do exercício do direi-

1 BITTAR, Carlos Alberto. *Os direitos da personalidade*. 2. ed. Rio de Janeiro: Forense, 1995, p. 87.

2 BASTOS, Celso. *Comentários à Constituição do Brasil*. São Paulo: Saraiva, 1989. v. 2, p. 62.

> to e dela resulta que o titular do registro conserva para si, em princípio, o direito de exploração[3].

No direito de imagem, quem remunera o atleta é o próprio clube, que usa sua imagem para efeito de fazer propagandas etc. No direito de arena, quem faz o pagamento é o terceiro, que transmite a partida desportiva e paga ao atleta o direito de arena.

O direito de arena é uma espécie do direito de imagem. Este é gênero.

5 Espécies

Imagem-retrato é a forma de reprodução que pode compreender a divulgação de todo ou de partes identificáveis da pessoa. É a imagem física da pessoa, observada nas fotos, pinturas etc. O art. 20 do Código Civil trata de imagem-retrato: "salvo se autorizadas, ou se necessárias à administração da justiça ou à manutenção da ordem pública, a divulgação de escritos, a transmissão da palavra, ou a publicação, a exposição ou a utilização da imagem de uma pessoa poderão ser proibidas, a seu requerimento e sem prejuízo da indenização que couber, se lhe atingirem a honra, a boa fama ou a respeitabilidade, ou se se destinarem a fins comerciais".

Imagem-atributo diz respeito às características e às peculiaridades da pessoa perante a sociedade. É o conjunto das qualidades intrínsecas da imagem da pessoa. É o que ela representa perante a sociedade.

Luiz Alberto David Araujo e Vidal Serrano Nunes Júnior lecionam:

> O direito à imagem possui duas variações. De um lado, deve ser entendido como o direito relativo à produção gráfica (retrato, desenho, fotografia, filmagem etc.) da figura humana. De outro lado, porém, a imagem assume a característica do conjunto de atributos cultivados pelo indivíduo e reconhecidos pelo conjunto social. Chamemos a primeira de imagem-retrato e a segunda de imagem-atributo.
>
> A imagem, assim, tem duas colorações: a de retrato físico da pessoa e a de "retrato social" do indivíduo, ou seja, a forma na qual o indivíduo esculpiu sua imagem perante a sociedade. Exemplo dessa situação é do cantor de rock que deseja ser visto como rebelde. Essa imagem de rebeldia pode ter sido propositadamente desenhada ao longo dos anos e também é objeto da proteção constitucional.

3 ROUBIER, Paul. *Le droit de la propriété industrielle*. Paris: Sirey, 1952, p. 143.

O Direito à imagem (imagem-retrato) garante também o direito às partes do corpo, desde que identificáveis. Vozes famosas e narizes conhecidos do cinema recebem a proteção do direito à imagem.

Quando se fala em imagem-retrato, deve-se ter em conta sempre a imagem dentro de seu contexto correto. Não se pode, servindo-se da imagem de determinada pessoa, alterar seu contexto de forma a usá-la com outro cenário. A imagem está protegida, mas o cenário é outro, podendo, portanto, desfigurar a situação enquadrada. Dessa forma, a proteção da imagem estende-se ao contexto em que ela é incluída.

Como decorrência do direito à imagem, temos o direito à identidade. O indivíduo tem direito à sua imagem como forma de sua identidade. A correlação entre imagem e identidade é direito do cidadão, que pode, portanto, utilizar-se de sua imagem ao lado de seu nome.

Também é derivativo do direito à imagem o direito à integridade da imagem, o que faz com que se indenize o dano estético.

A propósito, o texto constitucional tratou de elencar, como formas de proteção da violação da privacidade, intimidade, imagem e honra, a indenização por dano material e moral, consistindo este uma forma de proteção a integridade moral, bem protegido como extensão do direito à vida.

Podemos afirmar que a proteção da imagem-retrato está no art. 5º, X, enquanto a imagem-atributo vem protegida no art. 5º, V, da Constituição.

Quando falamos em imagem-atributo é perfeitamente possível a proteção da pessoa jurídica, quer através da marca, quer do produto. Uma empresa que desenvolveu um bem, com determinadas características, reconhecidos no mundo do marketing como integrantes de seu patrimônio não pode permitir uma lesão sem o ressarcimento dos danos causados[4].

6 Natureza jurídica

O direito de imagem é um direito de personalidade. É um direito individual da pessoa.

---

4 ARAUJO, Luiz Alberto David; NUNES JÚNIOR, Vidal Serrano. *Curso de direito constitucional*. 10. ed. São Paulo: Saraiva, 2006, p. 155.

Jayme Eduardo Machado afirma:

> que, pela natureza e finalidade, e retribuição pela cessão do direito de uso da imagem do jogador não pode ser considerada para efeitos trabalhistas, e, pois, não integra a remuneração para os efeitos de cálculos do valor da cláusula penal por descumprimento, rompimento ou rescisão unilateral "do contrato formal de trabalho", prevista no art. 28 e seus parágrafos da Lei Pelé.
>
> De resto, pelo seu caráter civil, tais ajustes não se sujeitam aos ônus fiscais e parafiscais incidentes sobre os contratos de trabalho, da mesma forma que não comportam previsão de cláusula penal cujo valor exceda o limite previsto no art. 920 do Código Civil[5].

Álvaro de Mello Filho também entende da mesma forma:

> mas, voltando ao contrato de cessão do direito de uso da imagem, destaque-se que este é geralmente firmado entre o clube e uma empresa constituída pelo jogador com o "animus" de, licitamente, reduzir encargos sociais e tributários, ou seja, usando, interposta pessoa jurídica, enquanto o contrato de trabalho desportivo, em face de exigível pessoalidade e intransferibilidade da prestação de serviço pelo atleta, não permite esse artifício jurídico ser firmado por pessoa jurídica da qual o atleta, em regral geral, é o sócio principal e majoritário e o clube empregador o seu único cliente. Em razão desses aspectos repontados, tornar-se o contrato de cessão de direito de uso de imagem insusceptível de produzir efeitos financeiros sobre a cláusula penal ajustada no contrato de trabalho desportivo.
>
> Com vista a dissipar qualquer dúvida, lembre-se que o contrato de cessão de direito do uso de imagem, por ser autônomo, paralelo e inconfundível com o contrato desportivo, comporta a previsão de sua própria cláusula penal, porém jungida aos limites do art. 920 do Código Civil, e nunca aos novos parâmetros do art. 28 da Lei n. 9.615/98, tanto que não incidem sobre os contratos de imagem de desportistas profissionais os redutos automáticos previstos no § 4º do referido ditame legal.
>
> É importante que esses aspectos sublinhados não sejam olvidados nem ocultados, dado que os interesses do praticante desportivo profissional e os do

---

5 MACHADO, Jayme Eduardo. *O novo contrato desportivo profissional*. Sapucaia do Sul: Nota Dez, 1998, p. 75.

> clube convergem quanto aos fins e meios, tanto no momento da celebração dos contratos, quanto durante sua execução, só divergindo na hipótese de litígio, quando, então, publicitam-se os problemas desportivos de ordem jurídica e prática. Vale dizer, da convivência das duas espécies contratuais não raro resultam interesses conflitantes[6].

Entendo, porém, que os pagamentos feitos ao atleta a título de uso da imagem são direitos trabalhistas. Têm natureza de remuneração, pois decorrem da existência do contrato de trabalho e são pagos pelo próprio clube empregador. Se não houver contrato de trabalho entre o atleta e o clube, não se faz contrato de uso de imagem do atleta.

O pagamento feito a título de direito de imagem não representa participação nos lucros, pois o clube não visa ao lucro nem diz respeito a qualquer lucro obtido.

Os clubes têm tentado mascarar o pagamento feito a título de direito de imagem, determinando que o atleta constitua empresa, sendo o pagamento feito a esta, justamente para descaracterizar a natureza salarial do pagamento. Há casos em que se constatou que o clube paga uma pequena parte no recibo de pagamento de salários do atleta e todo o restante é pago a pessoa jurídica, constituída pelo atleta. O objetivo dos clubes é diminuir os encargos trabalhistas e previdenciários sobre os pagamentos feitos aos atletas, pois grandes jogadores ganham além de R$ 800.000,00 por mês. Empresas de televisão têm feito o mesmo em relação a determinados apresentadores ou artistas.

Incide na hipótese o art. 9º da CLT, pois está havendo fraude ou simulação em relação ao direito à remuneração do atleta. Está sendo criada interposta pessoa inexistente para o pagamento do direito de imagem. Vale a realidade dos fatos, que indica que o pagamento tem natureza salarial, visando retribuir o trabalho do atleta.

É nulo o negócio jurídico simulado (art. 167 do Código Civil). Haverá simulação nos negócios jurídicos quando contiverem declaração, confissão, condição ou cláusula não verdadeira (art. 167, § 1º, do Código Civil).

Em muitos casos, tem-se verificado que os clubes não conseguem demonstrar que o atleta participou de qualquer campanha, publicidade ou algo parecido. Não há, portanto, exploração da imagem do atleta[7]. Seria o caso de se verificar a par-

---

6 MELLO FILHO, Álvaro de. *Novo regime jurídico do desporto*. Brasília: Brasília Jurídica, 2001, p. 125.

7 TRT 3ª R, 3ª T., RO 8604/02, Rel. Juiz José Eduardo de Resende Chaves, *MG* 7.9.2002.

ticipação em campanhas publicitárias para divulgação de material esportivo ou da nova camisa do clube, da venda de títulos do clube, da participação do atleta em programas de televisão com o uniforme do clube, da divulgação do clube e dos atletas em álbum de figurinhas.

Os tribunais trabalhistas vinham entendendo que o pagamento do direito à imagem tinha natureza salarial:

> Atleta profissional de futebol – Direito de imagem – Integração do valor ao salário. O valor fixo e mensal pago ao autor, pelo reclamado, através da empresa constituída, exclusivamente, para esse fim, não pode ser considerado como retribuição pelo "direito de imagem" ou "participação nos lucros", de forma a não integrar a remuneração do autor, para todos os fins de direito. Incide, no caso, o art. 9º da CLT, haja vista que a manobra a que recorreu o reclamado, ardilosamente, não passa de "fachada", para reduzir os encargos sociais e o valor dos impostos devidos – impedindo, desvirtuando ou fraudando, portanto, os direitos consolidados (TRT 3ª R., 1ª T., RO 289/02, j. 1º.7.2002, Rel. Juiz Manoel Cândido Rodrigues, *DJ/MG* 12.7.2002).
>
> Pelo princípio da primazia da realidade que orienta o Direito do Trabalho, deve o julgador buscar o conteúdo essencial das relações jurídicas, rompendo os rótulos ou aparências enganosas para captar a verdade real. Assim, o pagamento fixo e mensal ao jogador de futebol de valores a título de direito de imagem, por intermédio de pessoa jurídica criada exclusivamente para receber tais créditos, sem evidência de prestação de qualquer serviço de consultoria na área esportiva ou exploração e divulgação de imagens de atletas profissionais, tem indiscutível natureza jurídica de salário com todas as repercussões pertinentes (TRT 3ª R., 3ª T., RO 01494-2002-112-03-001, j. 5.11.2003, *LTr* 68-05/625).
>
> Atleta profissional. Contrato de licença de uso de imagem. Competência da Justiça Especializada que abrange as ações oriundas da relação de trabalho e outras controvérsias dela decorrentes. O disposto no art. 42 da Lei n. 9.615/98 não tem o condão de descaracterizar a natureza salarial de verba paga em decorrência de ajuste de exploração da imagem do empregado, desvinculando-o do contrato de trabalho. Aplicáveis os princípios de proteção ao hipossuficiente, eis que prevalentes sobre o pacto meramente acessório do contrato de trabalho, imperando a regra geral de que vantagens econômicas habitualmente adicionadas ao contrato integram-no e qualificam-se como salariais (TRT 2ª R., 7ª T., RO. 1.030-2003-038-02-00 (20060161757), Rel. Des. Luiz Antônio Moreira Vidigal, *DO ESP* 24-3-2006).

> AGRAVO DE INSTRUMENTO – RECURSO DE REVISTA – DIREITO DE IMAGEM – AJUDA DE CUSTO – INTEGRAÇÃO – ACORDOS COLETIVOS/CONTRARIEDADE. O acórdão recorrido, examinando os fatos e as provas existentes nos autos, constatou que as parcelas referentes a ajuda de custo e direito de imagem eram pagas mensalmente, independentemente de qualquer comprovação de despesa ou de efetivo uso da imagem do autor, descaracterizando, assim, as suas denominações e, na verdade, configurando autêntica remuneração. Agravo conhecido e não provido (TST, 6ª T., AIRR 1770/2004-201-04-40.7, Rel. Juiz Convocado José Ronald C. Soares, *DJU* 1º.6.2007).

Não se está dizendo que o direito de imagem é indisponível, mas que não pode existir fraude com o pagamento por intermédio de empresa interposta. Julmar Antônio Fachin afirma que:

> a disponibilidade parcial da própria imagem é admitida pela doutrina e pela jurisprudência brasileira, sendo mesmo uma prática comum na atualidade, especialmente em relação as pessoas famosas, como desportistas, atrizes e modelos. O uso consentido da própria imagem em favor de terceiros pode ser gratuitamente ou mediante pagamento, conforme se pretende demonstrar mais adiante. O que não se pode é dispor, totalmente, deste direito[8].

O pagamento vai integrar a remuneração para efeito do cálculo da gratificação de Natal, férias e terá a incidência do FGTS. Não repercute no aviso-prévio, no repouso semanal remunerado, nas horas extras e no adicional noturno, que são calculados sobre o salário (Súmula 354 do TST).

O art. 87-A da Lei n. 9.615/98, de acordo com a redação dada pela Lei n. 12.395/2011, passou a estabelecer que "o direito ao uso da imagem do atleta pode ser por ele cedido ou explorado, mediante ajuste contratual de natureza civil e com fixação de direitos, deveres e condições inconfundíveis com o contrato especial de trabalho desportivo".

A lei passa a dispor que o ajuste é de natureza civil e não trabalhista. Assim, a partir de 17 de março de 2011, os pagamentos feitos a título de direito de imagem passam a ter natureza civil. Não terão mais repercussão em férias, 13º salário e incidência do FGTS ou da contribuição previdenciária.

---

8 FACHIN, Julmar Antônio. *A proteção jurídica da imagem*. São Paulo: Celso Bastos, 1999, p. 72.

Na verdade, não visa indenizar nada, mas remunerar o jogador pelo uso da imagem. Não existe ato ilícito para se falar em indenização.

O direito ao uso da imagem do atleta profissional ou não profissional pode ser por ele cedido ou explorado por terceiros, inclusive por pessoa jurídica da qual seja sócio, mediante ajuste contratual de natureza civil e com fixação de direitos, deveres e condições inconfundíveis com o contrato especial de trabalho esportivo (art. 164 da Lei n. 14.597).

O direito de imagem não tem natureza salarial e constará de contrato avulso de natureza exclusivamente civil (§ 1º do art. 85 da Lei n. 14.597/2023).

Não há impedimento a que o atleta empregado, concomitantemente à existência de contrato especial de trabalho esportivo, ceda seu direito de imagem à organização esportiva empregadora, mas a remuneração pela cessão de direito de imagem não substitui a remuneração devida quando configurada a relação de emprego entre o atleta e a organização esportiva contratante (§ 1º do art. 164 da Lei n. 14.597).

A remuneração devida a título de imagem ao atleta pela organização esportiva não poderá ser superior a 50% de sua remuneração (§ 2º do art. 164 da Lei n. 14.597). Parece que aqui a remuneração é a do atleta.

A utilização da imagem do atleta pela organização esportiva poderá ocorrer, durante a vigência do vínculo esportivo e contratual, das seguintes formas, dentre outras (§ 3º do art. 164 da Lei n. 14.597):

> I – divulgação da imagem do atleta no sítio eletrônico da organização e nos demais canais oficiais de comunicação, tais como redes sociais, revistas e vídeos institucionais;
>
> II – realização de campanhas de divulgação da organização esportiva e de sua equipe competitiva;
>
> III – participação nos eventos de lançamento da equipe e comemoração dos resultados.

Deve ser efetivo o uso comercial da exploração do direito de imagem do atleta, de modo a se combater a simulação e a fraude (§ 4º do art. 164 da Lei n. 14.597).

Fica permitida a exploração da imagem dos atletas e dos membros das comissões técnicas, de forma coletiva, assim considerada, no mínimo, três atletas ou membros das respectivas comissões técnicas agrupados, em atividade profissional, em campo ou fora dele, captada no contexto das atividades esportivas e utilizada para fins promocionais, institucionais e de fomento ao esporte, pelas organizações que administram e regulam o esporte e pelas organizações que se dediquem à prática esportiva, respeitado o disposto no art. 164 da Lei n. 14.597 no que se refere ao direito de imagem de cada atleta e membro da comissão técnica, quando individualmente considerados (§ 5º do art. 164 da Lei n. 14.597).

Caso o valor seja pago sem prova de fraude, o pagamento terá natureza civil:

> Jogador de futebol. Direito de imagem. Salvo se comprovado, de modo inequívoco, o intuito de burlar os direitos trabalhistas, os valores decorrentes de contrato de cessão de uso de imagem não detêm caráter salarial, porquanto oriundos de ajuste tipicamente civil, a teor do art. 87-A da Lei n. 9.615/1998, com a nova redação pela Lei n. 12.395/2011 (TRT 12ª R., RO 0010917-88.2013.5.12.0026, Rel. Roberto Basilone Leite, *DJe* 12.5.2015, p. 376).

Se ficar provado que o clube pretende desvirtuar o pagamento (art. 9º da CLT), como em caso de pagamento com habitualidade, sem que a imagem do atleta seja explorada, ele terá natureza salarial. O TST já decidiu da mesma forma:

> 2 – DIREITO DE IMAGEM. NATUREZA JURÍDICA. No que se refere ao direito de imagem, o Tribunal Regional ressaltou que referida parcela era paga com habitualidade, independentemente se houvesse ou não qualquer veiculação da imagem do atleta por parte da reclamada. Esta conduta revela, em verdade, o intuito de burlar os direitos trabalhistas do reclamante. A jurisprudência desta Corte é no sentido de que verificada a fraude, deve-se declarar o contrato nulo de pleno direito, nos termos do art. 9º da CLT, atribuindo-se caráter salarial à parcela recebida fraudulentamente a título de direito de imagem e consequente sua integração na remuneração do atleta para todos os efeitos. Precedentes. Recurso de revista não conhecido (TST, 2ª T, RR – 195300-71.2008.5.15.0002, Rel. Min. Delaíde Miranda Arantes, j. 16.11.2015, *DEJT* 20.11.2015).
>
> AGRAVO EMBARGOS. CONHECIMENTO. DISSENSO JURISPRUDENCIAL EVIDENCIADO. SÚMULA N.º 296, I, DO TRIBUNAL SUPERIOR DO TRABALHO. ATLETA PROFISSIONAL. DIREITO DE IMAGEM. ARTIGO 87-A DA LEI N.º 9.615/1998. NATUREZA JURÍDICA. 1. Caso concreto em que a Turma do TST concluiu que, em regra, por força do que dispõe o artigo 87-A da Lei n.º 9.615/1998, os valores recebidos em contraprestação à cessão do direito de imagem do atleta profissional não consubstanciam salário, pois decorrem de ajuste contratual de natureza civil entre o atleta e o

clube desportivo empregador. Asseverou, ainda, o douto Órgão fracionário, que, na hipótese vertente dos autos, não transmuda a natureza civil do ajuste entabulado entre as partes a ausência de demonstração da exploração efetiva da imagem do atleta e o montante dos valores percebidos a esse título, com habitualidade, muito superiores ao salário do autor. Forte nessas razões, a egrégia Turma concluiu pela inocorrência de fraude à legislação trabalhista, nos termos do artigo 9º da CLT. 2. Prospera a pretensão obreira, no sentido de demonstrar dissenso jurisprudencial, em sede de Embargos à SBDI-1, mediante a transcrição de arestos paradigmas oriundos de outra Turma desta Corte superior, segundo os quais *o pagamento de valores auferidos a título de cessão do direito de imagem, de forma habitual e desvinculada da exposição da imagem do atleta profissional, em quantia muito superior à remuneração total ajustada entre as partes, configura fraude à legislação trabalhista, à luz do mesmo dispositivo legal invocado pela Turma de origem, qual seja, o artigo 9º da CLT.* Cuidam-se, assim, de "teses diversas na interpretação de um mesmo dispositivo legal, embora idênticos os fatos que as ensejaram", consoante a diretriz da Súmula n.º 296, I, do TST. 3. Admissíveis os Embargos, por dissenso jurisprudencial, merece reforma a decisão monocrática obstativa do seu prosseguimento. 4. Agravo a que se dá provimento. EMBARGOS ATLETA PROFISSIONAL. DIREITO DE IMAGEM. ARTIGO 87-A DA LEI N.º 9.615/1998. NATUREZA JURÍDICA. 1. Prevalece, nesta Corte superior, entendimento segundo o qual, por força do que dispõe a norma do artigo 87-A da Lei n.º 9.615/1998, em princípio, não ostentam natureza jurídica salarial os valores auferidos pelo atleta profissional a título de cessão do direito de imagem. *Têm-se ressalvado, contudo, da aplicação do artigo 87-A da Lei n.º 9.615/1998 as hipóteses em que efetivamente demonstrado, nas instâncias ordinárias, o desvirtuamento do contrato de natureza civil entabulado originalmente entre o atleta e a agremiação desportiva, a atrair a aplicação do artigo 9º da CLT. Em tais casos, segundo a jurisprudência iterativa e notória desta Corte superior, uma vez comprovada fraude à legislação trabalhista, os valores auferidos pelo atleta profissional a esse título integram a remuneração para todos os efeitos legais. Precedentes da SBDI-1 e de Turmas do TST. 2. A desvinculação do pagamento efetuado pela agremiação desportiva a título de cessão do direito imaterial do atleta profissional da efetiva exploração de sua imagem desnatura o objeto do contrato civil celebrado sob o pálio do artigo 87-A da Lei n.º 9.615/1998, atraindo, assim, o reconhecimento da natureza salarial das parcelas recebidas sob essa rubrica, por aplicação da norma insculpida no artigo 9º da CLT.* A esse respeito, a SBDI-1, em acórdão recente, decidiu que, "inexistindo correspondência entre o uso da imagem do reclamante e os valores mensalmente pagos, mantém-se a conclusão do TRT [...] e da Turma quanto à fraude, uma vez que evidenciado que o pagamento tem como objetivo, na realidade, desvirtuar a aplicação da legislação trabalhista. Recurso de embargos conhecido e desprovido" (E-RR-358-48.2014.5.12.0055, Subseção I Especializada em Dissídios Individuais, Relator Ministro Alberto Luiz Bresciani de Fontan Pereira, *DEJT* de 22/5/2020; *3. Conquanto não se aplique aos contratos de trabalho desportivos firmados anteriormente à sua vigência (caso dos autos) a norma prevista no parágrafo único do artigo 87-A da Lei n.º 9.615/1998 – que fixou um teto para o percentual pago a título de cessão do direito de imagem, tendo por base a remuneração total devida ao atleta profissional (40%) –, é possível extrair da alteração legislativa o claro intuito de, entre outras finalidades, emprestar maior transparência à contratação e coibir práticas fraudulentas perpetradas em violação à legislação trabalhista e previdenciária no âmbito desportivo.* É o que deflui da exposição de motivos da Medida Provisória n.º 671/2015, posteriormente convertida na Lei n.º 13.155/2015, que introduziu o parágrafo único ao artigo 87-A da Lei n.º 9.615/1998: "[...] Dentre as medidas que integram esse projeto, destacam-se a obrigação de apresentação regular de demonstrações financeiras contábeis, a regularidade de pagamento das obrigações tributárias, previdenciárias, trabalhistas e contratuais com atletas e demais funcionários, inclusive quanto ao direito de imagem, assim como o estabelecimento de um limite máximo com folha de pagamento e direitos de imagem de atletas profissionais de futebol não superior a setenta por cento da receita bruta anual." Daí se conclui que a introdução do parágrafo único ao artigo 87-A da Lei n.º 9.615/1998, por iniciativa do legislador ordinário, apenas explicitou, de forma objetiva, vedação já existente, impeditiva do desvirtuamento do instituto previsto na cabeça do referido preceito legal, decorrente das disposições do artigo 9º da CLT. 4. Embargos interpostos pelo reclamante de que se conhece, por divergência jurisprudencial, e a que se dá provimento para restabelecer o acórdão prolatado pelo Tribunal Regional de origem (TST-E-ED-RR-1442-94.2014.5.09.0014, SBDI-1, Rel. Min. Lelio Bentes Corrêa, *DEJT* 25.3.2022).

RECURSO DE EMBARGOS INTERPOSTO SOB A ÉGIDE DAS LEIS Nºˢ 13.015/2014 E 13.105/2015. DIREITO DE IMAGEM. SALÁRIO INFORMAL. CARACTERIZAÇÃO DE FRAUDE. 1. A Eg. 6ª Turma não conheceu do recurso de revista do reclamado. Concluiu que, "conforme consignou o TRT, a parcela recebida pelo reclamante a título de 'direito de imagem', na realidade, tratava-se de salário mascarado, em razão da habitualidade com que era paga a referida parcela". 2. O direito de imagem tem caráter personalíssimo e pode ser cedido, pelo atleta profissional, mediante contrato de natureza civil, nos termos do art. 87-A da Lei nº 9.615/1998. 3. O referido pacto não se confunde com o contrato especial de trabalho desportivo, nem tem natureza salarial, salvo na hipótese de demonstração de fraude à legislação trabalhista (art. 9º da CLT). 4. No caso, o inteiro teor do acórdão regional é claro quanto à fraude, não se limitando à habitualidade como critério para caracterização da natureza salarial da parcela em questão. 5. Embora a habitualidade, por si só, não seja circunstância determinante para a caracterização do salário informal, sem dúvidas, os aspectos destacados quanto ao fato de que "a vantagem estava totalmente vinculada ao contrato de trabalho do atleta profissional" e que "o pagamento foi pactuado de forma habitual, em quantias mensais fixas, previstas para todo o interregno do contrato de trabalho, independentemente da utilização da imagem do autor ou não" o são. 6. Assim, inexistindo "correspondência entre o uso da imagem do reclamante e os valores mensalmente pagos", mantém-se a conclusão do TRT da 12ª Região e da Turma quanto à fraude, uma vez que evidenciado que o pagamento tem como objetivo, na realidade, desvirtuar a aplicação da legislação trabalhista. Recurso de embargos conhecido e desprovido (TST-E-RR-358-48.2014.5.12.0055, SBDI-1, Rel. Min. Alberto Luiz Bresciani de Fontan Pereira, *DEJT* 22.5.2020).

No caso a seguir, o valor do salário registrado em carteira era em torno de 10% do valor pago a título de imagem, além do que não foi usada a imagem do jogador:

> **I – AGRAVO DE INSTRUMENTO EM RECURSO DE REVISTA REGIDO PELA LEI Nº 13.467/17 – DIREITO DE IMAGEM DO ATLETA PROFISSIONAL. DESPROPORCIONALIDADE COM A REMUNERAÇÃO. FRAUDE. SÚMULA 126 DO TST E ALÍNEA "C" DO ART. 896 DA CLT – NATUREZA JURÍDICA DO DIREITO DE ARENA NO PERÍODO ANTERIOR À VIGÊNCIA DA LEI Nº 12.395/2011. SÚMULA 333 DO TST E § 7º DO ART. 896 DA CLT – PAGAMENTO DO DIREITO DE ARENA NAS COMPETIÇÕES INTERNACIONAIS. COPA SUL AMERICANA. SÚMULA 333 DO TST. TRANSCENDÊNCIA NÃO RECONHECIDA.** Nega-se provimento ao agravo de instrumento quando não demonstrada a viabilidade do processamento do recurso de revista. **Agravo de instrumento a que se nega provimento** (8ª T., ARR-2940-09.2014.5.02.0052, Rel. Sergio Pinto Martins).

O atleta tem de participar de jogo, divulgar a imagem do clube. Se isso não ocorre, não é direito de imagem o pagamento feito pelo clube. Se há um pagamento fixo mensal e não há exploração da imagem do jogador, mais indica que o pagamento é salário.

Lembro-me de uma vez que estava no Guarujá e passava uma propaganda de Neymar e outros jogadores do Santos falando para que o expectador se tornasse sócio do clube. Nunca mais vi algo parecido, mas, no caso, era usada a imagem dos jogadores. Em outros casos, não se tem visto isso.

Hoje há divulgação da imagem dos jogadores nos sites dos clubes.

Os valores devem ser diversos para cada atleta, pois cada atleta pode ter um valor diferente, como entre um grande jogador e outro mais fraco.

O ideal é não ser feita a assinatura do contrato de trabalho do jogador de futebol e do direito de imagem no mesmo dia, pois pode indicar a existência de fraude.

Quando houver, por parte do atleta, a cessão de direitos ao uso de sua imagem para a entidade de prática desportiva detentora do contrato especial de trabalho desportivo, o valor correspondente ao uso da imagem não poderá ultrapassar 40% da remuneração total paga ao atleta, composta da soma do salário e dos valores pagos pelo direito ao uso da imagem (parágrafo único do art. 87-A da Lei n. 9.615/98). A norma visa evitar fraudes por parte do clube, no sentido de pagar 90% da remuneração do atleta como direito de imagem.

Em Portugal, todo o praticante desportivo tem direito a utilizar a sua imagem pública ligada à prática desportiva e a opor-se a que outrem a use para exploração comercial ou para outros fins econômicos, sem prejuízo da possibilidade de transmissão contratual da respectiva exploração comercial (art. 14º, 1, da Lei n. 54/2017). Ficam ressalvados os direitos da entidade empregadora desportiva quanto à imagem do coletivo dos praticantes, direitos que podem ser objeto de regulamentação em sede de contratação coletiva (art. 14º, 2, da Lei n. 54/2017).

12

Direito de arena

1 Histórico

Previa o art. 100 da Lei n. 5.988/73 que "à entidade a que esteja vinculado o atleta, pertence o direito de autorizar, ou proibir, a fixação, transmissão ou retransmissão, por quaisquer meios ou processos de espetáculo desportivo público, com entrada paga". Salvo convenção em contrário, 20% do preço da autorização era distribuído, em partes iguais, aos atletas participantes do espetáculo (parágrafo único do art. 100). "O disposto no artigo anterior não se aplica à fixação de partes do espetáculo, cuja duração, no conjunto, não exceda a três minutos para fins exclusivamente informativos, na imprensa, cinema ou televisão" (art. 101).

Antônio Chaves, coautor do projeto de lei que deu origem à Lei n. 5.988/73, reconhece "que tal lei não era a mais adequada para tutelar o direito de arena, porém, ponderava que o desempenho dos grandes atletas aproxima-se ao de verdadeiros artistas".

Artistas, segundo Antônio Chaves, são todos os "profissionais indicados, e outros ainda que possam ser acrescidos ao rol meramente exemplificativo da lei, mas que revelem, na sua atuação, dotes criadores que personalizem a sua interpretação"[1].

---

[1] CHAVES, Antônio. *Direitos conexos*: atualizado de acordo com a nova Lei de Direitos Autorais, n. 9.610, de 19 de fevereiro de 1998. São Paulo: LTr, 1999, p. 129.

Eduardo Augusto Viana da Silva afirma que:

> não foge ao sentido a analogia formulada entre o jogador de futebol e o artista, embora, em nossa opinião, não possa o atleta ser comparado em igualdade de condições profissionais ao artista, pois sua atividade está mais voltada para a competição, para a prova, do que para o espetáculo, na essência do seu significado. Apesar disso, no imaginário social, a posição de ambos não se distancia tanto[2].

A letra *a* do inciso XXVIII do art. 5º da Constituição assegura "a proteção, nos termos da lei, às participações individuais em obras coletivas e à reprodução da imagem e voz humanas, inclusive nas atividades desportivas".

O direito de arena passou a ser previsto no art. 24 da Lei n. 8.672/93 e agora no art. 42 da Lei n. 9.615/98, pois a matéria é específica em relação ao desporto. Segundo Carlos Alberto Bittar, o direito de arena seria impróprio como direito do autor. Esse foi o fundamento pelo qual não foi incluído na Lei n. 9.610/98, razão pela qual a matéria deve ser inserida na lei do desporto[3].

O direito de arena era previsto no art. 24 da Lei n. 8.672/93:

> Art. 24. Às entidades de prática desportiva pertence o direito de autorizar a fixação, transmissão ou retransmissão de imagem de espetáculo desportivo de que participem.
>
> § 1º Salvo convenção em contrário, vinte por cento do preço da autorização serão distribuídos, em partes iguais, aos atletas participantes do espetáculo.
>
> § 2º O disposto neste artigo não se aplica a flagrantes do espetáculo desportivo para fins exclusivamente jornalísticos ou educativos, cuja duração, no conjunto, não exceda de três minutos.

O § 2º do art. 24 da Lei Zico estava de acordo com o art. 10 bis da Convenção de Berna, promulgada pelo Decreto n. 75.699/75. Previa que a irradiação, filmagem ou televisionamento, dentro do limite de três minutos, estava em harmonia com as finalidades exclusivamente jornalísticas ou educativas, não gerando direito de autorização ou proibição às respectivas transmissões desportivas.

---

2 SILVA, Eduardo Augusto Viana da. *O poder, a sociedade e o Estado*: o poder no desporto. Rio de Janeiro: Lumen Juris, 2006, p. 145.

3 BITTAR, Carlos Alberto. *Direito do autor*. 3. ed. São Paulo: Forense, p. 161.

2 Etimologia

A palavra latina *arena* significa areia. Na Antiguidade, o local em que os gladiadores se enfrentavam entre si ou com animais tinha o piso de areia[4]. O piso era coberto com areia para proporcionar a limpeza do sangue dos gladiadores ou dos animais.

3 Conceito

Direito de arena é a forma de remunerar o atleta em razão de participar da partida desportiva que é transmitida por meio da televisão ou do rádio[5].

É devido o direito de arena em espetáculos com entradas pagas ou gratuitas, pois a Constituição não estabelece exceção.

É um direito conexo ou vizinho aos direitos autorais.

O direito de arena é do clube a que pertence o atleta. O direito de arena diz respeito ao conjunto do espetáculo desportivo.

Independe o direito de arena de o jogador ganhar ou perder a partida, de ter ido bem ou mal.

4 Natureza jurídica

O direito de arena é um direito peculiar do atleta. Diz respeito ao atleta. Não se pode fazer direito de arena com pessoa jurídica que é criada pelo atleta. Pessoa jurídica não joga futebol, mas a pessoa física, que é o jogador.

É decorrente do contrato de trabalho o direito de arena, pelo fato de o atleta jogar futebol, que é a sua prestação de serviços para o clube. Tem natureza trabalhista.

O pagamento do direito de arena é decorrente do fato de que o atleta é obrigado a participar do jogo televisionado por força do contrato de trabalho mantido com o clube. Sua imagem está sendo mostrada para várias pessoas.

---

4 ZAINAGHI, Domingos Sávio. *Os atletas profissionais de futebol no direito do trabalho*. São Paulo: LTr, 1998, p. 145.

5 No sentido de ser também um direito decorrente da transmissão radiofônica: GOLDSTEIN, Mabel. *Derecho de autor*. Buenos Aires: La Rocca, 1995, p. 187.

O direito de arena não representa indenização. Não visa indenizar nada. Seu objetivo é remunerar o atleta por participar do jogo, que foi transmitido. Não há ato ilícito a ser indenizado.

O direito de arena não remunera a prestação de serviço, mas um direito da pessoa. O salário visa remunerar a prestação de serviço do empregado. O direito de arena não tem, portanto, natureza de salário.

Ele decorre da prestação de serviços na vigência do contrato de trabalho. Visa retribuir ou remunerar o atleta pela participação na partida e no televisionamento do jogo. O pagamento não está indenizando o atleta, pois não há ato ilícito ou dano para que exista indenização. Assemelha-se ao fundamento da gorjeta paga pelo cliente ao trabalhador[6], pois as gorjetas também podem ser compulsórias, se assim for adotado como sistema. A equiparação à gorjeta se dá pelo fato de o pagamento do direito de arena ser feito por terceiro. Não se trata exatamente de gorjeta, pois a gorjeta significa algo para dar de beber (*pourboire*, do francês) para a gorja ou garganta, que não é o caso do direito de arena, que não visa dar de beber. Como o pagamento é feito por terceiro, alheio ao contrato de trabalho, pode-se dizer que é uma espécie de gorjeta, mas decorre do contrato de trabalho. Inexistindo este, não haveria o respectivo pagamento.

O direito de arena não é salário por não ser pago pelo empregador. É decorrente do contrato de trabalho. Sem ele não há pagamento de direito de arena. Não integra o aviso-prévio, o repouso semanal remunerado, as horas extras e o adicional noturno, que são calculados sobre o salário (Súmula 354 do TST).

O direito de arena não é igual ao direito do autor. O atleta não é autor. O art. 7º da Lei n. 9.610/98 não inclui o direito de arena como direito do autor.

A letra *v* do § 9º do art. 28 da Lei n. 8.212 não inclui o direito de arena como decorrente de cessão de direitos autorais.

A verba não visa indenizar o atleta pela sua participação no evento, mas remunerar a sua participação.

Os tribunais trabalhistas já tinham decidido:

> A doutrina e a jurisprudência vêm-se posicionando no sentido de que o direito de arena previsto no art. 42 da Lei n. 9.615/98, a exemplo das gorjetas, que também são pagas por terceiros, integram a remuneração do atleta, nos termos

---

6 No mesmo sentido Domingos Sávio Zainaghi. *Os atletas profissionais de futebol no direito do trabalho*. São Paulo: LTr, 1998, p. 148.

do art. 457 da Consolidação das Leis do Trabalho. Recurso de revista conhecido e parcialmente provido (TST, RR 1288/2001-114-15-00.8, 1ª T., Rel. Min. Lelio Bentes Corrêa, *DEJT* 28.8.2009, p. 609).

DIREITO DE ARENA NATUREZA JURÍDICA. I – O direito de arena não se confunde com o direito à imagem. II – Com efeito, o direito à imagem é assegurado constitucionalmente (art. 5º, incisos V, X e XXVIII), é personalíssimo, imprescritível, oponível *erga omnes* e indisponível. O Direito de Arena está previsto no art. 42 da Lei 9.615/98, o qual estabelece a titularidade da entidade de prática desportiva. III – Por determinação legal, vinte por cento do preço total da autorização deve ser distribuído aos atletas profissionais que participarem do evento esportivo. IV – Assim sendo, não se trata de contrato individual para autorização da utilização da imagem do atleta, este sim de natureza civil, mas de decorrência do contrato de trabalho firmado com o clube. Ou seja, o clube por determinação legal paga aos seus atletas participantes um percentual do preço estipulado para a transmissão do evento esportivo. Daí vir a doutrina e a jurisprudência majoritária nacional comparando o direito de arena à gorjeta, reconhecendo-lhe a natureza remuneratória. V – Recurso conhecido e provido (TST, 4ª T., RR 1210/2004-025-03-00.7, Rel. Min. Barros Levenhagen, j. 28.2.2007, *DJ* 16.3.2007).

DIREITO DE ARENA. INTEGRAÇÃO. A doutrina, entendimento o qual comungo, tem atribuído a natureza jurídica de remuneração ao direito de arena, de forma semelhante às gorjetas nas demais relações empregatícias, que também são pagas por terceiro. É considerado como sendo componente da remuneração (art. 457 da CLT) e não uma verba salarial. O valor referente ao que o clube recebe como direito de arena e repassa ao jogador, entretanto, irá compor apenas o cálculo do FGTS, 13º salário, férias e contribuições previdenciárias, visto que a Súmula 354 do TST, aplicada por analogia ao caso, exclui sua incidência do cálculo do aviso-prévio, adicional noturno, horas extras e repouso semanal. Destarte, como no presente caso, as instâncias ordinárias determinaram a repercussão do direito de arena apenas nas gratificações natalinas e férias, não se vislumbra a alegada afronta do art. 457 da CLT. Recurso de revista não conhecido (TST, AIRR e RR 25959/2002-900-03-00, Rel. Min. Renato de Lacerda Paiva, j. 16.11.2005, *DJ* 17.3.2006).

O § 1º do art. 42 da Lei n. 9.615/98, de acordo com a redação dada pela Lei n. 12.395/2011, passou a dispor que o direito de arena tem natureza civil.

A lei passa a dispor que o ajuste é de natureza civil e não trabalhista. Assim, a partir de 17 de março de 2011, os pagamentos feitos a título de direito de arena passam a ter natureza civil. Não terão mais repercussão em férias, 13º salário e incidência do FGTS ou da contribuição previdenciária.

Se ficar provado que o pagamento tem por objetivo desvirtuar a verba paga (art. 9º da CLT), terá natureza de remuneração o pagamento feito.

5 Direito de arena

Pertence às entidades de prática desportiva o direito de arena, consistente na prerrogativa exclusiva de negociar, autorizar ou proibir a captação, a fixação, a emissão, a transmissão, a retransmissão ou a reprodução de imagens, por qualquer meio ou processo, de espetáculo desportivo de que participem (art. 42 da Lei n. 9.615/98). A titularidade do direito de negociação do direito de imagem é do clube.

O § 1º do art. 42 da Lei n. 9.615 dispunha que "salvo disposição em contrário, vinte por cento do preço total da autorização, como mínimo, será distribuído, em partes iguais, aos atletas profissionais participantes do espetáculo ou evento".

Na Lei n. 12.395/2011, foi dada a seguinte redação ao § 1º do art. 42 da Lei n. 9.615/98: "Salvo convenção coletiva de trabalho em contrário, 5% (cinco por cento) da receita proveniente da exploração de direitos desportivos audiovisuais serão repassados aos sindicatos de atletas profissionais, e estes distribuirão, em partes iguais, aos atletas profissionais participantes do espetáculo, como parcela de natureza civil".

Pertence às organizações esportivas mandantes o direito de arena, que consiste no direito de exploração e comercialização de difusão de imagens, abrangendo a prerrogativa privativa de negociar, de autorizar ou de proibir a captação, a fixação, a emissão, a transmissão, a retransmissão e a reprodução de imagens, por qualquer meio ou processo, de evento esportivo de que participem (art. 160 da Lei n. 14.597/2023). Salvo convenção ou acordo coletivo de trabalho em contrário, 5% (cinco por cento) da receita proveniente da exploração de direitos de difusão de imagens de eventos esportivos serão repassados pelas organizações esportivas de que trata o *caput* deste artigo aos atletas profissionais participantes do evento, proporcionalmente à quantidade de partidas ou provas por estes disputadas, como parcela indenizatória de natureza civil (§ 1º do art. 160 da Lei n. 14.597/2023). O pagamento da verba de que trata o § 1º do art. 160 será realizado por intermédio dos sindicatos das respectivas categorias, que serão responsáveis pelo recebimento e pela logística de repasse aos participantes do evento, no prazo de até 72 horas, contado do recebimento das verbas pelo sindicato (§ 2º do art. 160). Parece que a lei posterior (Lei n. 14.597) derroga as disposições da Lei n. 9.615, pois é posterior e regulou inteiramente a matéria.

Álvaro Melo Filho assevera que:

> com vista a dissipar qualquer dúvida, lembre-se que o contrato de cessão de direito do uso de imagem, por ser autônomo, paralelo e inconfundível com o contrato desportivo, comporta a previsão de sua própria cláusula penal, jungida aos limites do art. 920 do Código Civil[7].

Mostra, assim, que o direito seria civil e não trabalhista.

A regra do § 1º do art. 42 da Lei n. 9.615 estabelece um direito mínimo, de 5% do preço total da autorização. A convenção coletiva dos atletas profissionais pode estabelecer porcentual superior. A fixação não será feita em outro tipo de norma, mas em convenção coletiva. Não poderá, portanto, ser fixada em acordo coletivo de trabalho.

O direito de arena é do clube, pois é ele que proporciona o espetáculo. O conjunto de jogadores pertencentes ao clube é que proporciona o espetáculo. O direito não é individual de cada jogador. As disputas não são entre os atletas, mas entre os clubes.

A lei fixa um mínimo de 5% como direito dos atletas. Os 5% não deixam de ser um porcentual incidente sobre a conta, que é o valor do direito de arena pago pela empresa de televisão ao clube. Fica com o clube 95% do direito de arena, pela exposição de sua imagem e de seus atletas no evento esportivo.

Não há dúvida de que, quando o jogo é televisionado, as pessoas não vão ao estádio. É muito mais cômodo assistir à partida na sua casa, sentado numa poltrona confortável, com a família, tomando seu refrigerante, cerveja, comendo pipoca etc. O clube deixa de ganhar o valor do ingresso para a partida de futebol, mas, em contrapartida, recebe o direito de arena. Uma das receitas do clube de futebol é o ingresso dos jogos, com o qual paga suas despesas e também os salários dos jogadores.

O valor do direito de arena é muito mais fácil de ser apurado do que o das gorjetas, pois estas às vezes são dadas diretamente pelo cliente ao empregado e não passam pelo caixa do empregador. O direito de arena pode ser verificado pelo valor do contrato entre o clube e a emissora de televisão que vai transmitir o jogo.

A expressão *salvo convenção em contrário* determinada no § 1º do art. 42 da Lei n. 9.615/98 indica que pode ser estabelecido porcentual superior, mas não inferior, pois o mínimo foi fixado em lei.

---

7 MELO FILHO, Álvaro. *Novo regime jurídico do desporto*. São Paulo: Brasília Jurídica, 2001, p. 125.

O TST já decidiu:

> RECURSO DE REVISTA. DIREITO DE ARENA. ALTERAÇÃO DO PERCENTUAL MÍNIMO DE LEI POR ACORDO ENTRE OS INTERESSADOS. IMPOSSIBILIDADE. 1. O direito de arena se refere à prerrogativa oferecida às entidades de prática desportiva para autorização ou não da fixação, transmissão ou retransmissão pela televisão ou qualquer outro meio que o faça, de evento ou espetáculo desportivo, sendo que, do valor pago a essas entidades, vinte por cento, como mínimo, será destinado aos atletas participantes, dividido em partes iguais, conforme previsão legal. 2. Por sua vez, a base constitucional da parcela é a letra "a" do inciso XXVIII do art. 5º da Constituição Federal, que assegura a proteção, nos termos da lei, às participações individuais em obras coletivas, e à reprodução da imagem e voz humanas, inclusive nas atividades esportivas. 3. A Lei é clara ao prever que o valor referente ao direito de arena será no mínimo de vinte por cento, pelo que a expressão "salvo convenção em contrário" se refere à forma de distribuição do percentual entre os atletas ou à possibilidade de ampliação do percentual. Decorre daí que não é possível a diminuição do valor de vinte por cento definido em Lei. Recurso de revista conhecido e provido (3ª Turma, RR – 662-97.2010.5.03.0003, Rel. Min. Alberto Luiz Bresciani de Fontan Pereira, j. 19.9.2012, *DEJT* 28.9.2012).
>
> [...] **II – RECURSO DE REVISTA INTERPOSTO SOB A ÉGIDE DA LEI Nº 13.467/17 – DIREITO DE ARENA. REDUÇÃO DO PERCENTUAL DE 20% PARA 5% NO PERÍODO ANTERIOR À LEI Nº 12.395/2011. ACORDO JUDICIAL. TRANSCENDÊNCIA NÃO RECONHECIDA.** A jurisprudência desta Corte é no sentido da impossibilidade de redução do percentual de 20% fixado no art. 42 da Lei nº 9.615/98, com redação anterior à vigência da Lei nº 12.395/2011, por meio de acordo judicial, por constituir o mínimo assegurado para distribuição entre os atletas profissionais do futebol. Julgados da SBDI-1 do TST. **Recurso de revista de que não se conhece** (ARR-2940-09.2014.5.02.0052, 8ª T., Rel. Sergio Pinto Martins).

A lei faz referência ao pagamento em relação aos atletas que participaram do evento. Quem não participou do evento não faz jus ao pagamento. Quem foi relacionado para a partida, mas não participou dela, não faz jus ao pagamento do direito de arena, pois não houve a exposição do atleta no jogo.

Não há previsão na lei de pagamento proporcional para quem participou apenas alguns minutos do jogo.

Podem participar do jogo 11 jogadores e ser feitas mais cinco substituições, ou seja, a divisão pode ser feita entre até 16 jogadores. O TRT da 3ª Região já afirmou:

> Assim, defere-se ao atleta, a título de direito de arena, o pagamento da fração de 1/14 (considere-se o número de atletas que podem participar de um jogo de futebol) do percentual de 20% incidente sobre o preço total das autorizações concedidas pelo Clube, durante todo o período contratual, para transmissão ou retransmissão de imagem de eventos desportivos, conforme se apurar em liquidação de sentença (TRT 3ª R., 7º T., AC 2469/2002, Rel. Alice Monteiro de Barros, *DJ MG* 24.4.2002).

Somente fazem jus ao direito de arena os atletas profissionais (§ 1º do art. 42 da Lei n. 9.615/98) e não os atletas amadores. O menor de 20 anos, não profissionalizado, mesmo que participe da partida, não faz jus ao direito de arena. O empregador não paga verbas a esse atleta.

O inciso III do art. 217 da Constituição estabelece o tratamento diferenciado para o desporto profissional e o não profissional. O inciso VI do art. 2º da Lei n. 9.615/98 permite diferenciação, consubstanciada no tratamento específico dado ao desporto profissional e não profissional. Logo, pode haver diferença de tratamento para o pagamento do direito de arena entre o jogador profissional e o amador.

A base de cálculo é o valor total da autorização e não parcial. É o valor acordado para a transmissão.

O § 1º do art. 42 da Lei 9.615/98 destinou aos atletas profissionais participantes do espetáculo 5% (cinco por cento) da receita obtida pela entidade de prática desportiva com a exploração de direitos desportivos audiovisuais. O cerne da controvérsia cinge-se, portanto, ao alcance da expressão "direitos desportivos audiovisuais".

Assim, direitos desportivos audiovisuais são o conjunto dos direitos referentes à captação, à fixação, à emissão, à transmissão, à retransmissão e à reprodução de imagens do espetáculo desportivo, cuja prerrogativa exclusiva para negociar, autorizar ou proibir pertence ao clube.

Não se incluem receitas decorrentes de "premiação de campeonato" e "publicidade". O direito de arena está direta e intrinsecamente ligado ao espetáculo desportivo que é televisionado. Patrocínios, publicidade, luvas e marketing não fazem parte do espetáculo. A placa de publicidade estática não pratica futebol, nem o atleta profissional pontua a favor da sua equipe fazendo ações de marketing.

Portanto, marketing e propaganda não são direito de arena, pois não compreendem emissão, transmissão, retransmissão ou reprodução de imagens. A esse respeito, Celso Moredo Garcia argumenta que "o direito de arena está limitado a captação, fixação, emissão, transmissão, retransmissão ou reprodução de imagens do espetáculo desportivo. Não abrange, toda e qualquer exploração comercial decorrente da partida de futebol".

O referido autor complementa[8]:

> A publicidade estática não integra os direitos de transmissão do espetáculo, cujos direitos podem ser negociados em separado do direito de arena, não havendo óbice para que sua exploração possa ser negociada com a mesma empresa detentora dos direitos de transmissão, como ordinariamente ocorria. Entretanto, diversos clubes de futebol, notadamente aqueles que atraem maior público, a negociar diretamente os espaços publicitários nos seus estádios ou onde mandem seus jogos, o que comprova que se trata de contrato com objeto distinto e destacável da transmissão.

Nesse particular, cabe salientar que a publicidade em volta do gramado destina-se também ao público presente no estádio, o que a dissocia, outrossim, da transmissão.

Há ainda um terceiro fator que, até a recente aprovação da Lei 14.205, de 17.9.2021, é o fato de que a transmissão ou reprodução dos jogos estava condicionada à autorização das duas participantes, ou seja, o clube visitante não possuía nenhuma ingerência ou auferia proveito econômico dessa publicidade, que continuava sendo exibida no estádio mesmo se houvesse impedimento à transmissão do espetáculo em razão de participantes não terem negociado o direito de arena.

Cristiano Augusto Rodrigues Possídio contextualiza com precisão ímpar a discussão instaurada nos autos:

> Outra questão polêmica surgiu recentemente e merece enfoque eloquente dos doutrinadores a partir de múltiplas ações intentadas por sindicatos dos atletas contra clubes no País. Trata-se do fato gerador do repasse dos 5% relativos ao direito de arena, destinados aos atletas participantes dos eventos. As entidades de prática desportiva geralmente firmavam, antes em um único contrato, depois

8 GARCIA, Celso Moredo. As inovações no direito de arena e seus aspectos controvertidos na Justiça do Trabalho. *Revista Academia Nacional de Direito Desportivo*, v. 7, n. 6, p. 133-150, jul.-dez. 2021.

> uma multiplicidade de outras avenças (TV aberta, TV fechada, pay-per-view, Internet e mobile, internacional e placas), não apenas a venda dos direitos de captação, transmissão, retransmissão ou reprodução dos eventos desportivos (direito de arena), todavia, prevendo e contratando parcelas diversas, a exemplo de cláusulas fixando o pagamento de luvas (que não tem nada a ver com antecipação de receitas, sendo mera premiação pela exclusividade na assinatura do contrato), patrocínios, marketing ou publicidade, inclusive estática.
>
> Como há uma diversidade de contratos, de distintas naturezas, em uma mesma avença formalizada (assim concebida para facilitar e desburocratizar as relações comerciais entre clubes e emissoras de televisão) ou em diversas outras esparsas, que é mais comum atualmente, cada previsão possui característica própria e todas reunidas, a de multidisciplinaridade na relação jurídica clubes e empresas de telecomunicações, pois contemplam, além da exploração audiovisual do evento em si, às quais os atletas fazem jus aos 5% previstos no art. 42, § 1º, da Lei n. 9.615/98, outras parcelas de trato totalmente distinto e que com o direito de arena não se confundem.
>
> A partir da visualização do balanço dos clubes, em que são exteriorizados os valores globais recebidos das emissoras, decorrentes de todas as relações jurídicas, inclusive distintas da mera exploração audiovisual dos eventos, as entidades sindicais passaram a supor que estaria havendo uma burla à lei.
>
> Desse modo, resolveram ingressar com várias ações em diversos Estados da Federação, pleiteando, na qualidade de substituto processual dos atletas, diferenças relacionadas com o direito de arena[9].

Cristiano Augusto Rodrigues Possídio conclui que "a Lei nº 9.615/1998 deixou claro, como visto e revisto, que o direito de arena se restringe à captação, transmissão, retransmissão e reprodução do espetáculo desportivo de que os atletas participam (e somente aqueles que participarem). Resta clarividente, portanto, que o percentual de 5% destinado aos atletas está restrito apenas à veiculação de sua imagem durante as partidas, não incluindo outras receitas auferidas e que, por sinal, revelam-se como a principal fonte de renda e que garante o pagamento dos salários dos atletas"[10].

---

[9] POSSÍDIO, Cristiano Augusto Rodrigues. Direito de arena: natureza jurídica e fato gerador, aspectos polêmicos. *Revista Síntese Direito Desportivo*, v. 6, n. 34, p. 85-98, dez.-jan. 2017.

[10] POSSÍDIO, Cristiano Augusto Rodrigues. Direito de arena: natureza jurídica e fato gerador, aspectos polêmicos. *Revista Síntese Direito Desportivo*, v. 6, n. 34, p. 85-98, dez.-jan. 2017.

O distanciamento entre o direito de arena e as receitas do clube a título de patrocínio, publicidade, marketing ou luvas não está presente apenas na doutrina, mas também na legislação pátria.

O cálculo do direito de arena não pode ser feito sobre qualquer receita obtida pelo clube, mas somente sobre as receitas decorrentes da exploração dos direitos previstos no *caput* do art. 42 da Lei n. 9.615/98.

A 8ª Turma do TST entende que a base de cálculo é o valor da transmissão. Não se incluem receitas decorrentes de patrocínios, publicidade, luvas ou marketing, nem qualquer outra fonte de renda do clube de futebol:

> AGRAVO EM AGRAVO DE INSTRUMENTO EM RECURSO DE REVISTA – REGÊNCIA PELA LEI Nº 13.467/2017 – PRELIMINAR DE NULIDADE DO ACÓRDÃO REGIONAL POR NEGATIVA DE PRESTAÇÃO JURISDICIONAL. ART. 896, § 1º-A, IV, DA CLT – ACRÉSCIMO REMUNERATÓRIO PELO PERÍODO DE CONCENTRAÇÃO SUPERIOR A 3 DIAS. ART. 896, § 1º-A, I, DA CLT. TRANSCENDÊNCIA NÃO RECONHECIDA. Não merece reparos a decisão monocrática que negou seguimento ao agravo de instrumento, por ausência de transcendência da causa. Agravo a que se nega provimento. DIFERENÇAS SALARIAIS. ATLETA PROFISSIONAL DE FUTEBOL. DIREITO DE ARENA. BASE DE CÁLCULO. TRANSCENDÊNCIA JURÍDICA RECONHECIDA. Discute-se nos autos a composição da base de cálculo do direito de arena devido ao atleta profissional de futebol. O reclamante sustenta que a base de cálculo do direito de arena é integrada não apenas pelos valores constantes da rubrica transmissão, mas por qualquer receita proveniente do contrato firmado entre o clube e a empresa de televisão, independentemente do nome da rubrica ou da origem do pagamento. Nos termos do *caput* do art. 42 da Lei 9.615/1998, pertence às entidades de prática desportiva o direito de arena, consistente na prerrogativa exclusiva de negociar, autorizar ou proibir a captação, a fixação, a emissão, a transmissão, a retransmissão ou a reprodução de imagens, por qualquer meio ou processo, de espetáculo desportivo de que participem. O § 1º do referido artigo destinou aos atletas profissionais participantes do espetáculo 5% (cinco por cento) da receita obtida pela entidade de prática desportiva com a exploração de direitos desportivos audiovisuais. O cerne da controvérsia cinge-se, portanto, ao alcance da expressão "direitos desportivos audiovisuais". A questão é bastante simples, considerando que o alcance do disposto no parágrafo é delimitado pelo que está previsto na cabeça (*caput*) do artigo. Assim, direitos desportivos audiovisuais nada mais são do que o conjunto dos direitos referentes à captação,

à fixação, à emissão, à transmissão, à retransmissão e à reprodução de imagens do espetáculo desportivo, cuja prerrogativa exclusiva para negociar, autorizar ou proibir pertence ao clube. A ampliação da base de cálculo do direito de arena, além de carecer de previsão legal, acabaria por descaracterizar toda a construção histórica do próprio instituto. O direito de arena é um direito bastante peculiar e possui objeto e sujeitos bem definidos, tanto na legislação, quanto na doutrina e na jurisprudência pátria. Como já foi dito, ele pertence à entidade de prática desportiva, mas parte da receita obtida com a sua exploração econômica deve ser distribuída, exclusivamente, entre os atletas profissionais que participaram do espetáculo. Assim como é estreita a lista de destinatários do direito de arena, é estreita também a sua base de cálculo. Integram a base cálculo do direito de arena apenas as receitas provenientes da exploração econômica dos direitos desportivos audiovisuais, compreendidos como tais, exclusivamente, os direitos referentes à captação, fixação, emissão, transmissão, retransmissão e reprodução de imagens do espetáculo desportivo. Não se incluem receitas decorrentes de patrocínios, publicidade, luvas ou marketing, nem qualquer outra fonte de renda do clube de futebol. No caso dos autos, ao manter a sentença que rejeitou os pedidos formulados pelo reclamante, sob o fundamento de que o direito de arena deve ser apurado sobre os valores correlatos exclusivamente à transmissão dos espetáculos, o acórdão regional não violou o § 1º do art. 42 da Lei 9.615/1998. Agravo a que se nega provimento (Ag-AIRR-1001389-53.2016.5.02.0004, 8ª T., Rel. Sergio Pinto Martins).

DIFERENÇAS SALARIAIS. ATLETA PROFISSIONAL DE FUTEBOL. DIREITO DE ARENA. BASE DE CÁLCULO. SÚMULA 126 DO TST – TRANSCENDÊNCIA JURÍDICA RECONHECIDA. Discute-se nos autos a composição da base de cálculo do direito de arena devido ao atleta profissional de futebol. O sindicato autor sustenta que a base de cálculo do direito de arena é integrada não apenas pelos valores constantes da rubrica transmissão, negociados entre o clube e a empresa de televisão nos moldes do *caput* do art. 42 da Lei nº 9.615/1998, mas também por outras rubricas, dentre as quais: "marketing, publicidade estática, luvas, participação percentual, acréscimo anual, aplicação de IPCA, valor marketing clubes, parte variável, variações de correção, remuneração por audiência, fundo de custeio, inserção comercial, hospedagem, passagens aéreas, superação do valor de compra, contratações com terceiras emissoras, antecipações, empréstimos, exploração internacional, telefonia móvel, internet e outras". Nos termos do *caput* art. 42 da Lei 9.615/1998, pertence às entidades de prática desportiva o direito de arena, consistente na prerrogativa exclusiva de negociar, autorizar ou proibir

> a captação, a fixação, a emissão, a transmissão, a retransmissão ou a reprodução de imagens, por qualquer meio ou processo, de espetáculo desportivo de que participem. O § 1º do referido artigo destinou aos atletas profissionais participantes do espetáculo 5% (cinco por cento) da receita obtida pela entidade de prática desportiva com a exploração de direitos desportivos audiovisuais. O cerne da controvérsia cinge-se, portanto, ao alcance da expressão "direitos desportivos audiovisuais". A questão é bastante simples, considerando que o alcance do disposto no parágrafo é delimitado pelo que está previsto na cabeça (*caput*) do artigo. Assim, direitos desportivos audiovisuais nada mais são do que o conjunto dos direitos referentes à captação, à fixação, à emissão, à transmissão, à retransmissão e à reprodução de imagens e sons do espetáculo desportivo, cuja prerrogativa exclusiva para negociar, autorizar ou proibir pertence ao clube. A ampliação da base de cálculo do direito de arena, além de carecer de previsão legal, acabaria por descaracterizar toda a construção histórica do próprio instituto. O direito de arena é um direito bastante peculiar e possui objeto e sujeitos bem definidos, tanto na legislação, quanto na doutrina e na jurisprudência pátria. Como já foi dito, ele pertence à entidade de prática desportiva, mas parte da receita obtida com a sua exploração econômica deve ser distribuída, exclusivamente, entre os atletas profissionais que participaram do espetáculo. Assim como é estreita a lista de destinatários do direito de arena, é estreita também a sua base de cálculo. Integram a base cálculo do direito de arena apenas as receitas provenientes da exploração econômica dos direitos desportivos audiovisuais, compreendidos como tais, exclusivamente, os direitos referentes à captação, fixação, emissão, transmissão, retransmissão e reprodução de imagens do espetáculo desportivo. Não se incluem receitas decorrentes de patrocínios, publicidade, luvas ou marketing, nem qualquer outra fonte de renda do clube de futebol. No caso dos autos, ao manter a sentença que rejeitou os pedidos formulados pelo sindicato autor, sob o fundamento de que o direito de arena deve ser apurado sobre os valores correlatos exclusivamente à transmissão dos espetáculos, o acórdão regional não violou o § 1º do art. 42 da Lei 9.615/1998. Agravo de instrumento a que se nega provimento (RRAg-1001692-08.2016.5.02.0056, 8ª T., Rel. Sergio Pinto Martins).

O pagamento do salário não pode ser compensado com o direito de arena, que tem natureza distinta.

Não haverá pagamento de direito de arena quando sejam passados flagrantes do espetáculo ou evento desportivo para fins, exclusivamente jornalísticos, desportivos ou educativos, cuja duração, no conjunto, não exceda 3% do tempo previsto para o espetáculo respeitadas as seguintes condições:

> I – a captação das imagens para a exibição de flagrante de espetáculo ou evento desportivo dar-se-á em locais reservados, nos estádios e ginásios, para não detentores de direitos ou, caso não disponíveis, mediante o fornecimento das imagens pelo detentor de direitos locais para a respectiva mídia;
>
> II – a duração de todas as imagens do flagrante do espetáculo ou evento desportivo exibidas não poderá exceder 3% do total do tempo de espetáculo ou evento. Não havia fundamento para substituir os três minutos por 3% do total do tempo previsto para o espetáculo;
>
> III – é proibida a associação das imagens exibidas com base neste artigo a qualquer forma de patrocínio, propaganda ou promoção comercial (§ 2º do art. 42 da Lei n. 9.615/98).

A lei faz referência ao espetáculo e não aos comentários sobre o jogo ou ao intervalo do jogo. O jogo de futebol dura 90 minutos. Assim, se forem passados *flashes* do jogo de até três minutos, não haverá pagamento de direito de arena. Geralmente, são passados os melhores momentos do jogo ou os gols da partida em telejornais ou programas desportivos.

O clube tem melhores condições de provar quanto foi recebido a título de direito de arena para efeito de se verificar quanto cabe a cada atleta.

O espectador pagante, por qualquer meio, de espetáculo ou evento desportivo equipara-se, para todos os efeitos legais, ao consumidor, nos termos do art. 2º da Lei n. 8.078/90 (§ 3º do art. 42 da Lei n. 9.615/98). Ocorre muitas vezes de o torcedor pagar e não conseguir entrar no estádio, de serem feitas transferências de jogos, que causam prejuízos ao torcedor. O Ministério Público pode propor ação civil pública de responsabilidade pelos danos causados ao consumidor (art. 1º, II, da Lei n. 7.347/85).

As empresas detentoras de concessão, permissão ou autorização para exploração de serviço de radiodifusão sonora e de sons e imagens, bem como de televisão por assinatura, ficam impedidas de patrocinar ou veicular sua própria marca, assim como a de seus canais e dos títulos de seus programas, nos uniformes de competições das entidades desportivas (§ 5º do art. 27-A da Lei n. 9.615/98).

A violação do disposto no parágrafo anterior implica a eliminação da entidade de prática desportiva que lhe deu causa da competição ou do torneio em que aquela se verificou, sem prejuízo das penalidades que venham a ser aplicadas pela Justiça Desportiva (§ 6º do art. 27-A da Lei n. 9.615/98).

Todos os atletas que participaram da partida ganharão o mesmo valor. Mesmo que haja um jogador excepcional atuando na partida, ele ganhará o mesmo que os outros.

O direito de arena será repassado pela emissora detentora dos direitos de transmissão diretamente às entidades sindicais de âmbito nacional da modalidade, regularmente constituídas (art. 46 do Decreto n. 7.984/2013). O repasse será feito pela entidade sindical aos atletas profissionais participantes do espetáculo no prazo de 60 dias (parágrafo único).

13
Duração do trabalho

1 Jornada de trabalho

Duração do trabalho tem aspecto mais amplo, podendo compreender o módulo semanal, mensal ou anual.

Jornada significa o que é diário. Jornada de trabalho é o número de horas em que o trabalhador presta serviços por dia ao empregador. Não se pode falar em jornada de 44 horas semanais. Trata-se de módulo semanal de 44 horas e não de jornada, que é diária.

Dispunha o art. 6º da Lei n. 6.354/76 que "o horário normal de trabalho será organizado de maneira a bem servir ao adestramento e à exibição do atleta, não excedendo, porém, de 48 horas semanais, tempo em que o empregador poderá exigir que fique o atleta à sua disposição". O referido art. 6º teve vigência até 26 de março de 2001, quando foi revogado pelos arts. 93 e 96 da Lei n. 9.615/98.

Alice Monteiro de Barros afirma que "em consequência, e dadas as peculiaridades que envolvem esta função, entendo que as normas a respeito de limitação de horas semanais, a partir de 26 de março de 2001, não mais serão aplicadas ao profissional de futebol"[1].

---

1 BARROS, Alice Monteiro de. Atletas profissionais de futebol. *LTr*, 64-03/317; *Contratos e regulamentações especiais de trabalho*: peculiaridades, aspectos controvertidos e tendências. 2. ed. São Paulo: LTr, 2002, p. 87-88; *As relações de trabalho no espetáculo*. São Paulo: LTr, 2003, p. 183.

Reza o inciso XIII do art. 7º da Constituição que o trabalhador tem direito a "duração do trabalho normal não superior a oito horas diárias e quarenta e quatro semanais, facultada a compensação de horários e a redução da jornada, mediante acordo ou convenção coletiva de trabalho".

O inciso XIII do art. 7º da Constituição se aplica ao atleta, pelo fato de que a Constituição não estabeleceu exceção de jornada para certa categoria, apenas determinando que mediante acordo ou convenção coletiva será possível fazer a compensação de horários.

Estabelece o § 4º do art. 28 da Lei n. 9.615/98 que se aplicam ao atleta profissional "as normas gerais da legislação trabalhista e da Seguridade Social, ressalvadas as peculiaridades constantes desta Lei, especialmente as seguintes: I – se conveniente à entidade de prática desportiva, a concentração não poderá ser superior a 3 (três) dias consecutivos por semana, desde que esteja programada qualquer partida, prova ou equivalente, amistosa ou oficial, devendo o atleta ficar à disposição do empregador por ocasião da realização de competição fora da localidade onde tenha sua sede; II – o prazo de concentração poderá ser ampliado, independentemente de qualquer pagamento adicional, quando o atleta estiver à disposição da entidade de administração do desporto; III – acréscimos remuneratórios em razão de períodos de concentração, viagens, pré-temporada e participação do atleta em partida, prova ou equivalente, conforme previsão contratual; IV – repouso semanal remunerado de 24 (vinte e quatro) horas ininterruptas, preferentemente em dia subsequente à participação do atleta na partida, prova ou equivalente, quando realizada no final de semana; V – férias anuais remuneradas de 30 (trinta) dias, acrescidas do abono de férias, coincidentes com o recesso das atividades desportivas; VI – jornada de trabalho desportiva normal de 44 (quarenta e quatro) horas semanais".

O inciso VI do § 4º do art. 28 da Lei n. 9.615 não estabeleceu o limite diário, mas este é de oito horas, previsto no inciso XIII do art. 7º da Constituição.

O atleta profissional é empregado, devendo também observar o inciso XIII do art. 7º da Constituição, ou seja, trabalhar oito horas diárias e 44 semanais. O que exceder esse período será considerado como hora extra, pois o § 4º do art. 28 da Lei n. 9.615/98 manda aplicar ao atleta profissional de futebol as normas gerais da legislação trabalhista. O inciso XIII do art. 7º da Lei Maior não exclui o jogador de futebol de suas regras, pois trata de todos os trabalhadores urbanos e rurais. Apenas o doméstico fica excluído da aplicação do referido inciso, por força do parágrafo único do art. 7º da Lei Magna.

Trabalhando o atleta profissional mais de oito horas diárias e 44 semanais a partir de 5 de outubro de 1988, faz jus às horas extras acrescidas do adicional de 50% sobre a hora normal (art. 7º, XVI, da Constituição).

O trabalhador doméstico não faz jus a horas extras, pois o parágrafo único do art. 7º da Constituição não faz remissão aos incisos XIII e XVI do mesmo artigo, mas isso não ocorre em relação ao atleta profissional de futebol.

Embora o art. 6º da Lei n. 6.354/76 tenha sido revogado pela Lei n. 9.615/98, o trabalho do atleta compreende os jogos e os treinamentos.

O inciso VI do § 4º do art. 28 da Lei n. 9.615/98, na redação determinada pela Lei n. 12.395/2011, estabeleceu a jornada de trabalho desportiva normal de 44 horas semanais. Jornada é o que é diário. Não existe jornada semanal. O módulo semanal é de 44 horas, que é o está escrito no inciso XIII do art. 7º da Constituição. A lei não estabeleceu a jornada de oito horas, mas é o máximo que o atleta pode trabalhar por dia, de acordo com a previsão da Constituição.

Parece ser inconstitucional estabelecer somente o módulo semanal de 44 horas, pois, se trabalhar mais de 8 horas diárias, terá direito a horas extras. A exceção seria se houvesse acordo de compensação de horas para exceder 8 horas diárias e observar as 44 semanais.

Na prática, o jogador não trabalha mais de 8 horas por dia, até porque após treinar, tem que se alimentar, descansar. Não pode beber. Dependendo da data do jogo, não pode ter relações sexuais, pois há diminuição do seu desempenho.

Há certas peculiaridades do jogador de futebol, como a concentração, mas não há a exclusão das horas extras.

2 Jogos e treinos

Jogos e treinos devem ser computados na jornada de trabalho.

A entidade de prática desportiva empregadora deve "proporcionar aos atletas profissionais as condições necessárias à participação nas competições desportivas, treinos e outras atividades preparatórias ou instrumentais" (art. 34, II, da Lei n. 9.615/98).

O atleta tem o dever de "participar dos jogos, treinos, estágios e outras sessões preparatórias de competições com a aplicação e dedicação correspondentes às suas condições psicofísicas e técnicas".

Os jogos e os treinos são considerados tempo à disposição do empregador. Considera-se como serviço efetivo "o período em que o empregado esteja à disposição do empregador, aguardando ou executando ordens, salvo disposição especial expressamente consignada" (art. 4º da CLT), que é o caso.

O atleta também deverá se concentrar antes das partidas.

3 Viagens e estações de repouso

O atleta não poderá se recusar a viajar para competições dentro ou fora do país e também a permanecer em estação de repouso, por conta e risco do empregador, nos termos do que for convencionado no contrato, salvo por motivo de saúde ou de comprovada relevância familiar (art. 8º da Lei n. 6.354/76).

As viagens ao exterior são feitas para que o clube receba um valor para jogar no exterior. É uma forma de receita do clube. Ocorria muito com o Santos, na época em que jogava Pelé, pois o time era convidado a excursionar pelo exterior e tinha ótima receita. Hoje, isso não é tão comum.

O empregador deve pagar todas as verbas contratadas ao atleta durante o período das excursões ou em que o atleta permanecer em estação de repouso.

Todas as despesas do atleta para viajar ou para ficar em estação de repouso correm por conta e risco do clube, como transporte, inclusive por avião, se for o caso, hospedagem e alimentação.

Previa o parágrafo único do art. 8º da Lei n. 6.354/76 que o prazo de excursões ao exterior não poderá, em hipótese alguma, ser superior a 70 dias. Essa regra também não era um limite ou proteção à vida familiar do jogador, pois a excursão poderia ser feita por período muito maior do que 70 dias, o que seria excessivo. O limite de 70 dias poderia ocorrer também para participação em torneio internacional. Normalmente, os torneios internacionais não levam tanto tempo. Hoje não existe mais esse limite expresso na lei.

A exceção da viagem ou da permanência em estação de repouso ocorrerá quando houver motivo de saúde do atleta ou caso de comprovada relevância familiar, como em caso de doença na família ou qualquer outro problema que exija a permanência do atleta para acompanhar os familiares ou resolver seus problemas.

O fato de o atleta ter de viajar não implica que terá um acréscimo no seu salário, salvo se assim for estabelecido no seu contrato. Da mesma forma, não terá direito a adicional de transferência, pois não está sendo transferido. A jurisprudência já entendeu que não há direito a horas extras:

> Viagens. Para participação em competições esportivas fora da sede do clube, bem como para concentração nos dias que precedem o encontro futebolístico são situações inerentes ao contrato previstas em lei e que não podem, assim, essas viagens, propiciar o pagamento de horas extraordinárias. Inteligência do art. 7º da Lei n. 6.354/76 de 2.9.76" (TRT 7ª R., RO 470/80, Ac. 72/81, j. 5.2.1981, Rel. Juiz João Ramos de Vasconcelos Cesar).

O período em que o atleta está viajando não é considerado como hora extra, pois é uma característica da sua profissão, além do que a lei não dispõe nesse sentido.

4 Intervalos

O atleta também tem direito a intervalo de uma hora, se sua jornada for superior a seis horas (art. 71 da CLT). Esse intervalo não é computado na jornada de trabalho.

Ele fará jus ao intervalo de 11 horas entre o término do trabalho e o início de outras atividades (art. 66 da CLT).

O intervalo de 15 minutos entre o primeiro e o segundo tempo das partidas desportivas não pode ser considerado intervalo interjornada (art. 66 da CLT) ou intrajornada (art. 71 da CLT), mas representa tempo à disposição do empregador. O intervalo que ocorre do primeiro para o segundo tempo do jogo serve para que o atleta possa descansar e repor suas energias para enfrentar a segunda etapa da partida.

O art. 72 da CLT prevê, por exemplo, que em caso de atividade como mecanografia o empregado tem direito a intervalo de dez minutos a cada 90 minutos de trabalho, que são computados na jornada de trabalho.

Estudos mostram que entre uma partida e outra deve haver um intervalo de 72 horas para repor energias e evitar lesões.

5 Repouso semanal remunerado

O atleta tem direito ao repouso semanal remunerado de preferência aos domingos (art. 7º, XV, da Constituição), podendo ser concedido em outro dia da semana.

Prevê o art. 1º da Lei n. 605/49 que "todo empregado tem direito ao repouso semanal remunerado de 24 horas consecutivas, preferentemente aos domingos e, nos limites das exigências técnicas das empresas, nos feriados civis e religiosos, de acordo com a tradição local".

Geralmente, há jogos de futebol aos domingos. Assim, o dia de folga do atleta pode ser na segunda-feira ou então, se jogar no sábado, a folga pode ser no domingo.

O inciso IV do § 4º do art. 28 da Lei n. 9.615/98 estabeleceu o repouso semanal remunerado de 24 horas ininterruptas, preferentemente em dia subsequente à participação do atleta na partida, prova ou equivalente, quando realizada no final de semana. Se o jogo for realizado no domingo, o atleta terá, preferencialmente, 24 horas de repouso após a realização da partida.

14

Concentração

1 Conceito

Concentração é o período em que o atleta vai ficar num hotel antes das partidas para descansar, se alimentar adequadamente, evitar a ingestão de bebidas alcoólicas, de drogas ou substâncias proibidas para o esporte etc. É uma forma de preservar a saúde do atleta para que ele possa bem desempenhar o seu mister de jogar a partida desportiva.

Será sujeito à concentração o atleta que for relacionado pelo treinador para determinada partida.

2 Distinção

A concentração não se confunde com o sobreaviso ou a prontidão dos ferroviários.

Considera-se em sobreaviso o empregado efetivo que permanecer em sua própria casa, aguardando a qualquer momento o chamado para o serviço (§ 2º do art. 244 da CLT). Na concentração, o empregado não fica na sua casa, aguardando ser chamado para o serviço.

"Considera-se de 'prontidão' o empregado que ficar nas dependências da Estrada, aguardando ordens" (§ 3º do art. 244 da CLT). Na concentração, o atleta não fica nas dependências do clube, aguardando ordens.

Não é, portanto, possível aplicar por analogia as regras relativas ao ferroviário no período em que o atleta fica em concentração.

3 Jornada de trabalho?

Dispunha o art. 7º da Lei n. 6.354/76 que o atleta era obrigado a:

> concentrar-se, se convier ao empregador, por prazo não superior a três dias por semana, desde que esteja programada qualquer competição amistosa ou oficial, e ficar à disposição do empregador quando da realização de competição fora da localidade onde tenha sua sede.

Excepcionalmente, o prazo de concentração pode ser ampliado quando o atleta estiver à disposição de federação ou confederação. Se o jogo for fora da localidade onde o clube tenha sua sede, poderá a concentração ser superior aos três dias por semana.

Ralph Cândia afirma que:

> a concentração se traduz em resguardo costumeiro dos atletas e peculiar às competições de importância, daí ter sido consagrada na legislação em causa. Se afigura útil para obtenção de um melhor rendimento dos jogadores. O prazo de três dias estabelecido como limite, a nosso ver, não pode deixar de ser considerado como de trabalho normal e, portanto, computável na jornada semanal já examinada, e de sorte que, somado às horas colocadas, à disposição antes da concentração, não ultrapassem as quarenta e oito horas semanais, caso em que o excesso será considerado trabalho extraordinário, com incidência do adicional de 50% sobre as horas excedentes (CF, art. 7º, XVI).
>
> O mesmo critério deverá ser observado quando ocorrer ampliação da concentração, em nada modificando a situação o fato de o atleta se encontrar à disposição da Federação ou Confederação[1].

Há jurisprudência nesse sentido:

> Horas extras. Jogador de futebol. É devido pagamento de horas extras ao jogador de futebol por todo o período que ficou em concentração, sem compensação de horário, à disposição do empregador (TRT da 9ª R., RO 1.079/81, Ac. 236/82, Rel. Indalécio Gomes, j. 18.2.1982, *DJ* 26.2.1982).

---

1 CÂNDIA, Ralph. *Contratos trabalhistas especiais*. 3. ed. São Paulo: LTr, 1995, p. 123; *Comentários à lei do jogador de futebol*. São Paulo: Saraiva, 1978, p. 18. No mesmo sentido: ZAINAGHI, Domingos Sávio. *Os atletas profissionais de futebol no direito do trabalho*. São Paulo: LTr, 1998, p. 87-88.

A concentração não pode ser considerada como período em que o empregado está aguardando ou executando ordens, de forma a ser considerada tempo à disposição do empregador, nos termos do art. 4º da CLT. No período de concentração, o atleta não está participando de um jogo ou treinando. Não representa a concentração horas de prontidão ou de sobreaviso, como ocorre em relação ao ferroviário. Representa a concentração uma peculiaridade da atividade do atleta profissional, e a lei não manda remunerá-la. Durante a concentração, o empregador poderá exigir que o jogador se alimente adequadamente, repouse para ficar descansado e preparado para a partida desportiva, tenha certo número de horas de sono e não venha a ingerir bebidas alcoólicas ou drogas nocivas ou proibidas no esporte. Na concentração o atleta joga cartas, bilhar ou outros jogos, dorme, vê televisão etc., mas não presta serviços. O período em que o atleta está dormindo, jogando cartas ou bilhar não pode ser considerado como tempo à disposição do empregador. A concentração também tem um aspecto psicológico para a preparação do atleta para que renda adequadamente na partida desportiva.

O tempo de concentração não será considerado na jornada ou na duração semanal do trabalho.

O art. 6º da Lei n. 6.354/76 não previa que a concentração seria computada na jornada de trabalho. Esse artigo foi revogado pela Lei n. 9.615/98. O art. 7º da mesma norma não estava incluído no art. 6º nem havia capítulo na lei tratando de duração do trabalho ou de horas extras.

O TST já entendeu que o tempo em que o atleta está na concentração não implica pagamento de horas extras:

> A concentração do jogador de futebol é uma característica especial do contrato de trabalho do atleta profissional, não se admitindo o deferimento de horas extras neste período. Revista parcialmente conhecida e provida para excluir da condenação as horas extras e reflexos (TST, 1ª T., RR 7.782/84, Rel. Min. Fernando Franco, *DJ* 243/85).
>
> Jogador de futebol. Horas extras sobre o período de concentração. Desde que não exceda a três dias por semana, não é estranho à jornada, não podendo ser tidas como extras as horas destinadas a tal fim, por não se enquadrarem nas atividades normais do atleta. A concentração é obrigação contratual, legalmente admitida. Os bichos são verbas aleatórias regidas por critérios subjetivos, condicionados ao êxito da atividade, sem valor predeterminado, ao arbítrio do empregador, não se integrando, consequentemente, ao salário para qualquer fim. Revista da empresa provida (TST, RR 6.884/84, 2ª T. Rel. Min. Marcelo Pimentel, *DJ* 82/86).

> Horas extras. Jogador de futebol. Período de concentração. A concentração é obrigação contratual e legalmente admitida, não integrando a jornada de trabalho, para efeito de pagamento de horas extras, desde que não exceda de 3 dias por semana. Recurso de revista a que se nega provimento (TST, 4ª T, RR 405.769.7-2ª R. Rel. Min. Barros Levenhagen, j. 29.3.2000, *DJU* 1 5.5.2000, p. 509).
>
> JOGADOR DE FUTEBOL. HORAS EXTRAS. PERÍODO DE CONCENTRAÇÃO – Nos termos do art. 7º da Lei n. 6.354/76, a concentração do jogador de futebol é uma característica especial do contrato de trabalho do atleta profissional, não se admitindo o deferimento de horas extras neste período. Recurso de Revista conhecido e não provido (TST, 2ª T., RR 297/2002-104-03-00.8, Rel. Min. José Simpliciano Fontes F. Fernandes, *DEJT* 7.8.2009).

Dispõe o inciso I do § 4º do art. 28 da Lei n. 9.615/98 que for conveniente à entidade de prática desportiva, a concentração não poderá ser superior a três dias consecutivos por semana, desde que esteja programada qualquer partida, prova ou equivalente, amistosa ou oficial, devendo o atleta ficar à disposição do empregador por ocasião da realização de competição fora da localidade onde tenha sua sede. Quando o jogador for fazer jogos fora da sede do clube, ficará à disposição do clube, não sendo observado o período de três dias por semana. A mudança da lei foi mais favorável aos clubes e não ao atleta profissional de futebol. O que exceder de três dias por semana será computado como hora extra.

Desde que não exceda três dias na semana, não se pode falar em pagamento de hora extra.

Não poderá a concentração, se conveniente à organização esportiva contratante, ser superior a 3 (três) dias consecutivos por semana, desde que esteja programada qualquer partida, prova ou equivalente, amistosa ou oficial, e deverá o atleta ficar à disposição do empregador por ocasião da realização de competição fora da localidade onde tenha sua sede (art. 97, I, da Lei n. 14.597). Poderá ser ampliado o prazo de concentração, independentemente de qualquer pagamento adicional, quando o atleta estiver à disposição da organização que regula a modalidade (art. 97, II, da Lei n. 14.597). Não serão devidos acréscimos remuneratórios em razão de períodos de concentração, de viagens, de pré-temporada fora da sede e de participação do atleta em partida, em prova ou equivalente, salvo previsão contratual diversa (art. 97, III, da Lei n. 14.597).

O período em que o empregado está dormindo na concentração não pode ser considerado como hora extra.

O parágrafo único do art. 7º da Lei n. 6.354/76 previa que, "excepcionalmente, o prazo de concentração poderá ser ampliado quando o atleta estiver à disposição de Federação ou Confederação". A redação atual do inciso II do § 4º do art. 28 da Lei n. 9.615/98 estabelece que o prazo de concentração poderá ser ampliado, independentemente de qualquer pagamento adicional, quando o atleta estiver à disposição da entidade de administração do desporto. É o caso do atleta cedido para participar de seleção estadual ou nacional. Nesse caso, o período de concentração poderá ser superior a três dias. Não será feito nenhum pagamento adicional pela concentração em caso de o jogador estar à disposição de federação estadual ou da CBF.

Poderão ser estabelecidos acréscimos remuneratórios em razão de períodos de concentração, viagens, pré-temporada e participação do atleta em partida, prova ou equivalente, conforme previsão contratual (art. 28, § 4º, III, da Lei n. 9.615/98).

Previa o art. 8º da Lei n. 6.354/76 que o atleta não poderia recusar-se a tomar parte em competições dentro e fora do país nem a permanecer em estação de repouso, por conta e risco do empregador, nos termos em que for convencionado no contrato, salvo por motivo de saúde ou de comprovada relevância familiar.

A lei não dispõe que há pagamento de hora extra no período em que o empregado permanece em estação de repouso. Não poderia haver também pagamento de hora extra no período em que está concentrado.

15
Trabalho noturno

O inciso XXXIII do art. 7º da Constituição proíbe o trabalho noturno do menor de 18 anos. Só estabelece exceção para o aprendiz, mas não para o atleta profissional. Logo, o atleta menor de 18 anos não pode jogar depois das 22 horas.

Dispõe o inciso IX do art. 7º da Lei Magna que a remuneração do trabalho noturno deve ser superior à do trabalho diurno. A norma mostra que o trabalho noturno é mais desgastante que o trabalho diurno. Assim, deve haver remuneração maior no período trabalhado pelo empregado durante a noite. Não faz distinção entre trabalhadores.

Os empregados urbanos têm o trabalho noturno considerado "entre as 22 (vinte e duas) horas de um dia e as 5 (cinco) horas do dia seguinte" (§ 2º do art. 73 da CLT).

Geralmente, é a empresa de televisão que marca o horário da partida a ser transmitida, o que ocorre por volta das 21h40min, visando atender a sua grade de programação. Não é, portanto, o clube que estabelece o horário de início e de término da partida.

Há julgados que entenderam que o atleta de futebol profissional não tem direito ao adicional noturno:

> As condições peculiares do contrato do atleta profissional de futebol não toleram incursão no adicional noturno, em louvor dos critérios universalmente consagrados na exibição profissional do atleta. Esse tipo de prestação noturna participa visceralmente do contrato e se há de tê-la como abrangida na remu-

neração estipulada (TST, 1ª T., RR 3.866/82, Ac. 3.854/83, Rel. Min. Ildélio Martins, j. 16.12.1983).

Atleta profissional de futebol. Salvo prova de excessos das normas contidas na Lei n. 6.354/76, não faz jus o atleta profissional de futebol a horas extras, repouso semanal remunerado e adicional noturno (TRT 4ª R., 1ª T., RO 6.609/90, Rel. Juiz Carlos A. C. Fraga, j. 16.12.1983).

O fato de o trabalhador exercer uma profissão que demanda trabalho noturno não quer dizer que não faça jus ao adicional noturno. O vigia ou vigilante trabalha à noite e tem direito ao adicional noturno. A Súmula 140 do TST afirma que "é assegurado ao vigia sujeito ao trabalho noturno o direito ao respectivo adicional". O STF também já declarou que "vigia noturno tem direito a salário adicional" (Súmula 402).

A Súmula 213 do STF mostra que é "devido o adicional de serviço noturno, ainda que sujeito o empregado ao regime de revezamento".

O trabalho noturno depois das 22 horas também é mais desgastante ou cansativo para o atleta, pois geralmente o jogo começa depois da novela, por volta de 21h40min. Pode estar sujeito a paralisações e terminar depois do previsto, como pode estar sujeito a prorrogação, pênaltis. O jogo termina depois das 23 horas, quando o jogador já deveria estar diminuindo suas atividades para poder ter sono.

Não há previsão em lei dispondo que o adicional noturno está abrangido na remuneração estipulada.

A Súmula 112 do TST afirma que em relação aos petroquímicos não se aplica a hora noturna reduzida em razão de que a Lei n. 5.811/72 regula o trabalho dos petroquímicos.

Não foi outorgado ao atleta profissional de futebol um adicional maior para não ter direito a hora noturna reduzida, como ocorre com o trabalhador rural.

O legislador não teve por intuito excluir o pagamento do adicional noturno para os atletas.

O pagamento de bicho e o de direito de arena não são aptos a compensar o adicional noturno, por falta de previsão nesse sentido. São verbas com natureza distinta. O bicho serve para incentivar o atleta a ganhar a partida. O direito de arena é proveniente da transmissão do espetáculo esportivo. Logo, eles nada têm a ver com o adicional noturno e a hora noturna reduzida.

Nem todos os atletas têm remuneração milionária ou recebem bicho, arena ou luvas. Alguns recebem um salário mínimo ou pouco mais.

Entretanto, o § 3º do art. 97 da Lei n. 14.597/2023 prevê que: considera-se trabalho noturno a participação em jogos e em competições realizados entre as 23h59 (vinte e três horas e cinquenta e nove minutos) de um dia e as 6h59 (seis horas e cinquenta e nove minutos) do dia seguinte. Dificilmente o jogo vai até 23h59 min, ou começa antes de 6h59 min. Assim, é pouco provável que o jogador receberá adicional noturno.

A hora do trabalho noturno será calculada como de 52 (cinquenta e dois) minutos e 30 (trinta) segundos (§ 4º do art. 97 da Lei n. 14.597/2023).

16

Férias

As férias dos jogadores já eram previstas desde 1961.

O Decreto n. 53.820, de 24 de março 1964, estabelecia que:

> o período compreendido entre 18 de dezembro e 7 de janeiro, inclusive, será considerado de recesso obrigatório para todos os atletas profissionais de futebol vinculados às associações desportivas sediadas no País, sendo vedado, no seu decurso, a realização de treinos, a disputa de partidas esportivas e quaisquer outras atividades equivalente inclusive embarque de delegações para o exterior (art. 6º). Somente com autorização do Conselho Nacional de Desportos, em decisão tomada pela maioria absoluta de seus membros, será permitida a realização de competições no período de recesso (parágrafo único do art. 6º).

Férias vem do latim *feria, dias feriales*. Eram dias em que havia a suspensão do trabalho. Para os romanos, férias eram seus dias de festas.

Férias são o período do contrato de trabalho em que o empregado não presta serviços, mas aufere remuneração do empregador, após ter adquirido o direito no decurso de 12 meses.

O objetivo das férias é permitir que o trabalhador descanse depois de 12 meses de trabalho e possa se recuperar do desgaste do trabalho, eliminando as toxinas do seu organismo. Visam as férias restaurar o organismo do trabalhador após um período em que foram despendidas energias no trabalho. Importam direito ao lazer, ao descanso, ao ócio.

As férias permitem que o jogador possa viajar e ficar com seus familiares.

O inciso XVII do art. 7º da Constituição prevê "gozo de férias anuais remuneradas com, pelo menos, um terço a mais do que o salário normal". A Constituição não fixa o número de dias de férias, mas apenas determina que a remuneração das férias será acrescida de um terço. O jogador de futebol também tem direito ao terço constitucional, como qualquer trabalhador urbano e rural.

Período aquisitivo ocorre após cada lapso de 12 meses de vigência do contrato de trabalho.

O período concessivo é representado pelos 12 meses seguintes após o trabalhador ter adquirido o direito às férias em que o empregador vai concedê-las.

Previa o art. 25 da Lei n. 6.354/76 que o atleta teria direito a um período de férias anuais remuneradas de 30 dias, que coincidiria com o recesso obrigatório das atividades de futebol. O inciso V do § 4º do art. 28 da Lei n. 9.615 dispõe que o atleta profissional tem direito a férias anuais remuneradas de 30 dias, acrescidas do abono de férias, coincidentes com o recesso das atividades desportivas. O abono de férias é o terço a mais na remuneração, previsto no inciso XVII do art. 7º da Constituição.

O recesso das atividades desportivas normalmente ocorre entre dezembro e janeiro de cada ano, ao final dos campeonatos.

Não se aplica a regra do art. 136 da CLT, no sentido de que a época da concessão de férias será a que melhor consulte os interesses do empregador.

Como se verifica do inciso V do § 4º do art. 28 da Lei n. 9.615, não existe a necessidade de o atleta adquirir o direito nos 12 meses anteriores para fazer jus às férias.

O art. 130 da CLT estabelece que o empregado terá direito a férias de acordo com o número de faltas que tiver dentro do período aquisitivo. A Lei n. 9.615/98 não estabelece isso, determinando que as férias serão anuais e remuneradas de 30 dias, independentemente dos dias em que o atleta faltou no decorrer do período aquisitivo. Isso significa que as férias do jogador serão sempre de 30 dias corridos e não dias úteis.

A Lei n. 9.615/98 é posterior à CLT. Somente foram assegurados 30 dias corridos de férias ao empregado urbano com o Decreto-Lei n. 1.535/77, pois antes as férias daquele empregado eram de 20 dias úteis.

Mesmo que o jogador tenha sido contratado no curso do ano, terá direito a 30 dias de férias, que são dadas coletivamente a todos os jogadores. Mesmo que se entendesse que o empregado teria direito proporcionalmente apenas a dez dias de férias, por ter sido contratado no curso do ano, iria receber por 30 dias sem trabalhar, pois no recesso nenhum jogador trabalha. Se o empregado vai gozar 30 dias de férias, independentemente de quando entrou no clube, terá direito a acréscimo de um terço sobre a remuneração dos referidos 30 dias.

Os dias de férias serão corridos, pois a lei não menciona que serão úteis.

O período concessivo de férias não será exatamente os 12 meses seguintes ao empregado ter adquirido o direito às férias, mas no período do recesso obrigatório das atividades de futebol, que ocorre do meio de dezembro ao meio de janeiro.

Nota-se geralmente que o atleta acaba tendo menos de 30 dias de férias, em razão do término tardio do campeonato brasileiro, além do que os clubes exigem que o atleta participe de pré-temporada. Isso mostra que os 30 dias de férias geralmente não são concedidos de forma integral ao atleta.

Durante os dez dias seguintes ao recesso, é proibida a participação do atleta em qualquer competição com ingressos pagos (parágrafo único do art. 25 da Lei n. 6.354/76). O período mencionado serve para que o jogador venha a readquirir sua forma física. Sua condição física deve ser adquirida paulatinamente, evitando que ocorram lesões musculares. Em relação a competições com ingressos gratuitos, não estará proibida a participação do atleta. Não há mais regra semelhante na Lei n. 9.615.

O jogador receberá durante as férias a mesma remuneração que perceberia (art. 142 da CLT) se estivesse jogando, incluindo a média de verbas variáveis recebidas no decorrer do ano, como gratificações, bichos e luvas. O art. 142 da CLT é claro no sentido de que as férias são calculadas sobre a remuneração e não sobre o salário. Sobre esse resultado haverá o acréscimo de um terço.

Não se aplica a regra do § 1º do art. 139 da CLT no sentido de que as férias poderão ser gozadas em dois períodos anuais desde que nenhum deles seja inferior a dez dias corridos. O inciso V do § 4º do art. 28 da Lei n. 9.615 estabelece que as férias são de 30 dias e serão concedidas por ocasião do recesso das atividades de futebol. Não podem, portanto, as férias do jogador ser concedidas em dois períodos, mas apenas no período de 30 dias em que há o recesso das atividades de futebol.

O período das férias do jogador é determinado no inciso V do § 4º do art. 28 da Lei n. 9.615. Logo, não existe necessidade de o empregador comunicar ao Ministério do Trabalho a concessão de férias coletivas, como prevê o § 2º do art. 139 da CLT. Não há também necessidade de comunicar o sindicato da concessão das férias, pois todos sabem quando elas serão concedidas.

Não caberá ao empregador escolher o período das férias de acordo com os seus interesses (art. 136 da CLT), pois elas terão de ser concedidas no recesso das atividades do futebol.

O atleta profissional não poderá vender dez dias de férias (art. 143 da CLT), pois as férias são de 30 dias. O mesmo ocorre com o professor, pois geralmente as férias do professor são concedidas em julho, quando não há atividades escolares.

O atleta deverá receber a remuneração das férias e do terço constitucional dois dias antes da data do início do respectivo período (art. 145 da CLT).

Se o atleta tiver menos de 12 meses de contrato de trabalho, terá direito a tantos doze avos da remuneração quantos forem os meses de vigência do contrato de trabalho, se houver rescisão por culpa contratual da entidade desportiva.

No caso do término do contrato de trabalho de prazo determinado, o atleta também tem direito à proporcionalidade de férias, pois adquiriu o direito às férias mês a mês à razão de tantos doze avos quantos forem os meses de vigência do contrato de trabalho.

Quando o contrato especial de trabalho esportivo possuir prazo inferior a 12 meses, o atleta profissional terá direito a saldo proporcional aos meses trabalhados durante a vigência do contrato, referente a férias, a abono de férias e a décimo terceiro salário (art. 89 da Lei n. 14.597/2023).

17
Cessação do contrato de trabalho

1 Denominação

Os autores não são unânimes a respeito da denominação relativa ao término do contrato de trabalho. São usadas as palavras *resilição*, *resolução*, *revogação*. O Capítulo V do Título IV da CLT usa a palavra *rescisão*.

Evaristo de Moraes considera o "vocábulo cessação o mais genérico, neutro, total e dentro do qual se incluem todas as espécies particulares que levam à solução ou ao fim do contrato"[1].

A legislação portuguesa faz referência à cessação do contrato de trabalho como gênero[2].

A legislação previdenciária também faz referência à cessação do benefício previdenciário (Lei n. 8.213/91).

Cessação é um termo genérico, neutro e técnico. Se o emprego das palavras *resolução*, *resilição* e *rescisão* é incerto e discutível entre os doutrinadores, mais confunde que esclarece; deve ser abandonado.

---

1 MORAES FILHO, Evaristo. *A justa causa na rescisão do contrato*. 2. ed. Rio de Janeiro: Forense, 1968, p. 16.

2 FERNANDES, Antonio de Lemos Monteiro. *Direito do trabalho*. 8. ed. Coimbra: Almedina, 1992, p. 429.

2 Cessação do contrato de trabalho

O contrato de trabalho do atleta profissional de futebol é firmado por prazo determinado. Cessa pelo advento do prazo.

A Resolução n. 1 do Instituto Nacional de Desenvolvimento do Desporto (INDESP), de 17 de outubro de 1996, trata do término normal do pacto de desporto. Durante os últimos 30 dias de vigência do contrato de trabalho, o clube deverá oferecer proposta, mediante protocolo, dirigida ao atleta, caso tenha interesse na renovação do contrato. O atleta deve se manifestar por escrito sobre a proposta do clube.

A renovação do contrato do jogador não pode ficar ao puro arbítrio do clube, no sentido puramente potestativo, de estabelecer um objetivo a atingir, sujeito a fatores externos.

No término normal do contrato de trabalho do atleta profissional em razão do advento do prazo, ele tem direito a: férias vencidas e proporcionais acrescidas de um terço, 13º salário proporcional, levantamento dos depósitos do FGTS.

É facultado às partes contratantes, a qualquer tempo, rescindir o contrato, mediante documento escrito, que será assinado, de próprio punho, pelo atleta ou seu responsável legal, quando menor, e duas testemunhas. O contrato de trabalho é bilateral. Se as partes têm interesse em rescindir o contrato, podem fazê-lo a qualquer tempo. É o que se chama de distrato no âmbito contratual. Há necessidade, porém, que o distrato seja feito por escrito. Não pode ser feito verbalmente. O distrato far-se-á da mesma forma exigida para o contrato (art. 472 do Código Civil). O contrato é firmado por escrito. O distrato também o será.

Se o atleta tiver menos de 18 anos, haverá necessidade de assistência dos responsáveislegais do menor (art. 439 da CLT).

Ocorrendo, por qualquer motivo, previsto em lei, a dissolução do empregador, o contrato será considerado extinto. É preciso que a dissolução do empregador seja prevista em lei e não em outras hipóteses. Ocorre com a desfiliação do clube à federação ou confederação. Pode ocorrer também em caso de autodissolução. O atleta terá direito a todas as verbas rescisórias, inclusive à indenização de 40% sobre os depósitos do FGTS.

O atleta poderá demitir-se antes do término do contrato de trabalho. Não se aplica o art. 480 da CLT, que estabelece: "havendo termo estipulado, o empregado não se poderá desligar do contrato, sem justa causa, sob pena de ser obrigado a indenizar o empregador dos prejuízos que desse fato resultarem". O § 10 do art.

28 da Lei n. 9.615/98 é claro no sentido de determinar a não observância do art. 480 da CLT para o atleta profissional.

A rescisão do contrato especial de trabalho desportivo ocorre:

> I – com o término da vigência do contrato ou o seu distrato. O distrato ocorre quando há consenso entre ambas as partes do contrato de trabalho para a sua cessação;
>
> II – com o pagamento da cláusula indenizatória desportiva ou da cláusula compensatória desportiva;
>
> III – com a rescisão decorrente do inadimplemento salarial, de responsabilidade da entidade de prática desportiva empregadora, nos termos desta Lei;
>
> IV – com a rescisão indireta, nas demais hipóteses do art. 483 da CLT; e
>
> V – com a dispensa imotivada do atleta (§ 5º do art. 28 da Lei n. 9.615/98).

Quando o contrato especial de trabalho desportivo for por prazo inferior a 12 meses, o atleta profissional terá direito, por ocasião da rescisão contratual por culpa da entidade de prática desportiva empregadora, a tantos doze avos da remuneração mensal quantos forem os meses da vigência do contrato, referentes a férias, abono de férias e 13º salário (§ 9º do art. 28 da Lei n. 9.615/98). Essa regra só se observa no caso de culpa da entidade de prática desportiva na rescisão do contrato de trabalho.

3 Falecimento do atleta

O falecimento do atleta profissional de futebol implica a cessação do contrato de trabalho, pois não é possível substituir o *de cujus* por outra pessoa. O contrato de trabalho em relação ao empregado é pessoal. Contrata-se para trabalhar específica pessoa e não outra.

No falecimento do atleta, o clube não dá causa à cessação do contrato de trabalho. Não se pode, portanto, falar em dispensa. Logo, não há direito a aviso-prévio e indenização de 40% sobre os depósitos do FGTS.

Os herdeiros têm direito a férias vencidas e proporcionais com o acréscimo de um terço, 13º salário proporcional, saldo de salário e levantamento do FGTS.

Mesmo que o falecimento do atleta tenha decorrido de infortúnio desportivo, não houve dispensa para se falar em direito a aviso-prévio e indenização de 40% sobre os depósitos do FGTS.

4 Força maior

Força maior é o acontecimento inevitável e imprevisível em relação à vontade do empregador, e para a realização do qual este não concorreu, direta ou indiretamente (art. 501 da CLT).

A imprevidência do empregador exclui o motivo de força maior (§ 1º do art. 501 da CLT).

À ocorrência do motivo de força maior que não afetar substancialmente, nem for suscetível de afetar, em tais condições, a situação econômica e financeira da empresa não se aplicam as restrições previstas em lei.

O atleta terá direito às verbas que já adquiriu em razão do motivo de força maior, como férias vencidas e proporcionais mais um terço, 13º salário proporcional.

Quando ocorrer despedida por culpa recíproca ou força maior, reconhecida pela Justiça do Trabalho, a indenização será de 20% sobre os depósitos do FGTS (§ 2º do art. 18 da Lei n. 8.036/90).

18

Justa causa

1 Denominação

A CLT emprega as expressões *justa causa* ou *falta grave*. Wagner Giglio esclarece que:

> justa causa sempre nos pareceu uma expressão infeliz, porque causa não tem nela sentido jurídico, mas popular, e justa (ou injusta) poderá vir a ser a consequência do motivo determinante da rescisão, nunca o próprio motivo ou causa. Assim, a justa causa não seria nem justa, nem causa, e melhor andaríamos se a ela nos referíssemos, seguindo o exemplo da lei, como motivo da rescisão.
>
> Não menos infeliz é a expressão falta grave, onde o primeiro termo não significa ausência, carência ou escassez e sim engano, falha, defeito ou infração. E grave, no sentido de importante, intensa ou grande, deve ser toda e qualquer infração, pois as veniais não caracterizam sequer justa causa, como se verá. Via de consequência, afirmar-se que alguém cometeu uma falta grave não teria, a rigor, o sentido técnico pretendido, ensejando dúvidas[1].

A CLT não é muito precisa na utilização dos termos *falta grave* ou *justa causa*. Emprega *falta grave* no art. 453, parágrafo único do art. 240, arts. 492,

---

1 GIGLIO, Wagner. *Justa causa*. 4. ed. São Paulo: LTr, 1993, p. 16.

493, 495, § 3º do art. 543, e também é encontrado na Súmula 73 do TST e na Súmula 403 do STF. O termo *justa causa* é utilizado nos arts. 479, 480 e 482. São utilizados ainda outros termos, como *ato faltoso* (art. 158, parágrafo único), *justo motivo* (arts. 391 e 487), *faltas justas* (art. 491), *rescisão injusta* (art. 474 da CLT).

Parece que a CLT, em certos casos, usa do termo *falta grave* para justificar a prática realizada pelo empregado estável (art. 493), quando por sua natureza ou repetição represente séria violação dos deveres e obrigações do empregado, mas remete o intérprete ao art. 482 da CLT, que enumeraria as hipóteses. É certo que os arts. 853 a 855 da CLT falam em inquérito para apuração de falta grave e não de justa causa. Isso importa dizer que o legislador parece ter reservado, em princípio, o termo *falta grave* para o empregado estável e *justa causa* para os demais empregados. Mesmo o inciso VIII do art. 8º da Lei Maior emprega o termo *falta grave*. Ocorre, contudo, que ora se emprega um termo, ora outro, mesmo para empregados não estáveis.

2 Justa causa

As hipóteses de justa causa do atleta profissional estavam previstas no art. 20 da Lei n. 6.354/76: improbidade, grave incontinência de conduta, a condenação à pena de reclusão, superior a dois anos, transitada em julgado, eliminação imposta pela entidade de direção máxima do futebol nacional ou internacional.

Com a revogação da Lei n. 6.354/76 pela Lei n. 12.395/2011, as hipóteses de justa causa do atleta profissional de futebol são as previstas no art. 482 da CLT.

As normas gerais da legislação do trabalho se aplicam ao atleta profissional de futebol (§ 4º do art. 28 da Lei n. 9.615/98), como ocorre com o art. 482 da CLT.

a) Improbidade

Provém a palavra *improbidade*, do latim *improbitas*, que significa má qualidade, imoralidade, malícia.

Probo vem do latim *probus, a, um*, que tem o sentido de honesto. Probidade é a retidão, integridade de caráter, honestidade[2].

Ímproba é a pessoa que não é proba, que não é honesta e, portanto, que é desonesta. É a pessoa que não é honrada.

---

[2] MARTINS, Sergio Pinto. *Manual da justa causa*. 8. ed. Indaiatuba: Foco, 2025, p. 27.

A improbidade revela mau caráter, perversidade, maldade, malícia, desonestidade, fraude e má-fé.

Deve a improbidade ser aferida de acordo com o padrão do homem comum, conforme a moral existente na localidade.

São exemplos os casos de furto, roubo, apropriação indébita, estelionato, suborno.

Houve um caso em que o jogador Somália, do Botafogo, disse que não compareceu ao treino por ter sofrido um sequestro relâmpago. Estaria passível de multa de 40%. As câmeras do prédio onde morava o jogador mostraram que na hora do sequestro relâmpago ele estava no prédio. Seria passível de justa causa, pois seu ato foi desonesto, pois queria justificar sua falta com um crime que não ocorreu. O jogador não foi dispensado por justa causa, mas multado.

Poderia ocorrer de o jogador subornar outro jogador ou um clube subornar outro para que perdesse a partida. É a chamada mala preta. Poderia também ocorrer o contrário, como na mala branca, de fornecer dinheiro a outro jogador ou a outro clube para que ele ganhe a partida do seu time.

b) Incontinência de conduta

Incontinência vem do latim *incontinentia*. É a qualidade de incontinente. Compreende falta de continência, descontinência.

Incontinente é a pessoa imoderada sob o ponto de vista sexual, em sua sensualidade.

Não se confunde a palavra *incontinente* com *incontinenti*. Esta quer dizer sem demora, sem intervalo.

A incontinência de conduta é o mau procedimento ligado ao desregramento do empregado no tocante a aspectos sexuais praticados no curso da relação de emprego. É o comportamento inadequado do empregado em relação a questões sexuais praticadas na constância do contrato de trabalho.

Caracteriza-se a incontinência de conduta por obscenidades praticadas, a libertinagem, a libidinagem, a pornografia, a masturbação, o atentado violento ao pudor etc. Também se qualifica pelo fato de uma pessoa não respeitar o sexo oposto.

Revela a incontinência de conduta comportamento desregrado do empregado em público. É uma conduta indecente, que fere o mínimo grau de decência que qualquer pessoa deve ter.

Evidencia-se a incontinência de conduta quando há assédio sexual de uma pessoa a outra, que não corresponde a corte, ficando esta constrangida, por inexistir reciprocidade, provando a falta grave para o despedimento.

A legislação desportiva exigia que a incontinência de conduta fosse grave. Logo, não poderia ser leve ou média, mas grave, exatamente porque a relação é especial e é regulada por lei especial. Se há deslizes toleráveis do jogador, não se pode falar na justa causa. Agora, basta a incontinência de conduta, que não mais precisa ser grave.

A incontinência de conduta do jogador de futebol pode não só ocorrer no âmbito das dependências do clube, mas também fora das partidas, treinos, concentrações etc. Poderia se configurar a grave incontinência de conduta do jogador quando ele está proibido de frequentar bares até altas horas da madrugada, além de estar proibido de manter relação sexual em razão do jogo que será realizado em dia próximo, pois isso diminui as condições físicas do jogador e não permite um bom desempenho no jogo. O mesmo pode ocorrer se pela manhã é dia de treino.

c) Condenação criminal do empregado, passada em julgado, caso não tenha havido suspensão da execução da pena

O jogador deve ter sido condenado criminalmente. Não importa se a pena foi de reclusão ou de detenção.

A pena de reclusão deve ser cumprida em regime fechado, semiaberto ou aberto. A de detenção, em regime semiaberto ou aberto, salvo necessidade de transferência a regime fechado (art. 33 do Código Penal).

O regime fechado importa a execução da pena em estabelecimento de segurança máxima ou média.

O regime semiaberto importa a execução da pena em colônia agrícola, industrial ou estabelecimento similar.

O regime aberto implica a execução da pena em casa de albergado ou estabelecimento adequado (art. 33, § 1º, *c*, do Código Penal).

A condenação pode ser em relação a qualquer crime, não havendo necessidade de ser relacionado com o contrato de trabalho.

Há necessidade ainda de que a pena tenha transitado em julgado, pois impedirá que o jogador participe de treinos e jogos. Se não houver o trânsito em julgado da decisão, o jogador poderá continuar a jogar pelo clube, não se configurando a justa causa em comentário.

Se houver a concessão de *sursis* (suspensão condicional da pena), a justa causa não se configura, pois o atleta poderá continuar jogando pelo clube.

No caso do goleiro Bruno, do Flamengo, a sua prisão levou à suspensão do contrato, à falta de condenação criminal.

d) Eliminação imposta pela entidade de direção máxima do futebol nacional ou internacional

Essa hipótese não mais tem previsão expressa na legislação trabalhista como justa causa para a dispensa do atleta. A Lei n. 9.615/98 não tratou do tema.

Se o atleta for eliminado do futebol pelo Tribunal Desportivo, o clube poderá rescindir o contrato de trabalho do jogador por justa causa.

Entidade de direção máxima do futebol nacional é a Confederação Brasileira de Futebol.

Entidade de direção máxima do futebol internacional é a FIFA.

É necessário que da decisão da entidade não caiba mais nenhum recurso.

A eliminação pode ser decorrente do uso de substância entorpecente em jogos, de agredir árbitros e auxiliares etc.

Prevê o art. 482 da CLT que constituem justa causa para a rescisão do contrato de trabalho pelo empregador:

i) Mau procedimento. Este é todo o procedimento incorreto praticado pelo empregado que não seja capitulado em outras alíneas do art. 482 da CLT.

ii) Negociação habitual por conta própria ou alheia sem permissão do empregador, quando constituir ato de concorrência à empresa para a qual trabalha o empregado ou for prejudicial ao serviço.

iii) Desídia no desempenho das respectivas funções.

A palavra *desídia* é proveniente do latim *desidia*.

Um dos deveres do empregado no contrato de trabalho é ser diligente. Deve trabalhar com afinco, sendo pontual.

O empregado labora com desídia no desempenho de suas funções quando o faz com negligência, preguiça, má vontade, displicência, desleixo, indolência, omissão, desatenção, indiferença, desinteresse, relaxamento, incúria, descaso, falta de diligência ou de zelo no exercício de suas funções.

A desídia pode também ser considerada como um conjunto de pequenas faltas, que mostram a omissão do empregado no serviço, desde que haja repetição dos atos faltosos.

Desídia é a justa causa em que o empregado deixa de cumprir a obrigação de trabalhar diligentemente no exercício de sua função.

A desídia poderá ocorrer pela falta de empenho em treinos e jogos, pela péssima forma física do atleta que vai constantemente a casas noturnas, ingerindo bebidas alcoólicas.

iv) Embriaguez habitual ou em serviço.

A embriaguez pode ser ocasionada não só pelo álcool, como é mais comum, mas também por drogas ou remédios.

O uso de substância proibida, conhecido por *doping*, também caracteriza a justa causa. *Doping* é "a substância, o agente ou meio capaz de alterar o desempenho do atleta por ocasião de competição esportiva" (art. 1º da Portaria MEC n. 531, de 10 de julho de 1985). Dopagem é "a ministração ao atleta, ou o uso por parte deste, de substância, agente ou meio capaz de alterar artificialmente o seu desempenho em competição desportiva" (art. 2º).

Se a substância foi prescrita pelo médico do clube ou determinada pelo clube, isso não caracteriza justa causa.

v) Violação de segredo da empresa.

Em tese, pode ocorrer violação de segredo da empresa, por exemplo, na revelação de tática a ser empregada nas partidas, determinado lance ensaiado etc.

vi) Ato de indisciplina ou insubordinação.

Disciplina vem do latim *disciplina*. Tem o significado de regime de ordens impostas ou consentidas. É uma forma de funcionamento regular da organização; submissão a normas de conduta.

A indisciplina no serviço diz respeito ao descumprimento de ordens gerais de serviço. Todos os empregados devem observá-las e não um ou alguns empregados em específico, inclusive os jogadores de futebol.

O jogador, por exemplo, deixa de observar ordens gerais dadas pelo empregador, como as contidas no regulamento do clube, em ordens de serviço, circulares, portarias. São ordens impessoais, que não dizem respeito à pessoa do trabalhador.

A indisciplina implica descumprimento de ordens gerais de serviço.

Subordinação vem do latim *subordinatione*[3] ou *subordinatio*[4], *onis*[5], significando submissão, sujeição. A submissão ou sujeição não pode, porém, levar o trabalhador à escravidão ou à servidão.

Encontra-se também a origem da palavra *subordinação* em *sub* (baixo) *ordine* (ordens), que quer dizer estar debaixo de ordens, estar sob as ordens, sob o domínio ou autoridade de outrem.

---

3 FERREIRA, Aurélio Buarque de Holanda. *Novo dicionário Aurélio da língua portuguesa*. 2. ed. Rio de Janeiro: Nova Fronteira, 1986, p. 1621.

4 SILVA, De Plácido e. *Vocabulário jurídico*. 19. ed. Rio de Janeiro: Forense, 2002, p. 775.

5 HOUAISS, Antonio. *Dicionário Houaiss da língua portuguesa*. Rio de Janeiro: Objetiva, 2001, p. 26.

Subordinação é a obrigação que o empregado tem de cumprir as ordens determinadas pelo empregador em decorrência do contrato de trabalho.

A insubordinação está ligada ao descumprimento de ordens pessoais de serviço. Não são ordens gerais do próprio empregador, mas ordens do treinador, do chefe, ligadas ao serviço, como o fato de o jogador não fazer o exercício que lhe foi determinado no dia.

O empregado pode cometer insubordinação se recebe uma ordem pessoal de não fumar em certo recinto da empresa, pois ali próximo há elementos inflamáveis e explosivos.

vii) Abandono de emprego.

Para a caracterização do abandono de emprego, são levados em conta dois elementos.

O primeiro deles é o objetivo ou material, indicado pelas faltas do empregado ao serviço durante certo período. O obreiro deixa de trabalhar continuamente, ininterruptamente dentro de certo período. O trabalhador renuncia tacitamente à continuidade do contrato de trabalho quando abandona o emprego e não mostra a intenção expressa de deixar o emprego. Se o trabalhador falta de forma intercalada – num dia vem, no outro não etc. –, não se configura o abandono de emprego, mas pode estar caracterizada a desídia, pelo desleixo do empregado em trabalhar, que é a sua obrigação.

O segundo elemento é o subjetivo ou psicológico, comprovando a clara intenção do empregado de não mais retornar ao emprego, como o de possuir outro emprego ou por manifestação expressa de não ter interesse em continuar a trabalhar na empresa. O trabalhador renuncia ao seu emprego.

É preciso que exista prova do abandono, em razão do princípio da continuidade da relação de emprego. A referida prova ficará a cargo do empregador (art. 818 da CLT c/c art. 373, II, do CPC), por se tratar de fato impeditivo do direito às verbas rescisórias. Um empregado normal, que precisa do serviço para poder sobreviver, não abandona o emprego.

A orientação jurisprudencial se fixa no sentido de que o período a ser considerado para a caracterização do abandono de emprego deve ser de mais de 30 dias.

viii) Ato lesivo da honra ou da boa fama praticado no serviço contra qualquer pessoa, ou ofensas físicas, nas mesmas condições, salvo em caso de legítima defesa, própria ou de outrem.

Dois jogadores do Palmeiras trocaram socos numa partida desportiva (Obina e outro). O fato seria passível de justa causa em razão de ofensas físicas (art. 482, *j*, da CLT). Obina foi transferido para o Atlético Mineiro.

ix) Ato lesivo da honra ou da boa fama ou ofensas físicas praticadas contra o empregador e superiores hierárquicos, salvo em caso de legítima defesa, própria ou de outrem.

x) Prática constante de jogos de azar.

Na justa causa, não há indenização devida ao clube por formação do jogador, por falta de previsão legal.

Havendo justa causa para a dispensa, o atleta receberá o saldo de salário e as férias vencidas.

19
Rescisão indireta

A rescisão indireta ou dispensa indireta é a forma de cessação do contrato de trabalho por decisão do empregado em virtude da justa causa praticada pelo empregador (art. 483 da CLT).

A rigor, a rescisão do contrato de trabalho sempre seria direta. A dispensa sempre seria direta. Não se justificaria falar em dispensa indireta ou rescisão indireta. Entretanto, na rescisão indireta não há dispensa propriamente dita de forma direta: apenas o empregador comete um ato que causa a cessação do contrato de trabalho.

Nas leis anteriores não se fazia referência a atraso no pagamento dos salários dos atletas e qual seria a sua consequência.

Reza o art. 31 da Lei n. 9.615/98:

> A entidade de prática desportiva empregadora que estiver com pagamento de salário ou de contrato de direito de imagem de atleta profissional em atraso, no todo ou em parte, por período igual ou superior a três meses, terá o contrato especial de trabalho desportivo daquele atleta rescindido, ficando o atleta livre para transferir-se para qualquer outra entidade de prática desportiva de mesma modalidade, nacional ou internacional, e exigir a cláusula compensatória desportiva e os haveres devidos.

O atleta poderá postular a rescisão indireta do contrato de trabalho, ficando inclusive livre para se transferir para outra agremiação quando o empregador estiver em atraso com o pagamento de salário, no todo ou em parte, por período igual ou superior a três meses.

O prazo para o pagamento dos salários do atleta é até o quinto dia útil do mês seguinte ao vencido (§ 1º do art. 459 da CLT).

A lei faz referência a período igual ou superior a três meses. Dois meses não configurarão a mora do clube no pagamento do salário para o fim de rescisão indireta.

O art. 31 da Lei n. 9.615/98 inclui também no atraso de período superior a três meses do pagamento do direito de imagem do atleta, que também configurará a rescisão indireta do contrato de trabalho do atleta profissional.

Dispõe o § 1º do art. 31 da Lei n. 9.615/98 que "são entendidos como salário, para o acima previsto, o abono de férias, o 13º salário, as gratificações, os prêmios e demais verbas decorrentes do contrato de trabalho".

A norma faz referência a abono de férias. Abono de férias é a possibilidade de o empregado vender dez dias de férias. Talvez a lei queira fazer referência ao terço constitucional previsto no inciso XVII do art. 7º da Constituição.

Entretanto, o abono de férias e o 13º salário não são pagos mensalmente ou a cada três meses. O primeiro seria pago quando o empregado sai de férias, o que ocorre entre dezembro e janeiro de cada ano. A primeira metade do 13º salário é paga de 1º de fevereiro a 30 de novembro. A segunda metade do 13º salário é paga até o dia 20 de dezembro. O § 1º do art. 31 da Lei n. 9.615/98 não tem boa redação. Uma interpretação poderia ser que o não pagamento do abono de férias e do 13º salário geraria a rescisão do contrato de trabalho. Uma segunda interpretação poderia ser que o não pagamento das referidas verbas depois de três meses a contar da data em que seriam devidas geraria a rescisão do contrato de trabalho.

Gratificações contratuais e prêmios não têm natureza salarial (§§ 1º e 2º do art. 457 da CLT).

Logo, não é apenas o não pagamento do salário *stricto sensu* que implica a rescisão indireta do contrato de trabalho do atleta, mas de qualquer verba que tenha natureza salarial.

A mora contumaz também ocorrerá nas hipóteses de não recolhimento do FGTS e das contribuições previdenciárias (§ 2º do art. 31 da Lei n. 9.615). O FGTS deve ser recolhido até o vigésimo dia do mês seguinte ao vencido. A contribuição previdenciária que o clube desconta do jogador vence no dia 20 do mês seguinte ao vencido (art. 30, I, *a* e *b* da Lei n. 8.212). A contribuição relativa ao próprio clube não é devida, pois o recolhimento é feito à razão de 5% sobre a receita da partida desportiva ou sobre patrocínios, propaganda, vendas de material esportivo etc. Aqui, não é preciso que a falta de recolhimento ocorra por três meses. Pode ser de um mês.

A mora contumaz do art. 31 da Lei n. 9.615 é configurada pelo não pagamento dos salários ou do FGTS nos prazos fixados pela legislação. É o que se chama de mora *ex re* (que decorre da coisa). O dia do vencimento da obrigação interpela o homem (*dies interpellat pro homine*). Não se trata de mora *ex personae* (que decorre da pessoa) e exige interpelação judicial ou extrajudicial ou citação. Em relação à falta de depósitos do FGTS e da contribuição previdenciária não se exige o prazo de três meses. Pode ser a falta de depósitos por um mês.

Os tribunais trabalhistas já decidiram:

> Mandado de segurança – Atleta – Liminar – Entrega do atestado liberatório do passe – Não é ilegal a decisão que, apreciando pedido liminar, determina a imediata entrega do atestado liberatório do passe ao atleta, quando evidenciada a mora contumaz a que se refere o art. 31 da Lei n. 9.615/98, configuradora da rescisão indireta. Esse dispositivo inclui, como motivo ensejador da mora, não só o atraso no pagamento de salários por três meses, mas também a ausência de recolhimento das contribuições para o FGTS e para a Previdência Social. O ajuizamento de ação de consignação em pagamento após a consumação do prazo nele previsto não tem o condão de descaracterizar a mora contumaz, caindo no vazio o argumento de que o atraso no pagamento dos salários deu-se por culpa do empregado. De outro lado, evidenciada a mora contumaz, o atleta faz jus ao atestado liberatório do passe, de acordo com o disposto no art. 31 da Lei n. 9.615/98 (TRT 3ª R., Seção Especializada, MS 43/99, Rel. Juíza Alice Monteiro de Barros, j. 18.5.1999).
>
> I – AGRAVO DE INSTRUMENTO. RECURSO DE REVISTA. Agravo a que se dá provimento para melhor exame do recurso de revista. II – RECURSO DE REVISTA. ATLETA PROFISSIONAL. PRELIMINAR DE DESERÇÃO. ARGUIÇÃO DE AUSÊNCIA DO RECOLHIMENTO DE CUSTAS. INCIDÊNCIA DA OJ N. 186 DA SBDI-1 DO TST. ATRASO NO DEPÓSITO DO FGTS POR PERÍODO SUPERIOR A TRÊS MESES. RESCISÃO INDIRETA. POSSIBILIDADE. ART. 31, § 2º DA LEI N 9.615/98. ABANDONO DE EMPREGO NÃO DEMONSTRADO. ENUNCIADO N. 32 DO TST. Em vez de o Regional arbitrar custas relativas à reclamação e custas relativas à reconvenção, limitou-se a consignar que as custas em reversão, de R$ 80.000,00, ficariam a cargo do reclamante. Sendo assim, o recorrente estava

> dispensado de proceder ao recolhimento das custas processuais, visto que o recorrido já as tinha recolhido quando da interposição do recurso ordinário, vindo à baila o que preconiza a Orientação Jurisprudencial n. 186 da SBDI-1/TST. RESCISÃO INDIRETA. A descrição sobre as hipóteses em que se admite a rescisão de contrato de trabalho de atleta profissional por culpa da entidade desportiva empregadora é clara, não se sujeitando a interpretações que minimizem a gravidade das faltas ali contempladas, em relação a qual já houve juízo de valor do órgão legiferante, sobretudo quando embasadas em precedentes jurisprudenciais pertinentes à norma alienígena da alínea *d* do art. 483 da CLT. Verificado o atraso por período igual ou superior a três meses, a opção de rescindir o contrato ou pedir a correção judicial da irregularidade é do empregado, não cabendo ao Judiciário, diante da clareza do referido dispositivo, rejeitar a rescisão indireta em prol da regularização dos depósitos fundiários. A mora contumaz pelo não recolhimento do FGTS materializa-se imediatamente ao final do prazo fixado na Lei, independentemente de eventual protesto ou interpelação do empregado, na esteira do princípio segundo o qual *dies interpellat pro homine*, revelando-se inócua a subentendida purgação da mora com a alegação do reclamado de que quitara suas obrigações antes da primeira audiência. O abandono de emprego não se caracteriza quando o empregado deixa de prestar serviços para utilizar-se da faculdade legal de postular a rescisão indireta do contrato de trabalho em face do não cumprimento, pelo empregador, das obrigações pactuadas. O ajuizamento do pedido de rescisão indireta, deixa evidente a intenção do obreiro em não abandonar o emprego, mas sim de exigir, mediante a busca da tutela jurisdicional, a cessão do vínculo empregatício (nesse sentido: TST, SBDI-1, ERR n. 588633/1999.6, Rel. Min. Lelio Bentes Corrêa, *DJ* 24-10-2003). Incidência do Enunciado n. 32 do TST. Recurso de revista a que se dá provimento para que a sentença seja restabelecida (TST, 4ª T., E-RR – 9293900-32.2003.5.02.0900, Rel. Min. Antônio José de Barros Levenhagen, j. 8.9.2004, *DJ* 24.9.2004).

Muitas vezes tem ocorrido de o clube comprovar o pagamento dos salários e dos depósitos do FGTS depois de o atleta propor a ação na Justiça do Trabalho, logo após receber a citação para contestar a postulação do jogador. Comprova que o pagamento foi feito, mas foi feito depois da propositura da ação, o que configura também a rescisão indireta.

O atleta profissional também poderá se utilizar do art. 483 da CLT para rescindir indiretamente seu contrato de trabalho.

São hipóteses de rescisão indireta pelo atleta em relação ao clube:

> a) forem exigidos serviços superiores às suas forças, defesos por lei, contrários aos bons costumes ou alheios ao contrato;
>
> b) for tratado pelo empregador ou por seus superiores hierárquicos com rigor excessivo;
>
> c) correr perigo manifesto de mal considerável;
>
> d) não cumprir o empregador as obrigações do contrato. Exemplo pode ser a hipótese em que o clube não permite que o atleta treine, não o relacione para as partidas desportivas, sem que haja qualquer justificativa. O empregador tem obrigação de proporcionar trabalho ao empregado. Se não o faz, há motivo para a rescisão indireta do contrato de trabalho;
>
> e) praticar o empregador ou seus prepostos, contra ele ou pessoas de sua família, ato lesivo da honra e boa fama;
>
> f) o empregador ou seus prepostos ofenderem-no fisicamente, salvo em caso de legítima defesa, própria ou de outrem;
>
> g) o empregador reduzir o seu trabalho, sendo este por peça ou tarefa, de forma a afetar sensivelmente a importância dos salários (art. 483 da CLT).

O empregado poderá suspender a prestação dos serviços ou rescindir o contrato, quando tiver de desempenhar obrigações legais, incompatíveis com a continuação do serviço (§ 1º do art. 483 da CLT).

Nas hipóteses das letras *d* e *g*, poderá o empregado pleitear a rescisão de seu contrato de trabalho e o pagamento das respectivas indenizações, permanecendo ou não no serviço até final decisão do processo (§ 3º do art. 483 da CLT).

O art. 31 da Lei n. 9.615/98 usa a expressão *haveres devidos*. Em caso de rescisão indireta, os haveres devidos ao atleta são: férias vencidas e proporcionais, 13º salário proporcional, saldo de salário, aviso-prévio, liberação do FGTS e indenização de 40% sobre os depósitos do FGTS.

O atleta com contrato especial de trabalho desportivo rescindido na forma do *caput* do art. 31 da Lei n. 9.615/98 fica autorizado a transferir-se para outra entidade de prática desportiva, inclusive da mesma divisão, independentemente do número de partidas das quais tenha participado na competição, bem como a disputar a competição que estiver em andamento por ocasião da rescisão contratual (§ 5º do art. 31 da Lei n. 9.615/98).

Se há rescisão indireta, o atleta tem direito a aviso-prévio e indenização de 40% sobre os depósitos do FGTS. Haverá cumulação com a cláusula compensatória desportiva. O art. 31 da Lei n. 9.615 faz menção a "exigir a cláusula compensatória e os haveres devidos". O aviso-prévio e a indenização de 40% são haveres devidos.

É lícito ao atleta profissional recusar competir por entidade de prática desportiva quando seus salários, no todo ou em parte, estiverem atrasados em dois ou mais meses (art. 32 da Lei n. 9.615/98). A regra da referida norma é uma forma de aplicação do art. 476 do Código Civil, que trata da *exceptio non adimpleti contractus*: ninguém pode exigir o cumprimento da obrigação da outra parte se não cumpriu a sua parte. A recusa é apenas para competir. A lei não faz referência a recusa para o atleta treinar, até para poder manter sua forma física.

A redação do art. 31 da Lei n. 9.615/98 permite ao atleta "exigir a cláusula compensatória desportiva e os haveres devidos". O atleta não tem mais direito a multa ou cláusula penal. Esta agora é devida apenas ao empregador. A cláusula compensatória será a que for prevista no contrato pelo descumprimento de cláusula do contrato de trabalho ou rescisão unilateral.

A cláusula compensatória será devida: com a rescisão decorrente do inadimplemento salarial, de responsabilidade da entidade de prática desportiva empregadora; com a rescisão indireta, nas hipóteses do art. 483 da CLT; com a dispensa imotivada do atleta (art. 28, II, c/c § 5º, III a V, da Lei n. 9.615/98).

O valor da cláusula compensatória desportiva será livremente pactuado entre as partes e formalizado no contrato especial de trabalho desportivo, observando-se, como limite máximo, 400 vezes o valor do salário mensal no momento da rescisão e, como limite mínimo, o valor total de salários mensais a que teria direito o atleta até o término do referido contrato (§ 3º do art. 28 da Lei n. 9.615/98). Não há isonomia na multa. Para o atleta é de 2 mil vezes o valor do salário médio e na rescisão pela vontade do clube é de até 400 vezes o salário. É desproporcional.

A cláusula compensatória esportiva é devida pela organização que promova prática esportiva ao atleta, nas hipóteses dos incisos III, IV e V do *caput* do art. 90 da Lei n. 14.597/2023.

O valor da cláusula indenizatória esportiva a que se refere o inciso I do *caput* do art. 86 da Lei n. 14.597/2023 será livremente pactuado pelas partes e expressamente quantificado no instrumento contratual:

> I – até o limite máximo de 2.000 (duas mil) vezes o valor médio do salário contratual, para as transferências nacionais;
>
> II – sem qualquer limitação, para as transferências internacionais (§ 1º do art. 86 da Lei n. 14.597/2023).

O valor da cláusula compensatória esportiva a que se refere o inciso II será livremente pactuado entre as partes e formalizado no contrato especial de trabalho esportivo, observando-se, como limite máximo, 400 vezes o valor do salário mensal no momento da rescisão e, como limite mínimo, o valor total de salários mensais a que teria direito o atleta até o término do referido contrato (§ 3º do art. 86 da Lei n. 14.597/2023).

Serão solidariamente responsáveis pelo pagamento da cláusula indenizatória esportiva de que trata o inciso I o atleta e a nova organização esportiva empregadora (§ 2º do art. 86 da Lei n. 14.597/2023).

O atleta poderá continuar a prestar serviços no clube. Entretanto, é lícito ao atleta profissional recusar competir por entidade de prática desportiva quando seus salários, no todo ou em parte, estiverem atrasados em dois ou mais meses (art. 32 da Lei n. 9.615/98).

Previa o art. 30 da Lei n. 6.354/76 que o empregador ou associação desportiva que estiver com o pagamento de salários dos atletas em atraso, por período superior a três meses, não poderá participar de nenhuma competição, oficial ou amistosa, salvo autorização expressa da federação ou confederação a que estiver filiado (art. 30 da Lei n. 6.354/76). A norma faz referência a salários no plural, incluindo verbas que têm natureza salarial. A punição prevista na lei visa que o empregador regularize os salários dos atletas. Não se tem notícia de nenhum clube que tenha sido impedido de participar de competições por atrasar salários aos seus atletas. Com a revogação da Lei n. 6.354/76, não há mais a referida sanção.

20 Cláusula penal

1 Introdução

Vou analisar neste capítulo o art. 28 da Lei n. 9.615/98 e suas consequências quanto à aplicação de cláusula penal em relação à rescisão do contrato de trabalho do atleta profissional.

É preciso verificar se a referida regra se aplica tanto ao atleta como ao clube.

Há necessidade também de se estudarem os limites da cláusula penal em confronto com o Código Civil e também a aplicação do art. 479 da CLT na rescisão antecipada do contrato de trabalho de prazo determinado do atleta de futebol.

2 Conceito

A cláusula penal tem fundamento na teoria do abuso de direito prevista no direito francês, com fundamento no art. 1.382 do Código Civil de Napoleão de 1804. O art. 1.226 do referido Código dispõe que a cláusula penal "é aquela pela qual uma pessoa, para assegurar a execução de uma convenção, se compromete a dar alguma coisa, em caso de inexecução".

O Código Civil não conceitua cláusula penal.

Rubens Limongi França afirma que:

> a cláusula penal é um pacto acessório ao contrato ou a outro ato jurídico, efetuado na mesma declaração ou declaração à parte, por meio do qual se estipu-

> la uma pena, em dinheiro ou outra utilidade, a ser cumprida pelo devedor ou por terceiro, cuja finalidade precípua é garantir, alternativa ou cumulativamente, conforme o caso, em benefício do credor ou de outrem, o fiel cumprimento da obrigação principal, bem assim, ordinariamente, constituir-se na pré-avaliação das perdas e danos e em punição ao devedor inadimplente[1].

Cláusula penal, pena convencional ou multa contratual é uma cláusula acessória, em que se estabelece sanção pelo descumprimento da obrigação principal, como forma de evitá-la.

A cláusula penal representa uma obrigação acessória, dependente da obrigação principal, mas que serve de reforço para esta última e representa uma estimação das perdas e danos decorrentes do inadimplemento contratual. Qualquer espécie de obrigação pode receber o reforço de uma cláusula penal[2].

Dispõe o art. 408 do Código Civil que incorre de pleno direito o devedor na cláusula penal, desde que, culposamente, deixe de cumprir a obrigação ou se constitua em mora. A cláusula penal estipulada conjuntamente com a obrigação, ou em ato posterior, pode referir-se à inexecução completa da obrigação, à de alguma cláusula especial ou simplesmente à mora.

A cláusula penal tinha previsão no inciso I do art. 28 da Lei n. 9.615/98:

> a atividade do atleta profissional, de todas as modalidades desportivas, é caracterizada por remuneração pactuada em contrato formal de trabalho firmado com entidade de prática desportiva, pessoa jurídica de direito privado, que deverá conter, obrigatoriamente, cláusula penal para as hipóteses de descumprimento, rompimento ou rescisão unilateral.

É utilizada a regra para as hipóteses de descumprimento, rompimento ou rescisão unilateral do contrato de trabalho do atleta. Não previa, porém, a referida regra o montante da cláusula penal.

O objetivo do legislador com a cláusula penal era compensar o clube pela formação do jogador em razão da extinção do passe.

O § 3º do art. 28 da Lei n. 9.615/98 foi acrescentado pela Lei n. 9.981, de 14 de julho de 2000. Estipulava que "o valor da cláusula penal a que se refere o *caput*

---

1 FRANÇA, Rubens Limongi. *Teoria e prática da cláusula penal*. São Paulo: Saraiva, 1988.

2 PEREIRA, Caio Mario da Silva. *Instituições de direito civil*. 16. ed. Rio de Janeiro: Forense, 1998. v. 2, p. 103.

deste artigo será livremente estabelecido pelos contratantes até o limite máximo de cem vezes o montante da remuneração anual pactuada".

Para uns, a cláusula penal é devida apenas ao clube. O direito seria unilateral do clube. Não seria devida ao atleta. Serviria para remunerar o clube pelo custo na formação do atleta e para evitar que o atleta fosse transferido no meio do campeonato para outro clube.

Leciona Álvaro Melo Filho que:

> a cláusula penal desportiva (art. 28) é aplicada apenas ao atleta que "quebra" unilateralmente o contrato, pois, em caso de esse rompimento ser de iniciativa do clube, aplica-se a multa rescisória (art. 31) em favor do atleta. Quando o § 3º do art. 28 não fixa limite para avençar a cláusula penal nas transferências internacionais, deixa evidenciado que o transferido é o atleta, e não o clube, daí por que a cláusula penal incide exclusivamente sobre o atleta. Além disso, quando o art. 33 refere-se à "condição de jogo" (conceito aplicável tão somente ao atleta, e nunca ao clube), que só será concedida com a "prova de pagamento da cláusula penal", reforça o entendimento de que a cláusula penal incide apenas sobre a resilição unilateral pelo atleta profissional[3].

Indaga Domingos Zainaghi:

> a cláusula penal prevista na lei aplica-se a ambos os contratantes?
>
> Entendemos que não. A cláusula penal aplica-se somente ao atleta, isto é, se a rescisão for de iniciativa do empregador, não terá ele que pagar o valor da cláusula penal [...]. A análise sistemática da Lei n. 9.615/1998, como vimos, faz com que se chegue a essa conclusão[4].

Na jurisprudência, há acórdão defendendo a referida teoria:

> Recurso ordinário do reclamante (jogador de futebol). Multa contratual. Não cabimento. Tendo havido descumprimento do pagamento de salários, de acordo com expressa menção do § 3º do art. 31 da Lei Pelé, combinado com o seu *caput*, não é cabível a multa contratual, mas, tão somente, a indenização pre-

3 MELO FILHO, Álvaro. *Novo regime jurídico do desporto*. Brasília: Brasília Jurídica, 2001, p. 128.

4 ZAINAGHI, Domingos. *Nova legislação desportiva*: aspectos trabalhistas. 2. ed. São Paulo: LTr, 2004, p. 55-58.

> vista no art. 479 da CLT (TRT 15ª R., 3ª T., RO 01317.2005.086.15.00.0, Rel. Juiz Luiz Carlos Araújo, *DJ SP* 26.1.2007).

Para a teoria da bilateralidade, a cláusula penal se aplica tanto ao clube como ao empregado[5].

Assevera Marcílio Krieger que a cláusula penal:

> é devida por aquele que deu causa ao descumprimento, rompimento ou rescisão unilateral, na dicção da parte final do *caput* do art. 28 [...]. Assim, o rompimento do status nascido com o pacto laboral desportivo entre clube e jogador, por qualquer dos contratantes, produzirá, em maior ou menor grau, prejuízo para a outra parte que, por tal motivo, fará jus à indenização convencionada sob o nome de cláusula penal[6].

Paulo Reis entende que é na hipótese de rescisão antecipada em relação ao atleta que se aplicaria o revogado § 3º do art. 31 da Lei n. 9.615[7]. Entretanto, o referido art. 31 trata de falta do empregador, por não pagar os salários por período igual ou superior a três meses.

A cláusula penal aplica-se tanto ao empregado como ao clube, pois o art. 28 da Lei n. 9.615 não faz distinção nesse sentido. A norma faz referência a rescisão unilateral, que tanto pode ocorrer pelo empregador como pelo empregado. Se a lei não faz distinção, não cabe ao intérprete fazê-lo.

Inicialmente o TST entendeu que:

> ATLETA PROFISSIONAL DE FUTEBOL – LEI PELÉ (art. 28 da Lei n. 9.615/1998) – RESCISÃO CONTRATUAL – CLÁUSULA PENAL – RESPONSABILIDADE PELO ART. 28 DA LEI N. 9.615/98 (LEI PELÉ) – O contrato de trabalho do atleta profissional de futebol deve conter obrigatoriamente cláusula penal pela rescisão unilateral do contrato, do que se infere ser o sujeito passivo da multa rescisória quem deu azo à rescisão, e beneficiário aquele que com ela sofreu prejuízo. *In casu*, restou assentada a iniciativa do

---

5 Nesse sentido: MACIEL, Mariju Ramos. A bilateralidade da cláusula penal no contrato de atleta profissional. *Revista IOB Trabalhista e Previdenciária*, n. 219, p 16 e s., set. 2007.

6 KRIEGER, Marcílio. Alguns conceitos para o estudo do Direito Desportivo. *Revista Brasileira de Direito Desportivo*, n. 1, p. 44, 2002.

7 REIS, Paulo. Atleta profissional de futebol – Multa rescisória devida – Aplicação da lei. *Suplemento Trabalhista LTr* 104/07, p. 436.

> reclamado na ruptura contratual, o que atrai sobre ele, portanto, a responsabilidade pelo pagamento da multa rescisória preconizada na cláusula penal firmada no contrato celebrado entre as partes. Recurso de revista provido (RR 1457/2004-201-04-00, Rel. Min. Ives Gandra Martins Filho, *DJ* 18.5.2007).

No voto foi dito que:

> [...] Não há no art. 28 da Lei n. 9.615/98 nenhum elemento que permita a conclusão de que a cláusula penal por ele estipulada o foi em favor apenas dos clubes, como alega o reclamado, *concessa maxima venia*. Realmente, não obstante a *mens legis* da Lei Pelé, ao criar a figura da cláusula penal acima referida, tenha sido a concessão aos clubes de futebol de uma proteção mínima contra transferências de atletas após a extinção do passe, previsto pelo art. 11 da Lei n. 6.354/1976, não há motivo juridicamente relevante para pretender-se restringir essa garantia apenas aos clubes, dela excluindo os atletas. A exigência do *caput* do art. 28 da Lei n. 9.615/98 de celebração de contrato forma de trabalho evidencia a igualdade jurídica das partes reconhecida pelo legislador, pois a isonomia é a regra geral dos contratos, sendo admitidas exceções apenas quando expressamente previstas em lei. Por outro lado, a parte final do *caput* daquele artigo estabelece a necessidade da cláusula penal para as hipóteses de descumprimento, rompimento ou rescisão unilateral, sem fazer alusão a uma suposta restrição da iniciativa daqueles atos a apenas uma das partes contratantes. Logo, por força do princípio hermenêutico segundo o qual não é lícito ao intérprete fazer distinções onde a norma interpretada não a fez, inequívoca a conclusão de que o reclamante faz jus à cláusula penal em comento, pois houve rescisão unilateral do contrato de trabalho. Reforça ainda esse raciocínio a previsão contida no art. 33 da lei em análise, segundo o qual cabe à entidade nacional de administração do desporto que registrar o contrato de trabalho profissional fornecer a condição de jogo para as entidades de prática desportiva, mediante a prova de notificação do pedido de rescisão unilateral firmado pelo atleta ou documento do empregador no mesmo sentido, desde que acompanhado da prova de pagamento da cláusula penal nos termos do art. 28 desta lei.

Em outros acórdãos o TST entendeu da mesma forma:

> VII – Tendo por norte tais considerações doutrinárias sobre a natureza bilateral e sinalagmático do contrato de trabalho, tanto quanto sobre a feição inde-

nizatória da cláusula penal, impõe-se a conclusão *de a ratio legis* que se extrai do art. 28 da legislação extravagante é a de que a referida cláusula há de ter como sujeito passivo quer o atleta quer a entidade desportiva, sendo imperativa a ilação acerca da sua bilateralidade em detrimento da sua unilateralidade (4ª T., RR 400/2005-721-04-00, Rel. Min. Barros Levenhagen, *DJ* 30.4.2009).

Recurso de revista. Cláusula penal. Lei n. 9.615/1998. Responsabilidade. 1. O art. 28 da Lei n. 9.615/1998 (Lei Pelé) prevê cláusula penal a ser paga pela parte responsável pelo inadimplemento contratual à outra, sem diferenciar o sujeito passivo da obrigação. 2. Assim, a agremiação esportiva deve pagar ao atleta, quando for responsável pela extinção do contrato de trabalho, o valor previsto na cláusula penal. Recurso de revista conhecido e provido (TST, 3ª T., RR 1433/2004-011-07-00.0-7ª R., Rel. Min. Maria Cristina Irigoyen Peduzzi, *DJU* 1 10.8.2007).

Pelo art. 28 da Lei n. 9.615/1998 (Lei Pelé), o contrato de trabalho do atleta profissional de futebol deve conter obrigatoriamente cláusula penal pela rescisão unilateral do contrato, do que se infere o sujeito passivo da multa rescisória seja quem deu azo à rescisão e beneficiário aquele que com ela sofreu prejuízo [...] (TST, 4ª T., RR 1.134/2003-444-02-00.5, Rel. Min. Ives Gandra da Silva Martins Filho, *DJ* 10.3.2006).

RECURSO DE REVISTA. ATLETA PROFISSIONAL DE FUTEBOL. TÉRMINO ANTECIPADO DO CONTRATO DE TRABALHO. CLÁUSULA PENAL. Da exegese do art. 28 da Lei n. 9.615/98, constata-se que a antecipação, pelo empregador, do termo final do contrato de trabalho de atleta profissional acarreta o pagamento da cláusula penal, conforme firmado no contrato de trabalho. Entender que a referida cláusula tem como único obrigado o atleta que rompe, antecipadamente, o contrato de trabalho contrasta com o direito e fere o sinalagma, na medida em que pretende impor ao atleta encargo desproporcional ao exigido da entidade desportiva. Recurso de revista conhecido e provido (6ª T., RR 1112/2006-0005-06-00, Rel. Min. Aloysio Corrêa da Veiga, *DJU* 11.10.2007).

A SBDI-1 do TST entendeu de outra forma:

Recurso de embargos interposto na vigência da Lei n. 11.496/2007 – Atleta Profissional – Cláusula Penal – Lei n. 9.615/1998 – Lei Pelé – Responsabilidade pela sua satisfação – Obrigação dirigida apenas ao atleta – Não provimento – Responderá apenas o atleta profissional, e não a entidade desportiva, pela obrigação inserta no art. 28 da Lei n. 9.615/1998 – a chamada Lei Pelé – referente à cláusula penal, naqueles casos em que rompido o contrato de trabalho por sua iniciativa. No caso de ser o clube o motivador do rompimento contratual, não haveria que se falar em pagamento de cláusula penal, sendo garantidos ao atleta, nestes casos, os direitos previstos na legislação comum trabalhista, segundo disposição do § 1º daquele permissivo legal, notadamente a multa rescisória prevista no art. 479 da CLT, conforme disciplina do art. 31 da Lei Pelé. Embargos conhecidos e desprovidos (TST, E-RR, 1077/2004-054-02-00.0, Ac. SBDI-1, Rel. Min. Guilherme Caputo Bastos, *DJ* 14.11.2008).

Embargos sujeitos à sistemática da Lei n. 11.496/2007. Atleta profissional de futebol. Rescisão indireta do contrato de trabalho. Cumulação da cláusula penal prevista no art. 28 da Lei n. 9.615/1998 com a indenização prevista no art. 479 da CLT. Impossibilidade. A jurisprudência majoritária desta Corte, à qual me submeto, é no sentido de que o atleta profissional não tem direito à indenização prevista no art. 28 da Lei Pelé, que é devida apenas à entidade desportiva, no caso de o atleta motivar rescisão contratual. Assim, sendo indevida a cláusula penal, não há que se falar em cumulação da parcela com a indenização prevista no art. 479 da CLT. Embargos conhecidos e desprovidos (TST, E-RR 515/2006-01-10-00.0, SBDI-1, Rel. Min. Maria Cristina Irigoyen Peduzzi, *DJe* 25.9.2009).

RECURSO DE EMBARGOS DO RECLAMADO – CLÁUSULA PENAL – ART. 28 DA LEI N. 9.615/98 (LEI PELÉ) – OBRIGAÇÃO IMPOSTA APENAS AO ATLETA PROFISSIONAL QUE ROMPE O CONTRATO DE TRABALHO ANTECIPADAMENTE. A *mens legis* do novo regramento legal, instituído pela Lei Pelé, visou solucionar os inúmeros problemas jurídicos causados pelo antigo instituto do passe que, a par de garantir os altos investimentos efetuados pelas agremiações desportivas, acabava por vincular o atleta ao titular do passe, independentemente da existência, ou não, de contrato de trabalho em curso. O direito ao passe conflitava com o livre exercício da profissão, na medida em que estava desvinculado do contrato de trabalho, de modo que o prestador dos serviços, o atleta profissional, somente poderia transferir-se para outra agremiação esportiva mediante a negociação do seu passe, independentemente da vigência, ou não, do contrato de trabalho. O *caput* do art. 28 da Lei n. 9.615/98, ao estabelecer a cláusula penal para os casos de descumprimento, rompimento ou rescisão contratual, dirige-se somente ao atleta profissional, pois sua finalidade é resguardar a entidade desportiva em caso de ruptura antecipada do contrato de trabalho, em decorrência dos elevados investimentos que são efetuados para a prática dos esportes profissionais competitivos. Tal penalidade não se confunde com as hipóteses de rescisão indireta ou voluntária e antecipada do contrato de trabalho por parte do empregador, cuja indenização devida ao empregado, atleta de qualquer modalidade desportiva, é aquela estabelecida no § 3º do art. 31 da Lei n. 9.615/98. Tal entendimento é confirmado pela gradação regressiva da

> cláusula penal, na forma prevista no § 4º do art. 28 desse diploma legal, em que a cada ano do contrato de trabalho cumprido pelo atleta profissional vai se amortizando o investimento efetuado pela entidade desportiva, de modo que, ao final do prazo máximo de sua vigência, que é de cinco anos, o vínculo desportivo do atleta, acessório do contrato de trabalho, dissolve-se, nos exatos termos do inciso I do § 2º do art. 28 da Lei Pelé. Essa é a teleologia não apenas da cláusula penal, mas da própria Lei Pelé, cujas disposições procuram equilibrar as obrigações e os direitos das partes envolvidas e estimular os investimentos necessários ao constante desenvolvimento das práticas desportivas, tão caras ao país. Recurso de embargos conhecido e provido (E-ED-RR-552/2002-029-01-00.4, SBDI-1, Rel. Min. Horácio Senna Pires, *DJ* 24.10.2008).

Com a redação do art. 28 da Lei n. 9.615/98 determinada pela Lei n. 12.395/2011, ficou expresso no inciso I do referido artigo que a cláusula indenizatória desportiva é devida exclusivamente à entidade de prática desportiva à qual está vinculado o atleta. Não é devida ao atleta profissional. O atleta profissional tem direito a cláusula compensatória (art. 28, II, da Lei n. 9.615).

Para a cláusula compensatória desportiva não há mais o escalonamento redutivo do valor da cláusula penal por ano de cumprimento do contrato pelo atleta, que era prevista no § 4º do art. 28 da Lei n. 9.615.

As hipóteses são as seguintes em que é devida a cláusula indenizatória desportiva ao clube:

a) transferência do atleta para outra entidade, nacional ou estrangeira, durante a vigência do contrato especial de trabalho desportivo. Se o contrato não mais estiver em vigor, não há pagamento da cláusula indenizatória; ou

b) por ocasião do retorno do atleta às atividades profissionais em outra entidade de prática desportiva, no prazo de até 30 meses.

O valor da cláusula indenizatória desportiva a que se refere o inciso I do *caput* do art. 28 da Lei n. 9.615/98 será livremente pactuado pelas partes e expressamente quantificado no instrumento contratual:

I – até o limite máximo de 2.000 vezes o valor médio do salário contratual, para as transferências nacionais; e

II – sem qualquer limitação, para as transferências internacionais (§ 1º do art. 28 da Lei n. 9.615/98).

São solidariamente responsáveis pelo pagamento da cláusula indenizatória desportiva de que trata o inciso I do *caput* deste artigo o atleta e a nova entidade de prática desportiva empregadora (§ 2º do art. 28 da Lei n. 9.615/98). Trata-se de solidariedade passiva, em que tanto o atleta como a nova entidade de prática desportiva terão de pagar a cláusula indenizatória.

Em caso de transação a respeito da rescisão contratual, não seria aplicável a cláusula penal, por não se tratar de rescisão unilateral. As partes, porém, poderão estabelecer se a cláusula penal deve ser observada e o valor da multa.

O objetivo da cláusula penal é fazer com que ambas as partes cumpram o disposto no contrato. Serve de indenização por perdas e danos em caso de rescisão unilateral do contrato.

A cláusula penal não tem por objetivo a formação do atleta feita pelo clube, pois para isso há a previsão do art. 29 da Lei n. 9.615.

A natureza da multa prevista em cláusula penal é indenizatória e não salarial, pois é decorrente da rescisão do contrato de trabalho.

Deveria haver igualdade no estabelecimento da cláusula penal. Ela deveria ser estabelecida tanto para o empregado como para o empregador. O contrato de trabalho é bilateral e é sinalagmático, contendo direitos e obrigações para ambas as partes, assim como também é a cláusula penal. O contrato de trabalho é sinalagmático, importando em direitos e obrigações recíprocas paras as partes.

O parágrafo único do art. 29 da Lei n. 9.615/98 foi vetado pelo presidente da República. Ele previa que cabia ao clube fixar o valor da cláusula penal para as hipóteses de descumprimento, rompimento ou rescisão unilateral. Isso mostra que sem o referido dispositivo a cláusula penal é bilateral e não unilateral.

3 Limitação da cláusula penal

Não se aplica a regra do art. 412 do Código Civil, no sentido de que a multa não pode exceder o valor da obrigação principal. Em princípio, a obrigação principal é o pagamento mensal dos salários. Entretanto, determina o § 3º do art. 28 da Lei n. 9.615 que o valor da cláusula penal será livremente estabelecido pelos contratantes e formalizado no contrato especial de trabalho desportivo, observando-se, como limite máximo, 400 vezes o valor do salário mensal no momento da rescisão e, como limite mínimo, o valor total de salários mensais a que teria direito o atleta até o término do referido contrato. Não há omissão na legislação trabalhista para se aplicar o Código Civil (§ 1º do art. 8º da CLT).

O limite máximo para o valor da cláusula penal estabelecido na lei serve para evitar que o clube estabeleça multa muito alta para o atleta não se transferir para outra agremiação.

Não há mais redução da cláusula penal, pois a redação do § 4º do art. 28 da Lei n. 9.615/98 foi mudada. Havia a redução do valor da cláusula penal apurada, aplicando-se para cada ano integralizado do vigente contrato de trabalho desportivo os seguintes porcentuais progressivos e não cumulativos:

(a) 10% após o primeiro ano;

(b) 20% após o segundo ano;

(c) 40% após o terceiro ano;

(d) 80% após o quarto ano.

Era diminuída, portanto, a multa proporcionalmente em relação a cada ano de contrato cumprido. Era uma forma de reduzir proporcionalmente a cláusula penal em caso de cumprimento parcial da obrigação, conforme o art. 413 do Código Civil. Quanto mais tempo o atleta ficava no clube, menor era a cláusula penal. Agora não há mais a previsão legal da redução da indenização. O atleta poderá, porém, cumprir integralmente seu contrato nos cinco anos e nada ser devido a título de cláusula penal ou indenização ao clube, podendo o atleta negociar novo contrato com qualquer outro clube.

O valor da indenização deve ser calculado sobre a remuneração. O art. 28 da Lei n. 9.615/98 faz referência à remuneração pactuada no contrato de trabalho. Dá a entender que a cláusula penal deve ter por base a remuneração, embora não seja expresso nesse sentido. O art. 479 da CLT mostra que a indenização nos contratos de prazo determinado é calculada sobre a remuneração e não apenas sobre o salário. Logo, o cálculo é feito com base em todas as verbas remuneratórias, como salário e gratificações legais.

Quando se tratar de transferência internacional, a cláusula penal não será objeto de limitação, porém deverá ser expressamente quantificada no contrato de trabalho desportivo (art. 28, § 1º, II, da Lei n. 9.615). Há necessidade, portanto, de o contrato de trabalho prever o valor da indenização para a transferência internacional. É no momento da assinatura do contrato que devem existir essas limitações e não quando aparecer a proposta para o clube visando à transferência internacional do atleta, pois, do contrário, poderia ser impedida a transferência do atleta para o exterior. O contrato de trabalho, como qualquer contrato, é bilateral e não unilateral[8].

---

[8] Jayme Eduardo Machado (*O novo contrato desportivo profissional*. Sapucaia do Sul: Nota Dez, 2000, p. 32) e Domingos Sávio Zainaghi (*Nova legislação desportiva*: aspectos trabalhistas. São Paulo: LTr, 2002, p. 15) também entendem que a limitação deve estar prevista quando da assinatura do contrato de trabalho.

Condição de jogo é o fato de o atleta estar apto a disputar a partida desportiva. Isso pressupõe que ele tenha condição legal. Cabe à CBF registrar o contrato do trabalho do atleta profissional e fornecer a condição de jogo para o clube.

4 Art. 479 da CLT

Reza o art. 479 da CLT que "nos contratos que tenham termo estipulado, o empregador que, sem justa causa, despedir o empregado será obrigado a pagar-lhe, a título de indenização, e por metade, a remuneração a que teria direito até o termo do contrato". O contrato de trabalho do atleta é firmado por prazo determinado.

O mais correto seria aplicar o art. 479 da CLT cumulado com a multa prevista em cláusula penal. O primeiro é previsto em lei na rescisão antecipada em contratos de trabalho de prazo determinado. A segunda é estabelecida de acordo com a vontade das partes. Um instituto não exclui o outro. Não há *bis in idem*. É possível a cumulação. Havia entendimento nesse mesmo sentido na jurisprudência:

> Jogador de futebol. Cláusula penal cumulada com a multa do art. 479 da CLT. O art. 28 da Lei n. 9.615/98 estabelece cláusula penal a ser suportada pela parte que der causa à rescisão do contrato, sendo insustentável o entendimento de aplicação exclusiva ao empregado. Ainda que o clube já tenha sofrido o impacto da multa fixada no art. 479 da CLT, pela rescisão antecipada dos contratos a prazo, a ruptura contratual em não prevista acarreta forte prejuízo a ambas as partes, que poderão ficar desprovidas de condição de participar de campeonatos e outras mazelas que se perpetuam ao longo de alguns meses. Assim, em sendo do reclamado a iniciativa unilateral de rompimento antecipado do contrato, deve arcar com a multa prevista no art. 479 da CLT, além da cláusula penal, que antecipa perdas e danos presumidos (TRT 3ª R., 6ª T., RO 01413-2004-109-03-00-2, Rel. Juíza Lucilde D'Ajuda Lyra de Almeida, j. 18.4.2005, *DJ MG* 5.5.2005, p. 12).

Entretanto, no meu modo de ver, o art. 479 da CLT foi revogado pela legislação do FGTS, pois não existe mais o sistema alternativo de estabilidade com indenização ou FGTS, como era previsto na Emenda Constitucional n. 1, de 1969.

Não é mais possível o pagamento de duas indenizações, a indenização do art. 479 da CLT e a do FGTS. Como agora só existe o FGTS, este deverá ser liberado quando da rescisão antecipada do contrato de trabalho a termo, como prevê o inciso IX do art. 20 da Lei n. 8.036, sem falar na aplicação do art. 479 da CLT[9].

O § 10 do art. 28 da Lei n. 9.615/98 esclareceu que não se aplicam ao contrato especial de trabalho desportivo os arts. 479 e 480 da CLT.

---

9 MARTINS, Sergio Pinto. *Manual do FGTS*. 6. ed. Indaiatuba: Foco, 2025, p. 198.

21

Indenização

A partir de 5 de outubro de 1988, não há mais a opção do trabalhador ao FGTS. Este passa a ser um direito do trabalhador (art. 7º, III, da Constituição).

Os contratos de trabalho dos jogadores foram firmados a partir de 5 de outubro de 1988. Não há mais contratos firmados no período anterior, até porque os contratos de trabalho dos jogadores são estabelecidos por prazo determinado e não por prazo indeterminado.

Havendo contrato de prazo determinado, como ocorre com os atletas profissionais de futebol, não há direito a indenização por tempo de serviço, que servia para cobrir o tempo de serviço anterior a 5 de outubro de 1988 que não era coberto pelo FGTS.

Apenas a entidade de prática desportiva formadora que, comprovadamente, firmar o primeiro contrato de trabalho com o atleta por ela profissionalizado terá direito de exigir, do novo empregador, indenização de:

a) formação, quando da cessão do atleta durante a vigência do primeiro contrato, que não poderá exceder a 200 vezes os gastos comprovadamente efetuados com a formação do atleta, especificados no contrato de formação;

b) promoção, quando da nova contratação do atleta.

Afirma Álvaro de Melo Filho que os dois tipos de indenização "implementam um novo sistema mais sólido, realista e equitativo em que se harmonizam os direitos compensatórios dos clubes formadores com a liberdade dos atletas, conferindo mais segurança e estabilidade às suas relações trabalhistas e desportivas"[1].

---

1 MELO FILHO, Álvaro. *Nova legislação do desporto*: comentários e atualização. 2. ed. Fortaleza: ABC Fortaleza, 2001, p. 158.

22

FGTS

1 FGTS

O Fundo de Garantia do Tempo de Serviço (FGTS) foi criado pela Lei n. 5.107, de 13 de setembro de 1966. Seu objetivo era fazer com que o empregado optasse pelo sistema para que não fosse estável aos dez anos de casa.

O inciso III do art. 7º da Constituição passou a estabelecer o FGTS com um direito do trabalhador. A partir de 5 de outubro de 1988 não existe mais opção ao FGTS, mas direito.

A Lei n. 7.839, de 12 de outubro de 1989, tratou do FGTS. Foi regulamentada pelo Decreto n. 98.813, de 10 de janeiro de 1990.

Atualmente, o FGTS é previsto na Lei n. 8.036, de 11 de maio de 1990. Seu regulamento é o Decreto n. 99.684, de 8 de novembro de 1990.

Dispõe o art. 2º da Lei n. 8.036/90 que:

> o FGTS é constituído pelos saldos das contas vinculadas a que se refere esta Lei e outros recursos a ele incorporados, devendo ser aplicados com a atualização monetária e juros de modo a assegurar a cobertura de suas obrigações.

Amauri Mascaro Nascimento afirma que:

> denomina-se Fundo de Garantia do Tempo de Serviço um sistema de depósitos efetuados pelo empregador em conta bancária do empregado, sob a gestão da Caixa Econômica Federal, e com um Conselho Curador, para utilização pelo trabalhador em hipóteses previstas em lei[1].

---

1 NASCIMENTO, Amauri Mascaro. *Curso de direito do trabalho*. 24. ed. São Paulo: Saraiva, 2009, p. 1.117.

O FGTS é um depósito bancário vinculado, pecuniário, compulsório, realizado pelo empregador em favor do trabalhador, visando formar uma espécie de poupança para este, que poderá ser sacada nas hipóteses previstas em lei[2].

O atleta profissional é um trabalhador como qualquer outro, mas apenas é regido por lei especial. Assim, o atleta tem direito ao FGTS, pois seu contrato de trabalho é de prazo determinado e não iria adquirir estabilidade no clube, nem tem direito a indenização por tempo de serviço no clube.

Dispõe o § 4º do art. 28 da Lei n. 9.615/98 que se aplicam as normas gerais da legislação do trabalho, o que atrai a observância da Lei n. 8.036, que trata do FGTS.

O § 2º do art. 31 da Lei n. 9.615 faz referência ao fato de que o clube deve recolher o FGTS, sob pena de ser caracterizada mora contumaz para efeito de rescisão do contrato de trabalho do atleta.

Evaristo de Moraes Filho leciona que:

> sendo impossível, por absurdo, admitir os benefícios da estabilidade para os atletas profissionais, exercentes de atividade de juventude, não resta a menor dúvida de que o regimento do Fundo de Garantia do Tempo de Serviço constitui, na realidade, a única opção desses prestadores de serviço[3].

José Ajuricaba da Costa e Silva afirma que:

> como empregado, deverá o atleta adotar, portanto, o regime do FGTS, que, em troca da indenização e da estabilidade, lhe oferece outras vantagens. Não há como se cogitar, na hipótese, de opção ou escolha entre dois regimes legais, pois, para o jogador de futebol só existe o do FGTS[4].

O art. 15 da Lei n. 8.036/90 determina que:

> para os fins previstos nesta lei, todos os empregadores ficam obrigados a depositar, até o vigésimo dia de cada mês, em conta bancária vinculada, a importância correspondente a 8% (oito por cento) da remuneração paga ou devi-

---

2 MARTINS, Sergio Pinto. *Manual do FGTS*. 4. ed. Indaiatuba: Foco, 2025, p. 24.

3 MORAES FILHO, Evaristo. *Temas atuais de trabalho e previdência*. São Paulo: LTr, 1975, p. 173.

4 SILVA, José Ajuricaba da Costa e. Contrato de trabalho do atleta de futebol. *Revista LTr*, v. 47, n. 6/677, 1983.

> da, no mês anterior, a cada trabalhador, incluídas na remuneração as parcelas de que tratam os arts. 457 e 458 da Consolidação das Leis do Trabalho (CLT), aprovada pelo Decreto-Lei nº 5.452, de 1º de maio de 1943, e a Gratificação de Natal de que trata a Lei nº 4.090, de 13 de julho de 1962.

A lei não faz distinção em relação ao empregador, pois afirma "todos os empregadores". O clube é um empregador. O atleta profissional de futebol é um trabalhador. Logo, o FGTS deve ser recolhido mensalmente pelo clube, calculado sobre a remuneração do atleta paga ou devida em cada mês.

Na jurisprudência, há entendimento sobre a necessidade do recolhimento do FGTS pelo clube:

> 2. O atleta profissional de futebol, que não tem direito à estabilidade, tem direito, por isso mesmo, ao regime do FGTS. Os jogadores profissionais de futebol, como classe de trabalhadores, não podem ficar à margem de qualquer sistema de garantia (TRF 4ª R., AR 90.04.02770-0/RS, Rel. Juíza Tânia Escobar, j. 2.9.1998, *DJU* 2 7.10.1998, p. 351).

Incide o FGTS sobre as verbas que têm natureza de remuneração (art. 15 da Lei n. 8.036/90), como salário, bichos, luvas, gratificações etc.

A jurisprudência já entendeu:

> FGTS – Atleta profissional – Lei n. 6.354/76 – A Constituição Federal assegura ao trabalhador o direito ao Fundo de Garantia do Tempo de Serviço (CF/67, art. 165, XIII, e CF/88, art. 7º, III), princípio constitucional este que abriga a todos os que trabalham, inclusive os atletas profissionais, cuja atividade é disciplinada pela Lei n. 6.354/76. Inexiste incompatibilidade entre as normas da Lei n. 6.354/76 e a legislação que disciplina o FGTS, pois as luvas não são substitutivos da indenização, nem do FGTS. Exclui-se da execução os valores já devidamente pagos na instância administrativa (TRF, 1ª R., AC 91.01.00045-4-DF, 3ª T., Rel. Juiz Vicente Leal, *DJU* 10.6.1991).

2 Indenização de 40%

Prevê o inciso I do art. 10 do Ato das Disposições Constitucionais Transitórias que, enquanto não for promulgada a lei complementar de que trata o inciso I do art. 7º da Constituição, "fica limitada a proteção nele referida ao aumento, para quatro vezes, da porcentagem prevista no art. 6º, *caput* e § 1º, da Lei n. 5.107, de 13 de setembro de 1966".

Estabelece o § 1º do art. 18 da Lei n. 8.036/90 que:

> na hipótese de despedida pelo empregador sem justa causa, pagará este, diretamente ao trabalhador, importância igual a 40% do montante de todos os depósitos realizados na conta vinculada durante a vigência do contrato de trabalho, atualizados monetariamente e acrescidos dos respectivos juros.

O contrato de trabalho do atleta profissional é firmado por prazo determinado. As partes sabem, portanto, quando vai terminar o pacto de trabalho. Assim, não há, nesse caso, indenização de 40%, pois não está havendo dispensa por parte do clube, mas término normal do contrato de trabalho de prazo determinado.

Se o contrato de trabalho do atleta profissional é rescindido antes do término do pacto, o trabalhador fará jus à indenização de 40%. O art. 14 do Regulamento do FGTS (Decreto n. 99.684/90) prevê que:

> no caso de contrato a termo, a rescisão antecipada, sem justa causa ou com culpa recíproca, equipara-se às hipóteses previstas nos §§ 1º e 2º do art. 9º, respectivamente, sem prejuízo do disposto no art. 479 da CLT.

Há julgado em sentido diverso:

> FGTS. Multa de 40%. Jogador de futebol. Rescisão antecipada do contrato de trabalho a termo. A multa de 40% do FGTS é incabível na hipótese de rescisão antecipada do contrato de trabalho a termo (art. 18, § 1º, da Lei n. 8.036/90). Desprovido o recurso do reclamante (TRT 4ª R., 7ª T., RO 17100-85.2007.04.0001, Rel. Des. Marçal Henri dos Santos Figueiredo, *DO* 29.9.2011).

Ocorrendo culpa recíproca ou força maior, reconhecida pela Justiça do Trabalho, o porcentual será de 20% (§ 2º do art. 18 da Lei n. 8.036/90 e § 2º do art. 9º do Regulamento).

23

Prescrição

1 Etimologia

Praescripto (do verbo *praescribero*, de *prae* + *scribero*), escrever antes do começo. Lembra a parte preliminar (escrita antes) da fórmula em que o pretor romano determinava, ao juiz, a absolvição do réu, caso estivesse esgotado o prazo de ação. Uma vez extinto o lapso de tempo para o uso da ação, cabia a exceção de "prescrição temporal", em razão da falta do exercício da ação. Isso se dava no direito pretoriano, pois no direito romano antigo as ações eram perpétuas ou inatingíveis. Com a evolução do conceito de prescrição, esta passou a significar a extinção da ação pela expiração do prazo de sua duração (exercício tardio da ação).

2 Conceito

A prescrição tem um conceito não específico ao Direito do Trabalho, mas, no ordenamento jurídico pátrio em geral, está disciplinada na parte geral do Código Civil.

Clóvis Bevilaqua conceituava prescrição como "a perda da ação atribuída a um direito, e de toda a sua capacidade defensiva, em consequência do não uso delas, durante um determinado espaço de tempo"[1].

---

[1] BEVILAQUA, Clóvis. *Teoria geral do direito civil*. 2. ed. histórica. Rio de Janeiro: Rio, 1980, p. 286.

Prescrição é a perda da pretensão ao direito pelo decurso de prazo estabelecido na lei. Os arts. 189 e 190 do Código Civil de 2002 mostram a ideia mais moderna, no sentido de que a prescrição diz respeito à pretensão e não mais à perda do direito de ação. A ideia de pretensão vem do direito alemão, que a distingue do direito de ação, no sentido do poder de exigir de alguém uma ação ou omissão. A pessoa pode exigir a prestação quando o devedor deixa de cumprir sua obrigação e o credor passa a poder exigi-la. A pretensão vem antes do direito de ação, a partir do momento em que o devedor não cumpre a prestação. O direito de ação é um direito fundamental da pessoa, de ter acesso ao Poder Judiciário. Não se confunde com a pretensão. O fato de a pessoa ter o direito de ação não quer dizer que tenha razão, tanto que seu pedido pode ser rejeitado.

3 Distinção

A prescrição distingue-se da decadência. Elas têm em comum a passagem do tempo e a inércia do titular.

Na decadência, há a perda do direito pelo decurso do prazo. Na prescrição, há a perda da pretensão ao direito pela inércia do titular do direito dentro de certo prazo.

Compreende a prescrição um direito subjetivo que corresponde a dever jurídico de outrem. Havendo lesão, o prazo é prescricional. Tratando-se de faculdade, o prazo é decadencial. A prescrição atinge a pretensão e não a exigibilidade. Representa a prescrição o fenômeno extintivo de uma ação ajuizável, em razão da inércia de seu titular, durante determinado espaço de tempo que a lei estabeleceu para esse fim. O silêncio da relação jurídica, durante um espaço de tempo determinado pela lei, significa a perda da pretensão atribuída a um direito e da correspondente capacidade defensiva. Tem a prescrição um interesse público visando à harmonia social e ao equilíbrio das relações jurídicas, tuteladas pela ordem pública. Sua finalidade é social, evitando a incerteza da relação jurídica.

Na prescrição, o credor tem o direito, mas não pode exigir em juízo o seu direito. Na decadência, fica extinto o direito material, embora exista o direito de ação.

A renúncia da prescrição pode ser feita pela parte a quem aproveita (art. 191 do Código Civil). O titular do direito não pode renunciar à decadência prevista em lei (art. 209 do Código Civil), mas apenas à convencional.

O prazo começa a contar na decadência a partir do momento em que nasce o direito. Na prescrição, o prazo começa a ser contado a partir do momento em que é violado o direito (art. 189 do Código Civil). O § 198 do Código Civil alemão mostra que "a prescrição começa com o nascimento da pretensão".

O juiz declara de ofício a decadência quando estabelecida por lei (art. 210 do Código Civil).

A prescrição é interrompida e fica suspensa. Salvo disposição legal em contrário, não se aplicam à decadência as normas que impedem, suspendem ou interrompem a prescrição (art. 207 do Código Civil).

4 Prescrição trabalhista

Dispõe o inciso XXIX do art. 7º da Constituição:

> ação, quanto aos créditos resultantes da relação de trabalho, com prazo prescricional de cinco anos para os trabalhadores urbanos e rurais, até o limite de dois anos após a extinção do contrato de trabalho.

O atleta profissional é um empregado urbano. Logo, a ele se aplica a regra contida no inciso XXIX do art. 7º da Constituição. O empregado deverá ajuizar a ação nos dois anos a contar do término do contrato de trabalho, podendo reclamar os últimos cinco anos a contar da propositura da ação. Caso ajuíze a ação no curso do contrato de trabalho, terá direito de reclamar os últimos cinco anos a contar da propositura da ação.

O inciso XXIX do art. 7º da Constituição não faz distinção em relação ao jogador de futebol. Logo, a ele também se aplica.

Reza o art. 30 da Lei n. 9.615/98 que o contrato de trabalho do atleta profissional terá prazo determinado, com vigência nunca inferior a três meses nem superior a cinco anos

A lei dispõe de forma expressa que o contrato de trabalho do atleta profissional é de prazo determinado e não indeterminado.

Especificou, ainda, de forma clara o prazo mínimo do contrato de trabalho de três meses e o prazo máximo de cinco anos.

Dessa forma, o prazo de prescrição tem de ser examinado a partir da cessação de cada contrato de trabalho de prazo determinado, sob pena de se negar vigência ao art. 30 da Lei n. 9.615/98. Não se pode, portanto, fazer a junção de todos os contratos de prazo determinado para transformá-los num só de prazo indeterminado.

O prazo de prescrição tem de ser contado a partir da cessação de cada contrato de trabalho de prazo determinado e não do último, ainda que haja sucessão de contratos de trabalho de prazo determinado entre o jogador e o clube.

A jurisprudência já se orientou no mesmo sentido:

> RECURSO DE REVISTA. ATLETA PROFISSIONAL DE FUTEBOL. CONTRATOS SUCESSIVOS. PRESCRIÇÃO BIENAL. UNICIDADE. 1. Nos termos do art. 30 da Lei n. 9.615, "o contrato de trabalho do atleta profissional terá prazo determinado, com vigência nunca inferior a três meses nem superior a cinco anos". 2. Desse modo, a própria lei determina que a contratação de atletas profissionais ocorra por tempo determinado, estabelecendo, inclusive, os períodos de duração máxima e mínima. Saliente-se que, nos termos do art. 7º, XXIX, da Constituição Federal, o prazo prescricional bienal conta-se da extinção do contrato de trabalho. 3. O prazo prescricional, portanto, começa a fluir do termo final do contrato de trabalho por tempo determinado, não obstante as partes hajam, posteriormente, acordado a permanência da prestação de serviço, mediante a celebração de novo contrato, também por tempo determinado. 4. Reputar os contratos por tempo determinado, sucessivamente acordados, sem solução de continuidade, como "contrato único" implicaria, em última instância, convertê-los em contrato por tempo indeterminado, em ofensa à imposição legal. 5. Recurso de revista de que se conhece, por divergência jurisprudencial, e a que se nega provimento (TST, 4ª T., RR – 1612-89.2010.5.06.0014, Rel. Min. João Oreste Dalazen, j. 8.4.2015, *DEJT* 8.5.2015).
>
> RECURSO DO RECLAMANTE. ATLETA PROFISSIONAL. LEGISLAÇÃO ESPECÍFICA. CONTRATO A PRAZO DETERMINADO. AUSÊNCIA DE UNICIDADE CONTRATUAL. PRESCRIÇÃO. A existência de regra específica sobre a duração do contrato de trabalho do atleta profissional afasta as normas de caráter geral. Lei Especial que estabelece que o contrato de trabalho do atleta profissional tem duração determinada e que mantém esse caráter mesmo na ocorrência de sucessivas renovações. A autonomia e a independência de cada um dos contratos impede a soma dos períodos, excluindo a hipótese de unicidade contratual. Prazo prescricional que flui a partir da extinção de cada um dos contratos. RECURSO DO RECLAMADO. DIREITO DE IMAGEM. NATUREZA JURÍDICA. Os valores pagos em decorrência da participação assegurada pelo disposto no art. 42 da Lei n. 9.615/98 não se revestem de natureza salarial, sobretudo quando o ajuste acerca do uso da imagem do jogador de futebol se faz por meio de contrato de natureza civil firmado pelo clube e por pessoa jurídica em cuja constituição participa o próprio atleta.

> Apelo provido (TRT 4ª R., 4ª T., RO 00847-2001-022-04-00-9, Rel. Juiz Darcy Carlos Mahle, j. 1º.4.2004, *DOERS* 25.5.2004).

A discussão de determinada matéria na Justiça Desportiva não interrompe ou suspende o prazo de prescrição previsto na Constituição, por falta de previsão constitucional e legal.

O Pleno do STF entendeu que a prescrição do FGTS para o empregado é a prevista no inciso XXIX do art. 7º da Constituição, podendo o autor postular os últimos cinco anos a contar da propositura da ação e não 30 anos. A modulação dos efeitos da decisão foi estabelecida a partir de 13.11.2014. Para os casos em que o prazo prescricional iniciou-se antes da data do julgamento, o prazo é de 30 anos. Para os casos em que a prescrição teve início após o julgamento, o prazo é de cinco anos:

> Recurso extraordinário. Direito do Trabalho. Fundo de Garantia por Tempo de Serviço (FGTS). Cobrança de valores não pagos. Prazo prescricional. Prescrição quinquenal. Art. 7º, XXIX, da Constituição. Superação de entendimento anterior sobre prescrição trintenária. Inconstitucionalidade dos arts. 23, § 5º, da Lei 8.036/1990 e 55 do Regulamento do FGTS aprovado pelo Decreto 99.684/1990. Segurança jurídica. Necessidade de modulação dos efeitos da decisão. Art. 27 da Lei 9.868/1999. Declaração de inconstitucionalidade com efeitos *ex nunc*. Recurso extraordinário a que se nega provimento (ARE 709.212/DF, Rel. Min. Gilmar Mendes, j. 13.11.2014, *DJe* 19.2.2015).

O TST mudou a redação da Súmula 362 do TST para se adequar à decisão do STF:

> I – Para os casos em que a ciência da lesão ocorreu a partir de 13-11-2014, é quinquenal a prescrição do direito de reclamar contra o não recolhimento de contribuição para o FGTS, observado o prazo de dois anos após o término do contrato; II – Para os casos em que o prazo prescricional já estava em curso em 13-11-2014, aplica-se o prazo prescricional que se consumar primeiro: trinta anos, contados do termo inicial, ou cinco anos, a partir de 13-11-2014 (STF, ARE 70.9212/DF).

24
Seguro contra acidentes

Previa o art. 29 da Lei n. 8.672/93 que seria constituído um sistema de seguro obrigatório específico para os praticantes desportivos profissionais, com o objetivo de cobrir os riscos a que estão sujeitos, protegendo especialmente os praticantes de alto rendimento.

As entidades de prática desportiva são obrigadas a contratar seguro de vida e de acidentes pessoais, vinculado à atividade desportiva, para os atletas profissionais, com o objetivo de cobrir os riscos a que eles estão sujeitos (art. 45 da Lei n. 9.615/98).

São deveres da organização esportiva (art. 84 da Lei n. 14.597): "VI – contratar seguro de vida e de acidentes pessoais, com o objetivo de cobrir os riscos aos quais os atletas e os treinadores estão sujeitos, inclusive a organização esportiva que o convoque para seleção; VII – assegurar que a importância segurada garanta ao atleta profissional ou ao beneficiário por ele indicado no contrato de seguro o direito a indenização mínima correspondente ao valor anual da remuneração pactuada".

Geralmente, os clubes não têm feito o seguro, sob o fundamento de que é muito caro.

As entidades de prática desportiva não são obrigadas a contratar seguro de vida e de acidentes pessoais para os atletas que não sejam profissionais. Se ocorrer o acidente e houver dolo ou culpa da entidade, terá direito o atleta a indenização por responsabilidade civil.

A importância segurada deve garantir ao atleta profissional, ou ao beneficiário por ele indicado no contrato de seguro, o direito a indenização mínima correspondente ao valor anual da remuneração pactuada (§ 1º do art. 45 da Lei n. 9.615/98). O art. 45 da Lei n. 9.615 assegura uma indenização mínima. Pode ser contratada entre as partes outra.

Cumpre à organização esportiva assegurar que a importância segurada garanta ao atleta profissional ou ao beneficiário por ele indicado no contrato de seguro o direito a indenização mínima correspondente ao valor anual da remuneração pactuada (art. 84, VII, da Lei n. 14.597).

Caso a entidade de prática desportiva não faça o seguro, terá de indenizar o atleta do que ele gastou para se recuperar e o que deixou de ganhar.

A entidade de prática desportiva é responsável pelas despesas médico-hospitalares e de medicamentos necessários ao restabelecimento do atleta enquanto a seguradora não fizer o pagamento da indenização a que se refere o parágrafo anterior (§ 2º do art. 45 da Lei n. 9.615/98).

O TST considerou atividade de risco o jogo de futebol e entendeu que existe obrigação de indenizar com base nos arts. 186, 247 e 927 do Código Civil:

> EMBARGOS. ATLETA PROFISSIONAL DE FUTEBOL. "SEGURO DE ACIDENTES DE TRABALHO". NÃO CONTRATAÇÃO. INDENIZAÇÃO. Nos termos do art. 45 da Lei nº 9.615/98, as entidades de prática desportiva são obrigadas a contratar seguro de acidentes de trabalho para atletas profissionais a ela vinculados, com o objetivo de cobrir os riscos a que eles estão sujeitos. E, segundo o parágrafo primeiro, a importância segurada deve garantir direito a uma indenização mínima correspondente ao valor total anual da remuneração ajustada no caso dos atletas profissionais. À míngua de previsão de sanção específica para o caso de descumprimento da obrigação, resolve-se a controvérsia à luz da responsabilidade civil, nas formas dos arts. 186, 247 e 927 do Código Civil. Comprovados o dano e o nexo de causalidade – lesão física durante uma partida de futebol sem a oportunidade de acionar seguro ante a não celebração do contrato pela empregadora-, e sendo a atividade de risco, conforme o próprio art. 45 em exame já antecipa, resta patente a obrigação de indenizar. No tocante ao valor da indenização, o critério estabelecido pela lei – indenização mínima correspondente ao valor anual da remuneração ajustada no caso dos atletas profissionais – encontra razão de ser no virtual desamparo ao atleta profissional jogador de futebol que tenha a carreira parcial ou totalmente interrompida em virtude de acidente do trabalho. Embargos de que se conhece e a que se nega provimento (SBDI-1, ED-RR-168500-29.2006.5.01.0046, Rel. Min. Marcio Vitral Amaro, j. 6.4.2017).

A jurisprudência tem se direcionado no sentido de que a indenização deve ser a de responsabilidade civil:

> [...] ATLETA PROFISSIONAL. INDENIZAÇÃO SUBSTITUTIVA AO SEGURO OBRIGATÓRIO PREVISTO NO ARTIGO 45 DA LEI Nº 9.615/98. O *caput* do art. 45 da Lei nº 9.615/98, alterado pela Lei nº 12.395/2011, dispõe que "As entidades de prática desportiva são obrigadas a contratar seguro de vida e de acidentes pessoais, vinculado à atividade desportiva, para os atletas profissionais, com o objetivo de cobrir os riscos a que eles estão sujeitos". Já o § 1º do referido dispositivo, incluído pela citada Lei nº 12.395/2011, estabelece que "A importância segurada deve garantir ao atleta profissional, ou ao beneficiário por ele indicado no contrato de seguro, o direito a indenização mínima correspondente ao valor anual da remuneração pactuada". A referida Lei Pelé, contudo, não prevê qualquer sanção pelo descumprimento da obrigação de contratar seguro de vida e de acidentes pessoais vinculados à atividade desportiva, razão pela qual a jurisprudência trabalhista tem aplicado à hipótese as regras da responsabilidade civil constantes nos artigos 186, 247 e 927 do Código Civil. Sendo assim, nos casos de omissão da entidade empregadora em contratar o aludido seguro, só haverá a obrigação de indenizar o atleta pelo acidente pessoal vinculado à prática desportiva se ficar evidenciado o efetivo dano em decorrência da ausência do seguro. É importante destacar que os "acidentes pessoais" a que se refere o art. 45 da Lei nº 9.615/98 não se confundem com os típicos "acidentes de trabalho" da Lei n. 8.213/1991. Conforme leciona o Exmo. Ministro Guilherme Augusto Caputo Bastos (In Direito Desportivo, 1ª edição, p. 123) "[...] o esporte tem suas especificidades, e as lesões advindas da prática de qualquer modalidade desportiva pelos atletas profissionais não se equiparam ao acidente de trabalho comum, de modo que não há falar na figura do auxílio acidente, da estabilidade, da suspensão do contrato, do afastamento, até porque não raro as lesões são suportadas dentro das instalações da própria entidade de prática desportiva". No caso dos autos, conta do acórdão regional que, a despeito das três lesões sofridas ao longo dos contratos de trabalho, não houve prejuízo ao reclamante, pois esse continuou recebendo normalmente sua remuneração, bem como a assistência médico-fisioterápica. Nesse contexto, diante da inexistência de sanção específica para o descumprimento do art. 45, *caput*, da Lei nº 9.615/98, e da ausência de dano, na medida em que os sinistros (luxação no ombro e estiramento muscular) não acarretaram prejuízos de ordem material ou moral ao reclamante, a atrair os artigos 186, 247 e 927 do Código Civil, não se há falar em indenização. Agravo não provido[1].

---

1 TST/Ag-AIRR-10212-36.2016.5.03.0091, 5ª Turma, Rel. Min. Breno Medeiros, *DEJT* 22.3.2019.

Leciona Alexandre Ramos, no artigo "Responsabilidade civil por acidente de trabalho no esporte":

> Assim, se a entidade desportiva praticar ato comissivo ou omissivo, descumprindo dever previsto em norma jurídica específica ou geral, e causar dano relacionado a este ato, deve responder pelo prejuízo material ou extrapatrimonial suportado pelo ofendido. Vale dizer, se a entidade descumpre as obrigações específicas do art. 34, inc. III, da Lei Pelé e desta omissão resultar uma lesão, responderá com fundamento no art. 186 do Código Civil. O mesmo ocorrerá quando o atleta se lesionar na competição e a entidade deixar de prestar os cuidados necessários para a sua recuperação[2].

A 1ª Turma do TST entendeu que a atividade de jogar futebol é de risco, implicando responsabilidade objetiva:

> RECURSO DE REVISTA. ATLETA PROFISSIONAL DE FUTEBOL. ACIDENTE DE TRABALHO. INDENIZAÇÃO POR DANO MATERIAL E MORAL.
>
> 1. O Tribunal Regional do Trabalho da 12ª Região, não obstante reconhecer que o acidente ocorreu enquanto o autor desenvolvia sua atividade profissional em benefício do clube réu, bem como que, em virtude do infortúnio, o atleta não teve condições de voltar a jogar futebol profissionalmente, concluiu que a entidade desportiva não teve culpa no acidente de trabalho, além de haver adotado todas as medidas possíveis para tentar devolver ao autor a capacidade para o desenvolvimento de suas atividades como atleta profissional, não sendo possível a sua recuperação porque a medicina ainda não tinha evoluído ao ponto de permitir a cura total. Razões pelas quais a Corte *a quo* rejeitou o pedido de indenização por dano material e dano moral.
>
> 2. Ocorre, todavia, que, conforme o disposto nos arts. 34, III, e 45, da Lei nº 9.615/98, são deveres da entidade de prática desportiva empregadora, em especial, submeter os atletas profissionais aos exames médicos e clínicos necessários à prática desportiva, e contratar seguro de vida e de acidentes pessoais, vinculado à atividade desportiva, para os atletas profissionais, com o objetivo de cobrir os riscos a que eles estão sujeitos.

---

2 RAMOS, Alexandre. Responsabilidade civil no esporte, no evento O desporto que os tribunais superiores praticam.

> 3. Em tal contexto, incide, à espécie, a responsabilidade objetiva prevista no art. 927, parágrafo único, do Código Civil, segundo o qual, haverá obrigação de reparar o dano, independentemente de culpa, nos casos especificados em lei, ou quando a atividade normalmente desenvolvida pelo autor do dano implicar, por sua natureza, risco para os direitos de outrem.
>
> 4. Dessa orientação dissentiu o acórdão recorrido[3].

Entende Stroppa:

> [...] Não há como negar que a atividade do atleta profissional, que em última razão é explorada e aproveitada pela entidade de prática desportiva que o emprega, traz em seu bojo um risco inerente, ante a possibilidade de existirem lesões, seja em jogos oficiais ou até mesmo em treinamentos[4].

Da mesma forma, defende Santos (2019, p. 135-136):

> [...] Dado isso, os atletas são submetidos a riscos inerentes à sua profissão, sendo por certo, a aplicação da responsabilidade objetiva ao clube empregador, inclusive levando-se em consideração o artigo 2º da CLT que menciona que o empregador é aquele que, entre outras definições, assume os riscos da atividade econômica. Se assume os riscos, ou melhor, se retira proveito da atividade de risco, arque com o ônus decorrente de tal atividade, trata-se, portanto, da objetividade da responsabilização.
>
> Não que fosse necessário mencionar, mas é certo que o clube empregador encaixa-se na definição de empregador determinado pela legislação trabalhista.
>
> Sendo assim, a responsabilidade do clube consiste em objetiva, exceto nos casos em que se configure a culpa exclusiva do atleta, nos casos de acidente de trabalho.

Afirma-se que o valor da indenização deve ser maior para o jogador, pois a sua carreira é mais curta.

Penso que cada caso deve ser examinado, pois pode haver culpa, dolo, culpa recíproca etc.

---

3 TST/RR-393600-47.2007.5.12.0050, 1ª Turma, Rel. Min. Walmir Oliveira da Costa, *DEJT* 7.3.2014.

4 STROPPA, Glener Pimenta. Acidente de trabalho do atleta profissional. *JusLaboris*, 2015, p. 78-79 Disponível em: https://juslaboris.tst.jus.br/bitstream/handle/1939/77926/2015_stroppa_glener_acidente_trabalho.pdf?sequence=1. Acesso em: 18 mar. 2021.

Na hipótese de um acidente ser causado pelo jogador do clube adversário, haveria fato de terceiro, que excluiria o direito de indenização em relação ao clube do atleta que sofreu o acidente.

Alexandre Ramos, em "Responsabilidade civil por acidente de trabalho no esporte", entende que não pode ser aplicada a responsabilidade objetiva ao clube:

> Em conclusão, entendo que a responsabilidade civil nas relações desportivas não pode deixar de considerar que o espectador, o torcedor, o público assiste ao *espetáculo esportivo* para ver o inusitado. O espetáculo esportivo inspira o público à prática do desporto de participação (integração social e saúde). Do espetáculo esportivo auferem ganhos tanto a entidade desportiva, quanto o atleta. Logo, seu maior esforço e maior risco geram também benefícios diretos e proporcionais a si próprio. O esporte traz em si o conceito de espetáculo, exigindo do atleta constante superação para a vitória na competição. Assim, há um risco inerente ou danosidade latente, que faz parte da própria essência ou natureza do esporte. Não é esporte, nem espetáculo, a prática de certa atividade física que não impressione. Sem superação não há espetáculo, não há atleta, não há esporte e não há público.
>
> Em síntese, normalidade e previsibilidade são as características do risco inerente ao esporte, para o qual todos convergem: o atleta, como centro do espetáculo, a entidade desportiva, como organizadora e investidora, e o público, como espectador apaixonado pelo extraordinário, realizado pelo atleta. O direito não pode descolar-se da realidade social e cultural da coletividade, nem o intérprete e aplicador da lei pode desprezar os parâmetros de normalidade e aceitabilidade que regem a vida dos atores sociais, em suas múltiplas relações.

Não parece que a responsabilidade do clube é objetiva, mas subjetiva, com base no inciso XXVIII do art. 7º da Constituição, que faz referência a dolo ou culpa.

25
Acidente do trabalho

O § 4º do art. 28 da Lei n. 9.615/98 dispõe que se aplicam ao atleta profissional as normas gerais sobre seguridade social. O atleta profissional é um segurado obrigatório da Previdência Social, na condição de empregado.

O corpo do atleta é o seu meio ou instrumento de trabalho. Muitas vezes, ocorrem acidentes do trabalho em relação ao atleta profissional diferentes dos que ocorrem quanto a outro tipo de trabalhador, como distensões, lesões, problemas no joelho, articulações etc.

Acidente do trabalho é o que ocorre pelo exercício do trabalho a serviço do empregador, provocando lesão corporal ou perturbação funcional que cause a morte ou a perda ou redução, permanente ou temporária, da capacidade para o trabalho (art. 19 da Lei n. 8.213/91).

Consideram-se acidente do trabalho as seguintes entidades mórbidas:

> (I) doença profissional, assim entendida a produzida ou desencadeada pelo exercício do trabalho peculiar a determinada atividade e constante da respectiva relação elaborada pelo Ministério do Trabalho e da Previdência Social;
>
> (II) doença do trabalho, assim entendida a adquirida ou desencadeada em razão de condições especiais em que o trabalho é realizado e com ele se relacione diretamente (art. 20 da Lei n. 8.213/91).

Não são consideradas doença do trabalho:

(a) a doença degenerativa;

(b) a inerente a grupo etário;

(c) a que não produza incapacidade laborativa.

As entidades de prática desportiva são obrigadas a contratar seguro de vida e de acidentes pessoais, vinculado à atividade desportiva, para os atletas profissionais, com o objetivo de cobrir os riscos a que eles estão sujeitos (art. 45 da Lei n. 9.615/98).

O seguro somente é obrigatório para atletas profissionais (art. 94 da Lei n. 9.615) e não para os não profissionais.

A lei fixa a obrigatoriedade de se fazer seguro contra acidentes do trabalho, que seria o relativo à atividade profissional do atleta, como em treinamentos, jogos, deslocamentos da residência para o clube, e não para acidentes pessoais do atleta. Para atletas de renome, é melhor que o clube faça seguro também, pois pode ocorrer um acidente pessoal e o clube ficar sem poder contar com o atleta, como acidente de automóvel.

Para os atletas profissionais, o valor mínimo da indenização segurada deverá corresponder à importância total anual da remuneração ajustada. O prêmio é o valor pago pelo estipulante do seguro à seguradora para ficar coberto pelo seguro. Aqui, trata-se do valor segurado, que é a indenização a ser paga pela seguradora em caso do sinistro.

A importância segurada deve garantir ao atleta profissional, ou ao beneficiário por ele indicado no contrato de seguro, o direito a indenização mínima correspondente ao valor anual da remuneração pactuada (§ 1º do art. 45 da Lei n. 9.615/98). No cálculo da indenização substitutiva do seguro obrigatório, previsto no § 1º do art. 45 da Lei n. 9.615, não é possível incluir 13º salário, férias, FGTS, por falta de previsão legal. A indenização da remuneração substitutiva incluirá os salários e as verbas que têm natureza de remuneração, como luvas, bichos.

O seguro visa cobrir o atleta contra o risco parcial ou total, temporário ou definitivo em razão da prática desportiva. O art. 45 da Lei n. 9.615/98 não estabelece sanção se o empregador não fizer o seguro. Na prática, os clubes não conseguem fazer o seguro, pois as seguradoras exigem um valor muito alto do prêmio, inviabilizando o seguro.

Caso o seguro não seja feito, aplica-se a lei civil, no art. 186 do Código Civil. Se há dano, paga-se a indenização. Do contrário, não.

O parágrafo único do art. 94 da Lei n. 9.615/98 mostra que a regra é facultativa para basquete, natação etc. Não é obrigatória a observância da Lei n. 9.615 nos referidos casos. É obrigatória apenas para o jogador de futebol, ao qual se aplica a CLT, pois ele é empregado.

O art. 5º do Decreto n. 10/2009, de Portugal, trata do seguro desportivo.

A entidade de prática desportiva é responsável pelas despesas médico-hospitalares e de medicamentos necessários ao restabelecimento do atleta enquanto a seguradora não fizer o pagamento da indenização a que se refere o § 1º do art. 45 da Lei n. 9.615 (§ 2º do art. 45 da Lei n. 9.615/98).

A distensão muscular é considerada acidente do trabalho. É uma espécie de doença profissional.

O atleta pode jogar muitos jogos durante o ano e ter fadiga muscular e envelhecimento precoce. Exemplo pode ser o de Garrincha, que abandonou o futebol antes do que seria o normal.

Dos atletas profissionais de futebol há o desconto da contribuição previdenciária de seus salários. São eles segurados obrigatórios da Previdência Social, na condição de empregados.

O clube de futebol recolhe 5% da receita bruta dos espetáculos desportivos e sobre a renda de contratos de patrocínio em substituição à contribuição de 20% da empresa e à contribuição para custeio das prestações de acidente do trabalho.

Logo, se o atleta sofrer acidente do trabalho, também terá direito às prestações acidentárias previstas na Lei n. 8.213.

Durante os 15 primeiros dias de afastamento, cabe ao empregador pagar o salário do atleta, como ocorre nos casos de contusões. Após o 15º dia, o benefício é pago pelo INSS.

O auxílio-acidente será concedido como indenização ao segurado quando, após consolidação das lesões decorrentes de acidente de qualquer natureza, resultarem sequelas que impliquem redução da capacidade para o trabalho que habitualmente exercia (art. 86 da Lei n. 8.213/91).

A pensão mensal por acidente deveria ser fixada até, em média, os 35 anos, que é o período durante o qual normalmente um jogador de futebol costuma jogar. Não se pode falar em pensão até outra idade, pois a pessoa pode exercer outra atividade, que não a prática de futebol.

O prazo de prescrição para a propositura da ação referente à prestação por acidente do trabalho prescreve em cinco anos, contados da data:

(a) do acidente, quando dele resultar a morte ou a incapacidade temporária, verificada esta em perícia médica a cargo da Previdência Social; ou

(b) em que for reconhecida, pela Previdência Social, a incapacidade permanente ou o agravamento das sequelas do acidente.

26
Treinador de futebol

A Lei n. 8.650, de 22 de abril de 1993, dispunha sobre as relações de trabalho do treinador profissional de futebol e dava outras providências. Trata-se da lei que criou a profissão regulamentada.

A Lei n. 14.597/2023 revogou a Lei n. 8.650/93.

Considera-se treinador esportivo profissional a pessoa que possui como principal atividade remunerada a preparação e a supervisão da atividade esportiva de um ou vários atletas profissionais (§ 1º do art. 75 da Lei n. 14.597).

O exercício da profissão de treinador esportivo em organização de prática esportiva profissional fica assegurado exclusivamente:

> I – aos portadores de diploma de educação física;
>
> II – aos portadores de diploma de formação profissional em nível superior em curso de formação profissional oficial de treinador esportivo, devidamente reconhecido pelo Ministério da Educação, ou em curso de formação profissional ministrado pela organização nacional que administra e regula a respectiva modalidade esportiva;
>
> III – aos que, na data da publicação da Lei n. 14.597, estejam exercendo, comprovadamente, há mais de três anos, a profissão de treinador esportivo em organização de prática esportiva profissional (§ 2º do art. 75 da Lei n. 14.597).

Os ex-atletas podem exercer a atividade de treinador esportivo, desde que:

> I – comprovem ter exercido a atividade de atleta por 3 (três) anos consecutivos ou por 5 (cinco) anos alternados, devidamente comprovados pela respectiva organização que administra e regula a modalidade esportiva; e

> II – participem de curso de formação de treinadores, reconhecido pela respectiva organização que administra e regula a modalidade esportiva (§ 3º do art. 75 da Lei n. 14.597).

É permitido o exercício da profissão a treinadores estrangeiros, desde que comprovem ter licença de sua associação nacional de origem (§ 4º do art. 75 da Lei n. 14.597).

São direitos do treinador profissional esportivo profissional:

> I – ter ampla e total liberdade na orientação técnica e tática esportiva;
>
> II – ter apoio e assistência moral e material assegurada pelo contratante, para que possa desempenhar bem suas atividades;
>
> III – exigir do contratante o cumprimento das determinações dos organismos esportivos atinentes à sua profissão (art. 76).

O não cumprimento das regras *supra* pelo clube pode implicar a rescisão indireta do contrato de trabalho do treinador (art. 483 da CLT).

São deveres do treinador profissional de futebol:

> I – zelar pela disciplina dos atletas sob sua orientação, ministrando os treinamentos no intuito de dotar os atletas da máxima eficiência tática e técnica em favor do contratante;
>
> II – manter o sigilo profissional (art. 77 da Lei n. 14.597).

Da anotação do contrato de trabalho do treinador profissional de futebol na carteira profissional, deverá obrigatoriamente constar:

> I – o prazo de vigência, o qual, em nenhuma hipótese, poderá ser inferior a 6 (seis) meses ou superior a 2 (dois) anos;
>
> II – o salário, as gratificações e as bonificações (§ 1º do art. 98 da Lei n. 14.597).

Os prêmios por performance ou resultado, o direito de imagem e o valor das luvas, caso ajustadas, não possuem natureza salarial e constarão de contrato avulso de natureza exclusivamente civil (§ 2º do art. 98 da Lei n. 14.597).

O contrato de trabalho será registrado no prazo improrrogável de 10 dias na organização que regula o futebol, não constituindo o registro, contudo, condição de validade do referido contrato (§ 3º do art. 98 da Lei n. 14.597).

O treinador profissional de futebol somente poderá atuar pela organização esportiva empregadora após registro e publicação de seu nome em boletim informativo ou em documento similar por parte da organização que administra e regula a modalidade esportiva (§ 4º do art. 98 da Lei n. 14.597).

Aplica-se ao treinador profissional de futebol a legislação do trabalho e da previdência social, ressalvadas as incompatibilidades com as disposições da Lei n. 14.597 (§ 5º do art. 98 da Lei n. 14.597). Logo, são aplicáveis a CLT e outras leis trabalhistas ao treinador profissional de futebol.

O contrato de trabalho do treinador empregado é considerado por prazo determinado. Não pode ser superior a dois anos.

O treinador de futebol não faz jus a direito de arena, pois não joga e não há previsão legal nesse sentido.

São aplicáveis também as Leis n. 8.212/91 (Custeio da Seguridade Social) e 8.213/91 (Benefícios da Previdência Social). O treinador é empregado e, portanto, é considerado segurado obrigatório da Previdência Social. Faz jus aos benefícios previdenciários previstos na Lei n. 8.213/91.

27 Árbitro de futebol

1 Introdução

A Lei n. 50/2007, de Portugal, define o árbitro desportivo como sendo "quem, a qualquer título, principal ou auxiliar, aprecia, julga, decide, observa ou avalia a aplicação das regras técnicas e disciplinares próprias da modalidade desportiva". O árbitro deveria estar credenciado na federação correspondente para poder exercer o seu mister.

A Lei n. 12.867, de 10 de outubro de 2013, regulava a profissão de árbitro de futebol e dava outras providências.

Havia dúvida sobre se o árbitro de futebol era ou não empregado.

A jurisprudência reconhecia o vínculo de emprego entre o árbitro de futebol e a correspondente federação. É o que se observa nos seguintes acórdãos:

> Árbitro de futebol. Reconhecimento da relação de emprego ante a existência dos pressupostos de subordinação jurídica, pessoalidade e não eventualidade. A relação jurídica é perfeitamente caracterizada entre a Federação que o contrata e o árbitro que lhe presta serviços remunerados. Revista a que se dá provimento (TST, 2ª T., TT 5041/78, Ac. 1183/79, Rel. Min. Barata Silva, j. 5.6.1979).
>
> Relação de emprego. Árbitro de futebol. Considerando-se a finalidade precípua da reclamada Federação Paulista de Futebol, os árbitros de futebol são imprescindíveis à mesma. Logo, presentes os requisitos do art. 3º da CLT, como no

> caso *sub judice*, configura-se o vínculo empregatício (TRT 2ª R, 1ª T., RO 02910112076, Rel. Juiz Floriano Vaz da Silva, j. 14.4.1993).
>
> Vínculo empregatício. Árbitro de futebol e Federação Paulista de Futebol. Existe vínculo empregatício entre o árbitro de futebol e a Federação Paulista de Futebol, como inclusive se constata do regulamento do Departamento de Árbitros dessa entidade. Presentes, na hipótese, a subordinação, a onerosidade, a não eventualidade e a pessoalidade (TRT 2ª R., RO 20010073617, Ac. 20010178486, Rel. Juíza Wilma Nogueira de Araújo Vaz da Silva, j. 16.4.2001).

A questão precisa ser examinada de acordo com os requisitos caracterizadores do contrato de trabalho e a legislação mais recente.

2 Contrato de trabalho

Árbitro esportivo profissional é a pessoa que possui como principal atividade remunerada a direção de disciplina e conformidade com as regras esportivas durante uma prova ou partida de prática esportiva (§ 1º do art. 78 da Lei n. 14.597).

Para a caracterização do contrato de trabalho, é preciso a observância de cinco requisitos cumulativos: pessoa física, continuidade, subordinação, salário e pessoalidade. Faltando um deles, não há contrato de trabalho.

A prestação dos serviços de arbitragem é feita por pessoa física, que é o árbitro.

Em muitos casos, não existe continuidade na prestação dos serviços, pois o árbitro é convocado para algumas partidas, e não para todas. Pode trabalhar toda semana ou apenas em alguns jogos.

Geralmente, os árbitros têm outras atividades profissionais. Assim, há necessidade de coincidirem horários e compromissos. O árbitro pode pedir para não ser escalado para partidas. Indica, portanto, que o trabalho, no caso, é eventual.

As penalidades que são aplicadas aos árbitros são estabelecidas por tribunal desportivo e decorrem do regulamento desportivo. São provenientes da má atuação do árbitro na partida, e não do poder de direção do empregador. O mesmo ocorre com os jogadores de futebol, em que as penalidades incorridas nas partidas não são aplicadas pelo clube.

O árbitro não faz relatórios, mas súmulas das partidas desportivas, em que serão verificadas ocorrências para aplicação de penalidades aos clubes e aos jogadores. Há a indicação de expulsões de jogadores, cartões amarelos, comportamento da torcida etc. Não indica subordinação.

Precisa o árbitro se inscrever para cada campeonato. Se não o faz, é porque não tem interesse, como ocorre em relação a muitos árbitros. Assim, não existe também dispensa do árbitro, mas apenas falta de interesse em se inscrever ou então não é mais chamado para atuar.

A necessidade de exames médicos diz respeito à atuação do árbitro, pois ele tem de estar em boas condições físicas e bem preparado para poder atuar. Se o árbitro não tiver preparo físico, não correrá durante os 90 minutos da partida.

A remuneração do árbitro é paga em relação a cada partida que apita. O pagamento não é feito pela Federação Estadual de Futebol. Não tem natureza de salário.

Entre o término de um torneio e o início de outro, não havendo jogos, o árbitro não recebe. É o que ocorre no final do ano, em dezembro, até o início dos campeonatos, que ocorre na metade de janeiro.

Dispunha o art. 58 da Lei n. 8.672, de 6 de julho de 1993, que:

> os árbitros e auxiliares de arbitragem não têm qualquer vínculo empregatício com as entidades desportivas diretivas onde atuam, e a sua remuneração como autônomos exonera tais entidades de quaisquer outras responsabilidades trabalhistas e previdenciárias.

O art. 96 da Lei n. 9.615, de 24 de março de 1998, revogou a Lei n. 8.672/93.

O parágrafo único do art. 88 da Lei n. 9.615/98 tem redação semelhante à regra anterior, chegando ao mesmo resultado:

> independentemente da constituição de sociedade ou entidades, os árbitros e seus auxiliares não terão qualquer vínculo empregatício com as entidades desportivas diretivas onde atuarem, e sua remuneração como autônomos exonera tais entidades de quaisquer outras responsabilidades trabalhistas, securitárias e previdenciárias.

O trabalho do árbitro esportivo é regulado pelas organizações esportivas responsáveis pela atividade referida no § 1º do art. 78 da Lei n. 14.597, mas não há relação de subordinação de natureza laboral entre esses profissionais e a organização esportiva que o contrata ou regula seu trabalho (§ 2º do art. 78 da Lei n. 14.597).

O inciso XIV do § 15 do art. 9º do Regulamento da Previdência Social considera o árbitro de futebol como autônomo.

A jurisprudência se orienta no sentido de não reconhecer o vínculo de emprego em relação ao árbitro de futebol:

> Vínculo empregatício. Árbitro de futebol. A subordinação parte da atividade, e nela se concentra. Seu exercício, porém, implica intercâmbio de condutas, porque essa atividade consume-se por pessoas que se congregam, que se organizam e que compõem um quadro geral de ordem e de segurança no processo da produção de bens e/ou serviços. O único meio de se obter uma razoável separação entre mandatário-autônomo e mandatário-subordinado é aferir a proporção da intervenção do poder jurídico do mandante na atividade do mandatário. *In casu*, observa-se que o trabalho do árbitro é executado sem subordinação à Reclamada. O fato de estar o árbitro sujeito às ordens, instruções e fiscalização da Federação, e de ser por ela escalado para os jogos, não indica a sua subordinação jurídica. Pelo contrário, em razão da própria natureza do serviço prestado, o Reclamante desfrutava de total autonomia no seu trabalho, não havendo por parte da Federação qualquer direção, comando, controle e ou aplicação de penas disciplinares, a ela interessando tão somente o resultado. Recurso de Revista conhecido e provido (TST, 3ª T., RR 572932/1999-5ª R., Rel. Min. Carlos Alberto Reis de Paula, j. 3.10.2001, *DJ* 19.10.2001, p. 623, *Revista do TST*, Brasília, v. 67, n. 4, out.-dez. 2001).
>
> Vínculo empregatício. Árbitro de futebol. Árbitro de futebol não é empregado de Federação, uma vez que a prestação de serviço não se enquadra nas previsões do artigo terceiro da CLT (TST, 1ª T., RR 206421/1995-6ª R., Ac. 6995, Rel. Min. Ursulino Santos, j. 27.11.1996, *DJ* 14.3.1997, p. 7.239).
>
> Árbitro de futebol. Relação de emprego. A circunstância de ser a Federação a promotora e coordenadora de competições esportivas, não a transforma, necessariamente, em empregadora do árbitro escalado para aquelas competições (TST, 2ª T., RR 1745462/1005-6ª R., Rel. Min. José Luciano de Castilho Pereira, *DJ* 2.8.1996, p. 26.059).
>
> Vínculo de emprego. Árbitro de futebol. O exame do tema em referência circunscreve-se ao conjunto fático probatório dos autos, o que atrai a incidência do Enunciado n. 126 desta Corte. Recurso de revisa não conhecido (TST, 1ª T., RR 396361/1997-2ª R., Rel. Min. Ronaldo Lopes Leal, *DJ* 1º.3.2002).

Estão, portanto, ausentes os requisitos dos arts. 2º e 3º da CLT para a configuração do vínculo de emprego entre árbitro e federação de futebol.

Os direitos do árbitro de futebol ficam adstritos apenas ao pagamento da remuneração em relação a cada jogo de que participar.

No âmbito previdenciário, é considerado segurado obrigatório na condição de autônomo. Deve, portanto, recolher a contribuição previdenciária de acordo com seu salário de contribuição.

Se o árbitro conseguir demonstrar a continuidade da prestação de serviços e a subordinação, será possível reconhecer o vínculo de emprego, o que me parece, nas condições atuais, difícil.

Os árbitros e auxiliares de arbitragem poderão constituir entidades nacionais, estaduais e do Distrito Federal, por modalidade desportiva ou grupo de modalidades, objetivando o recrutamento, a formação e a prestação de serviços às entidades de administração do desporto (art. 88 da Lei n. 9.615/98).

É direito do torcedor que a arbitragem das competições desportivas seja independente, imparcial, previamente remunerada e isenta de pressões (art. 30 da Lei n. 10.671/2003 – Estatuto do Torcedor).

O árbitro esportivo exercerá atribuições relacionadas às atividades esportivas disciplinadas na Lei n. 14.597, destacando-se aquelas inerentes ao árbitro de partidas e as de seus auxiliares (art. 79).

É facultado aos árbitros esportivos organizar-se em associações profissionais e em sindicatos (art. 80 da Lei n. 14.597).

É lícito aos árbitros esportivos prestar serviços às organizações esportivas, qualquer que seja sua natureza jurídica ou forma de estruturação, ressalvado o seu impedimento para atuar em campeonato, em partida ou em prova de organização de prática esportiva à qual tenha vinculado os seus serviços, ou que a beneficie direta ou indiretamente na disputa da competição (art. 81 da Lei n. 14.597).

As entidades de administração do desporto ou os clubes não têm poder disciplinar sobre o árbitro.

28

Ação na Justiça do Trabalho

1 Competência

Previa o § 4º do art. 153 da Emenda Constitucional n. 1, de 1969, que "a lei não poderá excluir da apreciação do Poder Judiciário qualquer lesão de direito individual". A lesão era a direito individual e não a qualquer direito ou a direito coletivo.

Dispunha o art. 29 da Lei n. 6.354/76 que:

> somente serão admitidas reclamações à Justiça do Trabalho depois de esgotadas as instâncias da Justiça Desportiva, a que se refere o item III do art. 42 da Lei n. 6.251/75, que proferirá decisão final no prazo máximo de 60 dias contados da instauração do processo.

O § 4º do art. 153 da Emenda Constitucional n. 1/69, de acordo com a redação da Emenda Constitucional n. 7/77, estabelecia que:

> [...] o ingresso em Juízo poderá ser condicionado a que se exaurem previamente as vias administrativas, desde que não exigida garantia de instância, nem ultrapassado o prazo de cento e oitenta dias para a decisão sobre o pedido.

O TST entendia que era possível ao atleta ingressar diretamente com ação na Justiça do Trabalho:

> Competência da Justiça do Trabalho. O atleta profissional pode ingressar na Justiça do Trabalho diretamente, quando o seu interesse se vincula a direitos

> de natureza trabalhista sem afetar o quanto dita o art. 29 da Lei n. 6.354/76 em termos de comportamento esportista. A exaustão da fase em que firma a competência da Justiça Desportiva interessa apenas à disciplinação do esporte (1ª T., RR 6.646/82, Rel. Min. Ildélio Martins, Bol. do TRT 2ª R., p. 105, *Revista LTr* 49-7/817).

O inciso XXXV do art. 5º da Lei Maior de 1988 não tem disposição nem mesmo similar à anterior, pois "a lei não excluirá da apreciação do Poder Judiciário lesão ou ameaça a direito". Não se faz mais referência a direito individual. Logo, qualquer direito, individual ou coletivo, não poderá ser excluído da apreciação do Poder Judiciário. Não mais dispõe que a lei poderia condicionar o ingresso em juízo somente depois de esgotada a instância administrativa.

Determina, porém, o § 1º do art. 217 da Lei Magna de 1988 que "o Poder Judiciário só admitirá ações relativas à disciplina e às competições desportivas após esgotarem-se as instâncias da Justiça Desportiva, reguladas em lei". A instância desportiva tem natureza de instância administrativa.

Não há dúvida de que a Justiça do Trabalho tem competência para examinar a relação entre o atleta profissional de futebol e o respectivo clube, pois decorre da previsão do art. 114 da Constituição. Entretanto, o art. 29 da Lei n. 6.354/76 foi derrogado pelo § 1º do art. 217 da Constituição e revogado expressamente pela Lei n. 12.395/2011. Somente nos casos de disciplina e de competições esportivas é que se deve esgotar a via administrativa. Nos demais casos, o atleta pode socorrer-se diretamente da Justiça do Trabalho para fazer sua postulação, como no caso de direitos trabalhistas, por exemplo: salários não pagos, bichos, direito de arena, luvas, falta de depósitos do FGTS etc.

O TST já decidiu:

> CAUSAS ESPORTIVAS. DA COMPETÊNCIA DA JUSTIÇA DO TRABALHO. Os tribunais Esportivos são entidades com competência para resolver questões de ordem estritamente esportiva. A matéria em questão envolve direitos de natureza trabalhista, sendo, portanto, esta Justiça Especializada competente para dirimi-los. Incabível a alegação de violação ao art. 217 da CF, por não abranger a hipótese prevista nos autos. Recurso de Revista não conhecido (RR 493704/98, 2ª T., Rel. José Alberto Rossi, *DJ* 18.6.1999, p. 112).

Os atletas profissionais poderão ser representados em juízo por suas entidades sindicais em ações relativas aos contratos especiais de trabalho desportivo mantidos com as entidades de prática desportiva (art. 90-D da Lei n. 9.615/98). A disposição faz referência à representação feita pelo sindicato dos atletas e não à substituição processual. Na substituição processual, o sindicato postula em nome próprio direito alheio. Na representação, o sindicato postula em nome alheio o direito do atleta.

2 Competência em razão do lugar

A competência em razão do lugar não é estabelecida pelo local do domicílio do autor. As regras relativas à competência em razão do lugar estão previstas no art. 651 da CLT.

O jogador não é vendedor, viajante ou pracista para se aplicar a regra do § 1º do art. 651 da CLT, que dispõe que o empregado propõe a ação na sede da filial ou agência em que estiver subordinado e, se isso não ocorrer, no local do seu domicílio ou da Vara do Trabalho mais próxima.

De modo geral, a competência será no local da prestação de serviços, que é a sede do clube. É o que mostra a jurisprudência:

> COMPETÊNCIA TERRITORIAL DA JUSTIÇA DO TRABALHO. ATLETA PROFISSIONAL: LOCAL DA PRESTAÇÃO DE SERVIÇOS × LOCAL DA CONTRATAÇÃO. As discussões envolvendo atletas profissionais de futebol regem-se no território onde tem sede o clube esportivo e não onde se realizam as partidas futebolísticas. Inteligência do art. 651, § 1º, da CLT. Recurso obreiro conhecido e desprovido (TRT 10ª Reg., RO 01249-2007-021-10-00-3/DF, Rel. Des. Alexandre Nery de Oliveira, j. 14.1.2009, *DJ* 30.1.2009).
>
> COMPETÊNCIA TERRITORIAL. FORO DO LOCAL DA PRESTAÇÃO DOS SERVIÇOS × FORO DO DOMICÍLIO DO TRABALHADOR. 1. A regra geral de competência territorial tem residência no art. 651, *caput*, da CLT e se estabelece prioritariamente em razão do lugar da prestação de serviços. O foro do domicílio do trabalhador constitui exceção contida no § 1º do dispositivo citado, sendo aplicável apenas ao agente ou viajante comercial. 2. Evidenciado nos autos que o autor foi contratado em São Luís, com a condição de servir a empresa em qualquer lugar onde se fizesse necessário, tendo primeiro prestado serviços na capital maranhense, sendo transferido para Belo Horizonte, onde ocorreu a resilição contratual, quando então veio residir em Brasília, a competência certamente não será de uma das Varas do Trabalho desta Capital, uma vez que o domicílio escolhido pelo autor após a resilição não atrai a incidência de nenhuma regra de competência territorial trabalhista (TRT 10ª

Reg., RO 00970-2009-012-10-00-7/DF, 1ª T., Rel. Des. André R. P. V. Damasceno, j. 13.10.2009, *DJ* 23.10.2009).

INCOMPETÊNCIA EM RAZÃO DO LUGAR. Inteligência do § 3º do art. 651 da CLT. Hipótese em que a entidade desportiva reclamada não se enquadra no conceito de "empregador que promova realização de atividades fora do lugar do contrato de trabalho". Recurso acolhido. Determinação de remessa dos autos a uma das Varas do Trabalho do local em que sediado o reclamado (TRT 4ª Reg., 2ª T., RO 00645-2007-021-04-00-6, Rel. João Pedro Silvestrin, j. 15.4.2009)[1].

EXCEÇÃO DE INCOMPETÊNCIA EM RAZÃO DO LUGAR – APLICAÇÃO DA REGRA GERAL PREVISTA NO *CAPUT* DO ART. 651 DA CLT. A

---

1 No voto foi afirmado pelo Relator João Pedro Silvestrin: "No processo trabalhista, a competência em razão do lugar é fixada, em regra, pelo local da prestação de serviços (art. 651, *caput*, da CLT). Entretanto, quando o empregador realizar atividades fora do lugar do contrato de trabalho, é assegurado ao empregado apresentar reclamação no foro de celebração do contrato ou no da prestação dos respectivos serviços (§ 3º do art. 651 da CLT). Na hipótese, é público e notório o fato de a entidade desportiva reclamada, Paysandu Sport Club, não se tratar de empresa que desenvolva suas atividades em locais incertos, transitórios ou eventuais, uma vez que se encontra sediada em Belém – PA – local onde, saliente-se, o reclamante foi contratado e prestou seus serviços. Além disso, o simples fato de o reclamante, na condição de atleta profissional de futebol, ter realizado jogos na cidade de Porto Alegre, contra times locais, não tem o condão de modificar a competência *ratione locci*. Embora a natureza do esporte pressuponha alguns deslocamentos para disputas contra outros clubes, a sede do reclamado e a sua atividade principal se desenvolvem na cidade de Belém, sendo lá, ademais, onde se executa a maior parte do trabalho do reclamante, o qual envolve treinos, preparação física, assim como campeonatos internos, locais e outros, lá promovidos ou sediados. Na lição de Sergio Pinto Martins (*Direito Processual do Trabalho*: doutrina e prática forense, modelos de petições, recursos, sentenças e outros. 21. ed. São Paulo: Atlas, 2004, p. 143), deve-se entender por empresas que promovam a prestação de serviços fora do local da contratação as seguintes: especializadas em auditorias, instalação de caldeiras, reflorestamento, em atividades circenses, artísticas, feiras, exposições, promoções, desfiles de modas, promotora de rodeios, montadoras industriais etc. Nessas atividades, o empregado é requisitado para prestar serviços em atividades eventuais, transitórias e incertas. Desta sorte, dá-se provimento ao recurso ordinário do reclamado para, declarando a competência de uma das Varas do Trabalho de Belém – PA para exame do presente feito, decretar a nulidade de todos os atos processuais praticados, determinando a remessa dos autos àquele juízo. Face ao decidido, resta prejudicada a análise dos demais itens objeto dos recursos interpostos pelas partes. Ante o exposto, ACORDAM os Magistrados integrantes da 2ª Turma do Tribunal Regional do Trabalho da 4ª Região: por unanimidade, dar provimento ao recurso ordinário do reclamado para, declarando a competência de uma das Varas do Trabalho de Belém – PA para exame do presente feito, decretar a nulidade de todos os atos processuais praticados, determinando a remessa dos autos àquele juízo".

competência em razão do lugar, no processo do trabalho, é regida pelo art. 651 do Texto Consolidado, que estabelece, como regra geral, o foro do local da prestação de serviços, encontrando-se previsto, no parágrafo terceiro, como exceção à regra geral, dentre outras, a possibilidade de o trabalhador ajuizar a ação no local da celebração do contrato ou da prestação dos serviços, quando se tratar de empregador que promova realização de atividades fora do lugar do contrato de trabalho. Referido dispositivo legal deve ser interpretado, com efeito, à luz da finalidade social visada pelo legislador, no sentido de facilitar o ingresso em juízo do litigante economicamente mais frágil, possibilitando-lhe melhores condições para a defesa de seus direitos e proporcionando-lhe, de igual modo, melhores condições para o acompanhamento da causa, o que restará prejudicado se a reclamação tiver seu curso em Juízo distante do domicílio do empregado. No caso em exame, todavia, de se aplicar a regra geral, posto que, embora o reclamante sustente que foi contratado, por telefone, em Belo Horizonte, não se pode olvidar que a documentação acostada aos autos, relativa ao contrato de trabalho, foi assinada em Fortaleza/CE, corroborando a tese da reclamada no sentido de que o autor foi contratado, na qualidade de atleta profissional, naquela cidade. Competia ao reclamante desconstituir a prova documental coligida aos autos pela reclamada, ônus do qual não se desvencilhou (TRT 3ª Reg., 4ª T., RO 01111-2011-110-03-00-3, Rel. Júlio Bernardo do Carmo, j. 7.12.2011).

29 Arbitragem

A arbitragem é uma forma de solução de conflitos, feita por um terceiro estranho à relação das partes ou por um órgão, que é escolhido por elas, impondo a solução do litígio. É uma forma voluntária de terminar o conflito, o que importa em dizer que não é obrigatória.

A pessoa designada chama-se árbitro. Sua decisão denomina-se sentença arbitral.

As partes interessadas podem submeter a solução de seus litígios ao juízo arbitral mediante convenção de arbitragem, assim entendida a cláusula compromissória e o compromisso arbitral (art. 3º da Lei n. 9.307/96).

Cláusula compromissória é a convenção por meio da qual as partes em um contrato comprometem-se a submeter à arbitragem os litígios que possam vir a surgir relativamente a tal contrato (art. 4º da Lei n. 9.307/96). A cláusula compromissória está inserida no contrato e é estabelecida antes do litígio.

Compromisso arbitral é a convenção por meio da qual as partes submetem um litígio à arbitragem de uma ou mais pessoas, podendo ser judicial ou extrajudicial (art. 9º da Lei n. 9.307/96). O compromisso arbitral ocorre quando já existe o litígio e as partes vão submetê-lo a um árbitro.

Distingue-se a arbitragem da mediação, pois nesta o mediador apenas faz propostas para a solução do conflito, enquanto o árbitro decide, impõe a solução ao caso que lhe é submetido à apreciação.

Difere a arbitragem da jurisdição, pois nesta o juiz está investido de jurisdição como órgão do Estado, podendo dizer o direito nas hipóteses concretas que lhe são submetidas. Sua decisão tem força coercitiva. Caso não seja cumprida, pode ser executada. Na arbitragem, o árbitro é um particular, não tendo relação alguma com o Estado. É escolhido pelas partes para a solução do conflito. Tem o poder de decidir as questões que lhe foram apresentadas, porém não pode impor sanções.

A arbitragem pode ser usada para solucionar conflitos entre os clubes e jogadores de futebol, principalmente aqueles que ganham altos valores.

Seria uma forma de solução do conflito mais rápida, pois a sentença arbitral tem de ser proferida em, no máximo, seis meses.

Reza o art. 90-C da Lei n. 9.615/98:

> Art. 90-C. As partes interessadas poderão valer-se da arbitragem para dirimir litígios relativos a direitos patrimoniais disponíveis, vedada a apreciação de matéria referente à disciplina e à competição desportiva.
>
> Parágrafo único. A arbitragem deverá estar prevista em acordo ou convenção coletiva de trabalho e só poderá ser instituída após a concordância expressa de ambas as partes, mediante cláusula compromissória ou compromisso arbitral.

O § 1º do art. 2º do Decreto-Lei n. 4.657/42 (LINDB) estabelece que "A lei posterior revoga a anterior quando expressamente o declare, quando seja com ela incompatível ou quando regule inteiramente a matéria de que tratava a lei anterior".

Leciona Maria Helena Diniz:

> Fiore, ao se referir à incompatibilidade como critério de revogação tácita, pondera que, "quando a lei nova é diretamente contrária ao próprio espírito da antiga, deve entender-se que a ab-rogação se estende a todas as disposições desta, sem qualquer distinção". Mas acrescenta: "em caso contrário, cumpre examinar cuidadosamente quais as disposições da lei nova absolutamente incompatíveis com as da lei antiga e admitir semelhante incompatibilidade quando a força obrigatória da lei posterior reduz a nada as disposições correspondentes da lei anterior: *posteriores leges ad priores pertinent nisi contrariae sint*. E sendo duvidosa a incompatibilidade, as duas leis deverão ser interpretadas por modo a fazer cessar a antinomia, pois as leis, em regra, não se revogam por presunção. Assim, havendo dúvida, dever-se-á entender que as leis 'conflitantes' são compatíveis, uma vez que a revogação tácita não se presume. A incompatibilidade deverá ser formal, de tal modo que a execução da lei nova seja impossível sem destruir a antiga"[1].

---

1 DINIZ, Maria Helena. *Lei de Introdução às Normas do Direito Brasileiro interpretada*. 20. ed. São Paulo: Saraiva, 2024, p. 61.

Tercio Sampaio Ferraz Jr. afirma que:

> Os ordenamentos modernos contêm uma série de regras ou critérios para a solução de conflitos normativos historicamente corporificados, como os critérios hierárquicos (*lex superior derogat inferiori*), de especialidade (*lex specialis derogat generalis*), cronológicos (*lex posterior derogat priori*), além da regra *lex favorabilis derogat odiosa*, hoje em desuso. Isso nos permite dizer que, se esses critérios são aplicáveis, a posição do sujeito não é insustentável, pois ele tem uma saída[2].

A Lei Complementar n. 95/98, que disciplina a elaboração, a redação, a alteração e a consolidação das leis, dita que a cláusula de revogação integra a estrutura final da lei e que "A cláusula de revogação deverá enumerar, expressamente, as leis ou disposições legais revogadas" (art. 9º da Lei Complementar n. 95/98).

A regra do art. 90-C da Lei n. 9.615/98 se aplica aos conflitos do trabalho desportivo, e não a outros empregados. É regra específica, que não foi revogada pela Lei n. 13.467. A Lei n. 9.615/98 é lei especial. A CLT é norma geral. A lei geral não revoga a especial. No mesmo sentido esta decisão da 1ª Turma do TST:

> AGRAVO DO RECLAMADO. AGRAVO DE INSTRUMENTO EM RECURSO DE REVISTA. 1. NULIDADE DO ACÓRDÃO REGIONAL. NEGATIVA DE PRESTAÇÃO JURISDICIONAL. DESCUMPRIMENTO DO ART. 896, § 1º-A, IV, DA CLT. ÓBICE PROCESSUAL QUE IMPEDE A ANÁLISE DA MATÉRIA, A TORNAR INÓCUA A MANIFESTAÇÃO DESTA CORTE SOBRE EVENTUAL TRANSCENDÊNCIA DA CAUSA. Impõe-se confirmar a decisão monocrática, mediante a qual se denegou seguimento ao agravo de instrumento da parte.
>
> **Agravo conhecido e não provido.**
>
> 2. CLÁUSULA COMPROMISSÓRIA DE ARBITRAGEM. CONTRATO ESPECIAL DE TRABALHO DESPORTIVO. ANTINOMIA SUSCITADA ENTRE O ARTIGO 90-C DA LEI Nº 9.615/98 E O ARTIGO 507-A DA CLT, INCLUÍDO PELA LEI Nº 13.467/2017. ANTINOMIA APARENTE. SUPERVENIÊNCIA DE NORMA GERAL. MANUTENÇÃO DA NORMA ESPECIAL. TRANSCENDÊNCIA DEMONSTRADA. 1. Hipótese em que a Corte

---

2 FERRAZ JR., Tercio Sampaio. *Introdução ao estudo do Direito*. 11. ed. São Paulo: Atlas, 2019, p. 170.

Regional, mediante a aplicação do artigo 90-C da Lei nº 9.615/98, declarou a invalidade de cláusula compromissória de arbitragem diante da inexistência de previsão de arbitragem em acordo ou convenção de trabalho. 2. Cinge-se a controvérsia a determinar se a validade da cláusula compromissória deve subordinar-se aos requisitos do artigo 90-C da Lei nº 9.615/98, que exige a previsão de arbitragem em acordo ou convenção coletiva de trabalho, ou, ao contrário, se a referida disposição foi revogada tacitamente pelo artigo 507-A da CLT, incluído pela Lei nº 13.467/17, que, a seu turno, condiciona incidência da arbitragem aos contratos individuais de trabalho nos quais a remuneração seja superior a duas vezes o limite máximo estabelecido para os benefícios do Regime Geral de Previdência Social. 3. Cuida-se de hipótese de antinomia aparente, solucionada mediante o princípio da especialidade previsto no art. 2º, § 2º, da LINDB. 4. O artigo 90-C da Lei nº 9.615/98 atinge os conflitos decorrentes do contrato especial de trabalho desportivo, em que o trabalhador ostenta a peculiar qualidade de atleta profissional, não se estendendo, aos conflitos derivados do contrato individual de trabalho regido pela CLT. Trata-se, portanto, de norma especial. 5. A superveniência do artigo 507-A da CLT, incluído pela Lei nº 13.467/17, por constituir regra de abrangência mais ampla, não tem o condão de revogar tacitamente o artigo 90-C da Lei nº 9.615/98, segundo o princípio *lex posteriori generalis non derogat priori speciali.* 6. Impõe-se confirmar a decisão monocrática, ainda por fundamento diverso, mediante a qual se denegou seguimento ao agravo de instrumento da parte.

Agravo conhecido e não provido.

3. REMUNERAÇÃO. DIREITO DE IMAGEM. TEMA NÃO EXAMINADO NA DECISÃO DE INADMISSIBILIDADE DO RECURSO DE REVISTA. AUSÊNCIA DE INTERPOSIÇÃO DE EMBARGOS DECLARATÓRIOS. PRECLUSÃO. ART. 1º, § 1º, DA IN 40 DO TST. ÓBICE PROCESSUAL QUE IMPEDE A ANÁLISE DA MATÉRIA, A TORNAR INÓCUA A MANIFESTAÇÃO DESTA CORTE SOBRE EVENTUAL TRANSCENDÊNCIA DA CAUSA. Impõe-se confirmar a decisão monocrática, mediante a qual se denegou seguimento ao agravo de instrumento da parte.

Agravo conhecido e não provido (1ª Turma, TST-Ag-AIRR-11013-87.2019.5.15.0001, Hugo Carlos Scheuermann).

A arbitragem deverá estar prevista em acordo ou convenção coletiva de trabalho e só poderá ser instituída após a concordância expressa de ambas as partes, mediante cláusula compromissória ou compromisso arbitral (parágrafo único do art. 90-C da Lei n. 9.615/98). A arbitragem não poderá ser instituída pelas próprias partes em cláusula compromissória ou compromisso arbitral. Deverá antes ser prevista em acordo ou convenção coletiva. O dispositivo dá a entender que o acordo deve ser coletivo, pois a palavra "coletivo" está concordando com o substantivo convenção, mas diz respeito tanto à convenção como ao acordo, que devem ser coletivos.

O parágrafo único do art. 27 da Lei n. 14.597/2023 (Lei Geral do Esporte) prevê:

> Art. 27. [...]
>
> Parágrafo único. É admitida a arbitragem, nos termos da Lei nº 9.307, de 23 de setembro de 1996, como meio para resolução de conflitos de natureza esportiva, no que se refere à disciplina e à prática esportiva, bem como para questões patrimoniais, inclusive de trabalho e emprego.

Não se fala mais na matéria estar prevista em convenção ou acordo coletivo. O parágrafo único do art. 27 da Lei n. 14.597/2023 revoga o art. 90-C e seu parágrafo único da Lei nº 9.615/98 por ser posterior e dispor de forma diversa a matéria.

O art. 1º da Lei n. 9.307/96 (Lei de Arbitragem) faz referência a "direitos patrimoniais disponíveis". Direitos indisponíveis não poderão ser objeto de arbitragem. A disciplina e a competição desportiva são apreciadas pela Justiça Desportiva. Não podem ser objeto de arbitragem.

30

Concentração de execuções

1 Introdução

A execução é o calcanhar de Aquiles do processo do trabalho, em razão das dificuldades que apresenta[1]. Na Mitologia grega, Aquiles teria sido mergulhado por Tétis, sua mãe, no rio Estige para se tornar invulnerável. O único ponto que seria vulnerável era o calcanhar, por onde Tétis o segurou e que não foi molhado. A execução é o ponto fraco do processo do trabalho.

Também se costuma fazer menção à vitória de Pirro, que foi o general macedônio que derrotou os romanos na batalha de Ásculo, na Heracleia, perdendo 4 mil soldados. Ele teria dito: "mais uma vitória dessa e estou perdido", pois ficaria desprestigiado militarmente. Na linguagem popular, é a pessoa que ganha, mas não leva. O trabalhador ganha, mas não leva[2].

A Justiça do Trabalho tem a menor taxa de congestionamento na execução (76%), em dados de 2021 do CNJ. A Justiça Estadual tem 84%. A Justiça Federal, 88%. A Justiça Militar estadual, 96%. Está também abaixo da média geral do Poder Judiciário – de 82%. Logo, precisam ser adotados meios para melhorar a efetividade da execução, como as ferramentas do BacenJud, Arisp, Infojud, Infoseg, Renajud, Simba, Siscondj, inserir o devedor no BNDT, além de outros.

---

1 GIGLIO, Wagner. *Direito processual do trabalho*. 16. ed. São Paulo: Saraiva, 2007, p. 522.

2 GIGLIO, Wagner. *Direito processual do trabalho*. 16. ed. São Paulo: Saraiva, 2007, p. 523.

O objetivo do presente capítulo é tratar da concentração das execuções contra o mesmo devedor no processo do trabalho como forma de dar andamento às execuções paradas há muitos anos, analisando também a Lei n. 14.193/2021.

2 Histórico

O Ato Trabalhista para o futebol profissional surgiu no Tribunal Regional do Trabalho (TRT) da 1ª Região (RJ), com o presidente da época, Nelson Tomaz Braga (2003/05), envolvendo os grandes clubes do Rio de Janeiro (Flamengo, Fluminense e Botafogo). Verificava-se a capacidade de pagamento do clube, sem haver prejuízo em relação à sua atividade, incidindo um porcentual sobre a renda da partida desportiva.

Os TRTs passaram a estabelecer o ato trabalhista com prazo de 10 anos.

A utilização da concentração de execuções vem antes do surgimento da Lei n. 11.101/2005[3].

A Lei n. 14.193/2021 trata da Sociedade Anônima do Futebol (SAF), mas nos arts. 14 a 24 versa sobre o Regime Centralizado de Execuções.

3 Denominação

Quando o tema surgiu para os clubes de futebol, a denominação empregada era Ato Trabalhista.

O art. 50 da Lei n. 13.155/2015 menciona a autorização para os TRTs instaurarem o Regime Centralizado de Execução (Ato Trabalhista).

A Lei n. 14.193/2021 denomina o tema Regime Centralizado de Execuções (arts. 14 a 24).

4 Conceito

Araken de Assis menciona: "a necessidade de transformação do mundo físico é a matriz da função jurisdicional executiva [...] através da execução forçada o órgão judiciário privará o executado imediata ou progressivamente da garantia constitucional de gozar do que é seu, imputando bens à satisfação do crédito do exequente"[4].

---

[3] RAMOS, Rafael Teixeira. *Curso de direito do trabalho desportivo*. Salvador: Juspodivm, 2021, p. 369.

[4] ASSIS, Araken de. *Manual de execução*. São Paulo: Revista dos Tribunais, 2004, p. 82.

Giuseppe Chiovenda leciona: "da vontade da lei de que se realize a execução, decorre, ao mesmo tempo, o direito de o Estado a atuá-la, isto é, a praticar os atos executivos, e o poder do credor de provar o exercício deste direito, poder que é a ação executória"[5].

Cumular execuções "significa promover, numa única relação processual, medidas executivas tendentes à satisfação coativa de duas ou mais prestações correspondentes a distintas obrigações"[6].

A concentração das execuções é a reunião de vários processos na fase de execução, com trânsito em julgado, visando que os créditos sejam executados num único processo e muitas vezes com uma única garantia de um valor global, que serviria para todos os processos.

Geralmente, estabelece-se um porcentual mínimo mensal sobre a receita do clube como forma de pagamento[7]. Um ato processual pode servir para todos os outros processos.

Daniel Amorim Assumpção Neves leciona que "o processo de execução se desenvolve com um único objetivo: satisfazer o direito do exequente. Sendo esse o único objetivo da execução, a doutrina aponta para o princípio do desfecho único, considerando-se que a única forma de prestação que pode ser obtida em tal processo é a satisfação do direito do exequente, nunca do executado"[8].

5 Distinção

O Procedimento de Reunião de Execuções é constituído pelo Plano Especial de Pagamento Trabalhista (PEPT) e pelo Regime Especial de Execução Forçada (REEF) (art. 154 da Consolidação das Normas da Corregedoria-Geral da Justiça do Trabalho).

---

[5] CHIOVENDA, Giuseppe. *Instituições de processo civil*. Campinas: Bookseller, 1998. v. I, p. 372.

[6] ZAVASCKI, Teori Albino. *Comentários ao Código de Processo Civil*. Direção de Luiz Guilherme Marinoni. São Paulo: Revista dos Tribunais, 2020. v. XII, p. 92.

[7] LOCKMANN, Ana Paula Pellegrina. Ato das execuções concentradas – bom para o atleta, bom para o clube e bom para a Justiça. In: GIORDANI, Francisco Alberto da Motta Peixoto; GIORDANI, Manoel Francisco de Barros da Motta Peixoto. *Direito desportivo*: aspectos penais e trabalhistas atuais. São Paulo: LTr, 2017, p. 12.

[8] NEVES, Daniel Amorim Assumpção. *Manual de direito processual civil*. 5. ed. Rio de Janeiro: Forense/Método, 2013, p. 821-822.

O PEPT visa ao pagamento parcelado de débito em relação a grandes devedores ou de valores elevados (art. 154, I, da Consolidação). Atualmente, o art. 14 da Lei n. 14.193/2021 denomina o plano de Regime Centralizado de Execuções.

O REEF, por sua vez, tem por objetivo a expropriação do patrimônio dos devedores em prol da coletividade dos credores. Diz respeito a devedores que não pagam e não apresentam bens para garantir a dívida. Poderá originar-se: I – do insucesso do Plano Especial de Pagamento Trabalhista (PEPT); II – por meio de requisição das Unidades Judiciárias de 1º e 2º graus do Tribunal Regional; ou III – por iniciativa do órgão centralizador de execuções no Tribunal Regional (§ 1º do art. 172 da Consolidação).

Regime Centralizado de Execução (RCE) é o previsto na Lei n. 14.193/2021 e diz respeito aos clubes de futebol (art. 170 da Consolidação das Normas).

No sistema do SOS Execução, do TRT da 2ª Região, as execuções são concentradas em Comarcas em que há poucas Varas do Trabalho, podendo compreender a concentração em uma delas dos processos de todas as Varas da cidade. As Varas do Trabalho fazem um acordo de cooperação entre si para que haja a concentração das execuções. O parágrafo único do art. 156 da Consolidação dos Provimentos da Corregedoria da Justiça do Trabalho dá fundamento a isso: "Ressalvados os casos de PEPT, RCE e REEF, que obrigatoriamente serão processados perante o juízo centralizador de execução, a previsão do *caput* não prejudica a reunião de processos em fase de execução definitiva em Varas do Trabalho, mediante cooperação judiciária".

6 Natureza jurídica

A Lei n. 14.193/2021, que institui a Sociedade Anônima do Futebol e dispõe sobre normas de constituição, governança, controle e transparência, meios de financiamento da atividade futebolística, tratamento dos passivos das entidades de práticas desportivas e regime tributário específico, prevê, nos arts. 14 e 15:

Subseção I

Do Regime Centralizado de Execuções

> Art. 14. O clube ou pessoa jurídica original *que optar pela alternativa do inciso I do* caput *do art. 13 desta Lei* submeter-se-á ao concurso de credores por meio do Regime Centralizado de Execuções, *que consistirá em concentrar no juízo centralizador as execuções, as suas receitas e os valores arrecadados*

> *na forma do art. 10 desta Lei, bem como a distribuição desses valores aos credores em concurso e de forma ordenada.*
>
> § 1º Na hipótese de inexistência de órgão de centralização de execuções no âmbito do Judiciário, o juízo centralizador será aquele que tiver ordenado o pagamento da dívida em primeiro lugar.
>
> § 2º O requerimento deverá ser apresentado pelo clube ou pessoa jurídica original e *será concedido pelo Presidente do Tribunal Regional do Trabalho, quanto às dívidas trabalhistas*, e pelo Presidente do Tribunal de Justiça, quanto às dívidas de natureza civil, observados os requisitos de apresentação do plano de credores, conforme disposto no art. 16 desta Lei.
>
> Art. 15. *O Poder Judiciário disciplinará o Regime Centralizado de Execuções, por meio de ato próprio dos seus tribunais, e conferirá o prazo de 6 (seis) anos para pagamento dos credores.*
>
> § 1º *Na ausência da regulamentação prevista no* caput *deste artigo, competirá ao Tribunal Superior respectivo suprir a omissão.*
>
> § 2º Se o clube ou pessoa jurídica original comprovar a adimplência de ao menos 60% (sessenta por cento) do seu passivo original ao final do prazo previsto no *caput* deste artigo, será permitida a prorrogação do Regime Centralizado de Execuções por mais 4 (quatro) anos, período em que o percentual a que se refere o inciso I do *caput* do art. 10 desta Lei poderá, a pedido do interessado, ser reduzido pelo juízo centralizador das execuções a 15% (quinze por cento) das suas receitas correntes mensais.

O Órgão Especial do TST já decidiu no sentido de que a decisão proferida por Tribunal Regional em matéria de Plano Especial de Execução ostenta natureza administrativa, não desafiando Recurso Ordinário a essa Corte para rediscussão do adequado enquadramento do regime ou a extinção do plano. Confiram-se, nessa linha, os seguintes julgados:

> RECURSO ORDINÁRIO EM AGRAVO REGIMENTAL. EXTINÇÃO DE PLANO ESPECIAL DE EXECUÇÃO – DECISÃO EMINENTEMENTE ADMINISTRATIVA – RECURSO ORDINÁRIO INCABÍVEL. Este Órgão Especial já firmou jurisprudência no sentido de que a decisão proferida por Tribunal Regional do Trabalho em matéria de Plano Especial de Execução, como nas situações envolvendo o enquadramento ou a extinção do referido plano, por relevar natureza puramente administrativa, não desafia recurso ordinário para este C. TST. É que, fora as situações excepcionais listadas no

RITST, a este Tribunal não cabe atuar como instância revisora de decisões administrativas exaradas por TRT. Com efeito, as competências do Órgão Especial do TST, em matéria administrativa, estão bem definidas no art. 76, II, "p" e "s", do RITST, cabendo a este Colegiado apenas julgar os recursos interpostos das decisões proferidas em processo administrativo disciplinar envolvendo magistrado, estritamente para controle da legalidade, e os recursos ordinários interpostos contra decisões em sede de precatório. Precedentes. Recurso ordinário não conhecido (ROT-101338-33.2021.5.01.0000, Órgão Especial, Rel. Min. Liana Chaib, *DEJT* 7.12.2023).

AGRAVO DE INSTRUMENTO EM RECURSO ORDINÁRIO. INSTAURAÇÃO DE REGIME ESPECIAL DE EXECUÇÃO FORÇADA (REEF). PLANO ESPECIAL DE PARCELAMENTO TRABALHISTA (PEPT). INSUCESSO. DECISÃO DE NATUREZA ADMINISTRATIVA. RECURSO ORDINÁRIO INCABÍVEL. 1. O recurso ordinário que se pretende destrancar foi interposto contra acórdão do Tribunal Regional do Trabalho da 1ª Região, por meio do qual não se conheceu do agravo regimental quanto à indisponibilidade dos bens dos sócios, por ausência de legitimidade processual da empresa recorrente, e, no mérito, negou-lhe provimento para manter a decisão agravada que determinou a instauração de Regime Especial de Execução Forçada (REEF) em seu desfavor, conforme o art. 154, § 1º, I e III, da Consolidação dos Provimentos da Corregedoria-Geral da Justiça do Trabalho, em decorrência do insucesso do Plano Especial de Pagamento Trabalhista (PEPT) e por iniciativa do órgão centralizador de execuções naquele Tribunal Regional. 2. A jurisprudência desta Corte Superior é firme no sentido de que é incabível recurso ordinário em face de decisão proferida por Tribunal Regional em matéria de Plano Especial de Execução, tanto no tocante ao seu enquadramento quanto à sua extinção, por ostentar natureza eminentemente administrativa e não haver previsão legal ou regimental de cabimento de recurso na hipótese. Agravo de instrumento a que se nega provimento (AIRO-101903-60.2022.5.01.0000, Órgão Especial, Rel. Min. Amaury Rodrigues Pinto Junior, *DEJT* 10.11.2023).

AGRAVO DE INSTRUMENTO EM RECURSO ORDINÁRIO. INSTAURAÇÃO DO REGIME ESPECIAL DE EXECUÇÃO FORÇADA (REEF). MATÉRIA DE NATUREZA ADMINISTRATIVA. 1. A reunião de execuções para pagamento dos débitos judiciais privados é matéria de natureza eminentemente administrativa, que não se insere na competência deste Órgão Especial (art. 76, II, do RITST). 2. Assim, ausente previsão legal, é incabível a interposição de recurso ordinário para o Tribunal Superior do Trabalho contra acórdão regional em que se manteve a instauração de Regime Especial de Execução

Forçada (REEF) determinada pela Presidente do TRT da 1ª Região. Precedentes. Agravo de instrumento conhecido e desprovido (AIRO-103092-73.2022.5.01.0000, Órgão Especial, Rel. Min. Morgana de Almeida Richa, *DEJT* 11.9.2023).

AGRAVO DE INSTRUMENTO EM RECURSO ORDINÁRIO. PARCELAMENTO DE DÉBITOS TRABALHISTAS. PLANO ESPECIAL DE EXECUÇÃO NO ÂMBITO DO TRIBUNAL REGIONAL DO TRABALHO. CANCELAMENTO. DECISÃO DE NATUREZA ADMINISTRATIVA. NÃO CABIMENTO DE RECURSO ORDINÁRIO PARA O TRIBUNAL SUPERIOR DO TRABALHO. I. Esta Corte Superior firmou jurisprudência no sentido de que a decisão proferida por Tribunal Regional em matéria de Plano Especial de Execução – tanto no tocante ao seu enquadramento como no que se refere à sua extinção – *ostenta natureza administrativa*, não desafiando, por conseguinte, Recurso Ordinário para esta Corte, à míngua de previsão legal. II. Agravo de instrumento de que se conhece e a que se nega provimento (AIRO-101913-41.2021.5.01.0000, Órgão Especial, Rel. Min. Evandro Pereira Valadão Lopes, *DEJT* 7.10.2022).

RECURSO ORDINÁRIO EM AGRAVO REGIMENTAL. EXTINÇÃO DE PLANO ESPECIAL DE EXECUÇÃO – DECISÃO EMINENTEMENTE ADMINISTRATIVA – RECURSO ORDINÁRIO INCABÍVEL. A despeito da situação retratada pelo requerente, concernente à crise econômica provocada pela Pandemia da Covid-19, este Órgão Especial já pacificou jurisprudência no sentido de que a decisão proferida por Tribunal Regional do Trabalho em matéria de Plano Especial de Execução, como nas situações envolvendo o enquadramento ou a extinção do referido plano, por ostentar natureza puramente administrativa, não desafia recurso ordinário para este C. TST. É que, fora as situações excepcionais listadas no RITST, a este Tribunal não cabe atuar como instância revisora de decisões administrativas exaradas por Tribunais Regionais do Trabalho. Com efeito, as competências do Órgão Especial do TST, em matéria administrativa, estão bem delimitadas no art. 76, II, "p" e "s", do RITST, cabendo a este Colegiado apenas julgar os recursos interpostos das decisões proferidas em processo administrativo disciplinar envolvendo magistrado, estritamente para controle da legalidade, e os recursos ordinários interpostos contra decisões em sede de precatório. Precedentes. Recurso ordinário não conhecido (ROT-104427-98.2020.5.01.0000, Órgão Especial, Rel. Min. Renato de Lacerda Paiva, *DEJT* 15.3.2022).

> PRELIMINAR DE NÃO CONHECIMENTO – CONTRARRAZÕES – RECURSO ORDINÁRIO EM AGRAVO REGIMENTAL – CABIMENTO – PLANO ESPECIAL DE EXECUÇÃO – PROVIMENTOS N°s 1/2007 E 2/2008 DO TRT DA 1ª REGIÃO 1. Trata-se de Recurso Ordinário interposto contra acórdão regional que, negando provimento a Agravo Regimental, manteve decisão da Presidência daquele Regional, que enquadrara o Executado (ora Recorrido) no Plano Especial de Centralização de Execuções, na forma dos Provimentos Conjuntos 1/2007 e 2/2008 da Presidência e Corregedoria daquele Tribunal Regional. 2. O Recurso Ordinário é incabível, ante a natureza administrativa da decisão impugnada e a ausência de previsão legal e/ou regimental de cabimento do Recurso em hipótese como a discutida. Julgados do Órgão Especial no mesmo sentido. 3. Preliminar acolhida. Recurso Ordinário não conhecido (RO-105-03.2015.5.01.0000, Órgão Especial, Rel. Min. Maria Cristina Irigoyen Peduzzi, *DEJT* 8.4.2019).

Após a edição da Lei n. 14.193/2021, cabe aos Tribunais Regionais do Trabalho disciplinar o regime centralizado de execuções, por meio de atos normativos próprios de caráter administrativo, respeitando as previsões legais sobre a matéria.

A decisão que defere o RCE à entidade desportiva produz os efeitos de alterar a competência do juízo natural para a execução, que passa da Vara do Trabalho para outro órgão jurisdicional, e de transformar a execução individual em execução coletiva.

Afirmam Fredie Didier Jr. e Leandro Fernandez:

> A dimensão (também) administrativa desses atos não afasta a natureza processual das avenças, uma vez que, para a caracterização de um negócio jurídico como processual, é suficiente a possibilidade de produção de efeitos, direta ou indiretamente, sobre um ou mais processos, atuais ou futuros – como, aliás, deixa claro o art. 190, *caput*, do CPC[9].

A mera inserção da matéria em atos administrativos editados pelos Tribunais Regionais do Trabalho ou da Corregedoria-Geral da Justiça do Trabalho não lhe retira o caráter judicial a depender dos efeitos que a decisão atacada produz.

A matéria inclusive tem previsão atualmente na Lei n. 14.193, e não apenas em ato administrativo do TRT.

---

[9] DIDIER JR., Fredie; FERNANDEZ, Leandro. Cooperação judiciária e protocolos institucionais: o caso do "Ato trabalhista", ou plano especial de pagamento trabalhista, para a centralização de execuções contra entidades desportivas. *Revista de Direito do Trabalho e Seguridade Social*, 1º out. 2021.

Prevaleceu no Órgão Especial do TST o voto da Min. Maria Cristina Peduzzi no sentido de a decisão ser administrativa e não caber recurso:

> AGRAVO DE INSTRUMENTO EM RECURSO ORDINÁRIO –AGRAVO REGIMENTAL CONTRA DECISÃO DA PRESIDÊNCIA DO TRIBUNAL REGIONAL DO TRABALHO – REGIME CENTRALIZADO DE EXECUÇÃO (RCE) – LEI Nº 14.193/2021 – NATUREZA ADMINISTRATIVA – TRT DA 1ª REGIÃO. 1. Agravo de Instrumento em Recurso Ordinário em face de acórdão regional que, negando provimento a Agravo Regimental, manteve decisão da Presidência daquele Regional ao exame de pedido de instauração do Regime Centralizado de Execuções previsto na Lei nº 14.193/2021 (Lei da Sociedade Anônima do Futebol). 2. Recurso Ordinário incabível, ante a natureza administrativa da decisão impugnada e a ausência de previsão legal e/ou regimental de cabimento do recurso na hipótese. Precedentes do Órgão Especial. Agravo de Instrumento a que se nega provimento (Órgão Especial do TST, AIRO 103290-47.2021.5.01.0000, Rel. Min. Maria Cristina Peduzzi).

7 Fundamentos da concentração das execuções

Reza o art. 889 da CLT que "Aos trâmites e incidentes do processo da execução são aplicáveis, naquilo em que não contravierem ao presente Título, os preceitos que regem o processo dos executivos fiscais para a cobrança judicial da dívida ativa da Fazenda Pública Federal".

A cobrança judicial da dívida ativa da Fazenda Pública Federal é feita com base na Lei de Execução Fiscal (Lei n. 6.830/80).

Não havendo disposição expressa na CLT, em matéria de execução, aplica-se primeiro a Lei de Execução Fiscal (Lei n. 6.830/80) e depois o CPC (art. 889 da CLT).

Dispõe o art. 28 da Lei n. 6.830/80 que o juiz pode, por conveniência da unidade da garantia da execução, ordenar a reunião de processos contra o mesmo devedor. É uma faculdade, e não uma obrigação do juiz.

Ensina Maury Ângelo Bottesini que o art. 28 da Lei de Execução Fiscal "permite que a execução se faça a custo menos gravoso para o devedor (art. 620 do CPC), no mais das vezes eliminando a repetição desnecessária de avaliações, provas periciais, documentais e testemunhais) e deprecações de atos. Evita decisões e sentenças que podem até ser conflitantes nos diversos feitos e permite o exercício do direito de defesa segura e concentrada, o que redunda em custos menores para o executado"[10].

José da Silva Pacheco afirma que "a finalidade apontada pelo art. 28 é a de convir a unidade de garantia de todos os processos de execução entre as mesmas partes"[11].

Admite o art. 28 da Lei n. 6.830/80 a concentração das execuções, evitando a duplicidade de atos. Permite que um dos atos sirva aos demais processos na execução. Os processos de concentração de execuções serão distribuídos ao juízo da primeira distribuição (parágrafo único do art. 28 da Lei n. 6.830/80).

Informa a Súmula 515 do STJ que "a reunião de execuções fiscais contra o mesmo devedor constitui faculdade do Juiz". Toma por base, portanto, o art. 28 da Lei n. 6.830/80. A súmula admite expressamente a possibilidade da concentração das execuções.

Determina o art. 780 do CPC sobre a possibilidade de cumular várias execuções, ainda que fundadas em títulos diferentes, quando o executado for o mesmo e desde que para todas elas seja competente o mesmo juízo e idêntico o procedimento. Os requisitos são: (a) no processo do trabalho, o título executivo é a sentença ou o acordo homologado, mas pode ser o TAC firmado com o Ministério Público do Trabalho e não cumprido ou o acordo firmado na Comissão de Conciliação Prévia não cumprido (art. 876 da CLT). Ulderico Pires dos Santos afirma que deve haver a exigibilidade do título, não havendo "como admitir-se que nela possam ser incluídos títulos que ainda não estão vencidos e, portanto, não são exigíveis"[12]; (b) o executado deve ser o mesmo. Não é possível, portanto, que sejam executados diferentes. Não exige o art. 780 do CPC, porém, que os exequentes sejam os mesmos; (c) o juiz deve ser competente para examinar todas as execuções e não apenas uma ou algumas delas; (d) o procedimento deve ser o mesmo. No processo do trabalho, não há procedimentos diferentes na execução. Competente é o juiz do trabalho da Vara do Trabalho local.

---

10 Apud PAULSEN, Leandro. *Direito processual tributário*. Porto Alegre: Livraria do Advogado, 2007, p. 352.

11 PACHECO, José da Silva. *Comentários à Lei de Execução Fiscal*. 9. ed. São Paulo: Saraiva, 2002, n. 352.

12 SANTOS, Ulderico Pires dos. *O processo de execução na doutrina e na jurisprudência*. 2. ed. Rio de Janeiro: Forense, 1986, p. 35.

A Súmula 27 do STJ autoriza a concentração de execuções: "pode a execução fundar-se em mais de um título extrajudicial relativo ao mesmo negócio".

A execução se realiza no interesse do exequente (art. 797 do CPC). Entretanto, quando por vários meios o exequente puder promover a execução, o juiz mandará que se faça pelo modo menos gravoso para o executado (art. 805 do CPC). Às vezes não há, porém, outros meios para se fazer a execução.

Prescreve o art. 765 da CLT que os juízos e Tribunais do Trabalho terão ampla liberdade na direção do processo e velarão pelo andamento rápido das causas, podendo determinar qualquer diligência necessária ao esclarecimento delas. Logo, também poderá haver determinação na execução, tanto pelo juiz como pelo Tribunal.

Lecionam Rafael Guimarães e outros que, "no âmbito correicional, a Corregedoria-Geral da Justiça do Trabalho possui firme entendimento de que a reunião de execuções é prática construtiva, pois tem como escopo a celeridade e o aperfeiçoamento da prestação jurisdicional, conforme restou decidido nos autos do processo n.º TST RC 120368/200-000-00-00-8"[13]. Nesse processo foi dito que a concentração de execuções é "prática construtiva, pois tem como escopo a celeridade e o aperfeiçoamento da prestação jurisdicional".

O TRT da 2ª Região já considerou válida a concentração das execuções:

> O dispositivo transcrito é aplicável subsidiariamente ao processo do trabalho. A reunião das execuções contra a mesma executada está em consonância com os princípios norteadores desta Especializada, notadamente o da economia e celeridade processual. A reunião de processos na execução, a despeito do inconformismo das agravantes, constitui prerrogativa do julgador e se alinha ao princípio constitucional da razoável duração do processo, disposto no art. 5º, LXXVIII, da Constituição (TRT 2, 1ª Turma, AP 10004356420175020491, Rel. Des. Lizete Belido Barreto Rocha, j. 11.4.2018).

O C. TST também entendeu da mesma forma sobre concentração de execuções:

> AGRAVO DE INSTRUMENTO EM RECURSO DE REVISTA. RECURSO DE REVISTA REGIDO PELO CPC/2015 E PELA IN Nº 40/2016 DO TST.

[13] GUIMARÃES, Rafael; CALCINI, Ricardo; JAMBERG, Richard Wilson. *Execução trabalhista na prática*. Leme: Mizuno, 2021, p. 414.

EXECUÇÃO FISCAL. AGRUPAMENTO DE EXECUÇÕES MOVIDAS PELA UNIÃO CONTRA UM MESMO DEVEDOR. POSSIBILIDADE. LEI Nº 6.830/80. Trata-se de execução fiscal de dívida ativa da União. No caso, o Regional manteve a decisão que determinou, de ofício, o agrupamento de execuções requeridas pela União contra a mesma devedora, com o objetivo de dar celeridade e efetividade à prestação jurisdicional. A decisão recorrida está em conformidade com a iterativa, notória e atual jurisprudência do TST de que o artigo 28 da Lei nº 6.830/80 não impede a determinação de ofício do agrupamento de execuções movidas pela União contra o mesmo executado. A correção do procedimento é corroborada ainda pela Súmula nº 515 do STJ, segundo a qual "a reunião de execuções fiscais contra o mesmo devedor constitui faculdade do Juiz". Trata-se, portanto, de medida administrativa com o fito de prestigiar a celeridade processual, insculpida no art. 5º, inciso LXXVIII, da Constituição Federal, sem resultar em prejuízo à União. Precedentes. Agravo de instrumento **desprovido** (TST, AIRR 2119-30.2012.5.15.0014, 2ª T., Rel. Min. José Roberto Freire Pimenta, j. 26.6.2018).

AGRAVO DE INSTRUMENTO EM RECURSO DE REVISTA. RECURSO DE REVISTA INTERPOSTO NA VIGÊNCIA DA LEI Nº 13.015/2014. EXECUÇÃO FISCAL. AGRUPAMENTO DE EXECUÇÕES MOVIDAS PELA UNIÃO CONTRA UM MESMO DEVEDOR. POSSIBILIDADE. LEI Nº 6.830/80. O acórdão regional apresenta-se em conformidade com a iterativa, notória e atual jurisprudência do TST, no sentido de que o artigo 28 da Lei nº 6.830/80 não impede a determinação de ofício do agrupamento de execuções movidas pela União contra o mesmo executado (precedentes). A correção do procedimento é corroborada ainda pela Súmula nº 515 do STJ, segundo a qual "a reunião de execuções fiscais contra o mesmo devedor constitui faculdade do Juiz". Não se detecta violação do artigo 29 da Lei nº 6.830/80, na medida em que a União não está sendo submetida a concurso de credores com o agrupamento de execuções, simplesmente há a aplicação do disposto no artigo 28 da mesma lei. Trata-se de medida administrativa com o fito de prestigiar a celeridade processual, sem ocasionar nenhum prejuízo à União (precedentes). Agravo de instrumento desprovido (AIRR – 471-71.2011.5.15.0039, 2ª Turma, Rel. Min. José Roberto Freire Pimenta, j. 14.3.2018, *DEJT* 16.3.2018).

AGRAVO DE INSTRUMENTO. RECURSO DE REVISTA. LEI 13.015/2014. EXECUÇÃO FISCAL. REUNIÃO DE EXECUÇÕES. PROCESSO PILOTO. Não implica em prejuízo à União, tampouco desrespeita o artigo 28 da Lei 6.830/1980, a transferência e habilitação do crédito fiscal junto a um processo piloto para que seja dada maior efetividade e satisfação ao processo executivo.

Assim, o prosseguimento da execução nos autos do processo 83500-94.2005.5.15.0082 ExFis, está em conformidade com a legislação fiscal que faculta ao juiz decidir pela reunião num único pleito, das execuções contra o mesmo devedor. Óbice das Súmulas 266 e 333 do TST. Agravo de instrumento desprovido (AIRR-17200-46.2006.5.15.0073, 2ª Turma, Rel. Min. Maria Helena Mallmann, j. 28.3.2017, *DEJT* 31.3.2017).

AGRAVO DE INSTRUMENTO EM RECURSO DE REVISTA INTERPOSTO ANTES DA VIGÊNCIA DA LEI Nº 13.015/2014. EXECUÇÃO FISCAL. REUNIÃO DE EXECUÇÕES CONTRA O MESMO DEVEDOR. POSSIBILIDADE. I – Da análise do acórdão recorrido vê-se ter o Regional explicitado que não há falar em nulidade na decisão que determinou o agrupamento das execuções fiscais contra o mesmo devedor, tendo em vista que tal providência visou a devida celeridade e efetividade na prestação jurisdicional, buscando, ainda, a concentração dos atos executórios, evitando a ocorrência da repetição de tais atos, encontrando apoio no princípio da razoável duração do processo (artigo 5º, inciso LXXVIII, da Constituição). II – Com efeito, verifica-se que a decisão que determinou a reunião das execuções fiscais não acarretou nenhum prejuízo à agravante, de modo que, longe de contrariar o preceituado no artigo 28 da Lei nº 6.830/80, deu-lhe plena e regular e aplicação. III – Nesse passo, esclareça-se que não prospera o argumento da União de que há necessidade de requerimento das partes para que ocorra a reunião de processos, eis que, nos termos do disposto no art. 878, da CLT, no processo do trabalho execuções podem ser promovidas *ex officio* pelo próprio Juiz. IV – Nessa linha é o entendimento da Súmula nº 515 do STJ, segundo a qual "a reunião de execuções fiscais contra o mesmo devedor constitui faculdade do Juiz". No mesmo sentido cito precedentes desta Corte. V – Por outro lado, saliente-se que no acórdão recorrido não houve debate à luz do argumento da agravante de que a reunião de processos "somente pode ocorrer nas execuções que tenham o mesmo credor", e, uma vez não examinada a matéria e não interpostos embargos de declaração no intuito de provocar manifestação a respeito, incide, no particular, o óbice previsto na Súmula nº 297/TST, dada a ausência de prequestionamento, não merecendo, por isso mesmo, maiores considerações desta Corte a respeito. VI – De resto, verifica-se que, ao contrário do que afirma a União na minuta do agravo, o recurso de revista trancado somente alega ter havido ofensa aos artigos 28 e 29, da Lei nº 6.830/80, não fazendo qualquer referência aos demais dispositivos legais invocados. Sabendo-se incabíveis as inovações recursais propostas, tem-se como preclusas as alegações de ofensa aos artigos 642, da CLT, 2º, da Lei 6.830/80, 39 da Lei nº 4.320/64 e 202 e 203 do CTN. VII – Agravo de instrumento a que se nega provimento (AIRR-123800-80.2006.5.15.0012, 7ª Turma, Rel. Des. Convocado Roberto Nobrega de Almeida Filho, j. 27.9.2017, *DEJT* 29.9.2017).

AGRAVO DE INSTRUMENTO. RECURSO DE REVISTA. LEI Nº 13.015/2014. UNIÃO. EXECUÇÃO FISCAL. REUNIÃO DE EXECUÇÕES. MESMO DEVEDOR. 1 – Foram atendidos os requisitos do art. 896, § 1º-A, da CLT. 2 – O acórdão do TRT revela que a reunião das execuções fiscais contra o executado BRUNO LACERDA – ME visou uniformizar os procedimentos da execução e evitar a repetição de atos processuais em vários juízos, em face do mesmo devedor, tudo isso como medida de economia e celeridade processual e com o objetivo de que sejam praticados atos únicos que aproveitem a mais de um processo executivo. 3 – A determinação do Juízo de origem de prosseguir a execução deste feito no processo piloto (0068300-40.2009.5.15.0039 – RTSum) está em sintonia com a legislação fiscal, uma vez que o art. 28 da Lei nº 6.830/80 deixa clara a intenção do legislador – quando utiliza a expressão "poderá" – de facultar ao juiz da execução deliberar quanto à conveniência da reunião num único processo das execuções contra o mesmo devedor. 4 – Nesse contexto, não se vislumbra violação dos arts. 642 da CLT e 28 da Lei nº 6.830/80, tendo em vista que a medida adotada proporciona as almejadas economia e celeridade processuais, assim como não implica em nenhum prejuízo à União. 5 – Agravo de instrumento a que se nega provimento (AIRR-240-78.2010.5.15.0039, 6ª Turma, Rel. Min. Kátia Magalhães Arruda, j. 15.2.2017, *DEJT* 17.2.2017).

AGRAVO DE INSTRUMENTO EM RECURSO DE REVISTA. EXECUÇÃO FISCAL. REUNIÃO DOS PROCESSOS CONTRA O MESMO DEVEDOR. O acórdão recorrido revela que a reunião das execuções fiscais contra a executada visou uniformizar os procedimentos da execução e evitar a repetição de atos processuais e a provocação de reiterados pedidos pelas partes, tudo isso como medida de economia processual e com o objetivo de que sejam praticados atos únicos que aproveitem a mais de um processo executivo. Ademais, conforme consigna o Tribunal *a quo*, foram observados todos os procedimentos legais para que se procedesse às reuniões das execuções, com a formação do "processo piloto" e a determinação de inclusão da memória dos cálculos dos processos de forma detalhada, no demonstrativo de atualização de débito do sistema de acompanhamento processual. Ainda segundo o Regional, não houve extinção do débito, que subsiste com a habilitação no "processo piloto" e deverá ser satisfeito juntamente com as demais execuções reunidas. Nesse contexto, não se vislumbra violação dos artigos 2º e 28 da Lei nº 6.830/80 e

794 do CPC/73, tendo em vista que a medida adotada proporciona as almejadas economia e celeridade processuais, assim como não implica em nenhum prejuízo à União. Agravo de instrumento conhecido e não provido (8ª Turma, AIRR-119300-20.2006.5.15.0028, Rel. Min. Dora Maria da Costa, *DEJT* 17.6.2016).

AGRAVO DE INSTRUMENTO EM RECURSO DE REVISTA. EXECUÇÃO FISCAL. CENTRALIZAÇÃO DOS ATOS EXECUTIVOS EM DESFAVOR DE UM MESMO EXECUTADO. I – Diante da premissa delineada pelo Regional, de não se tratar de concurso de credores ou de habilitação de crédito em juízo universal, mas de mera medida administrativa de centralização dos atos executivos em desfavor de um mesmo executado, a qual se destina a imprimir maior racionalidade à execução, não se vislumbra violação literal e direta aos artigos 5º e 29 da Lei nº 6.830/80 e 187 do Código Tributário Nacional. II – Com efeito, as referidas normas não vedam a reunião de processos contra um mesmo devedor para racionalizar a execução, tampouco isto importou a disponibilidade dos direitos da agravante. III – Agravo de instrumento a que se nega provimento (5ª Turma, AIRR-118300-21.2009.5.23.0007, Rel. Min. Antonio José de Barros Levenhagen, *DEJT* 20.5.2016).

AGRAVO REGIMENTAL EM AGRAVO DE INSTRUMENTO. EXECUÇÃO FISCAL. ART. 896, § 2º, DA CLT (LEI 9.756/98). INAPLICÁVEL. despacho mantido por fundamento diverso. REUNIÃO DE EXECUÇÕES DE CERTIDÕES DE DÍVIDA ATIVA. Os executados postulam, em síntese, seja extinta a execução ao argumento de que já foi quitada a Certidão de Dívida Ativa que a originou, não havendo decisão determinando a reunião das demais execuções e que processo expropriatório deve continuar nos autos e no Juízo onde ainda restam débitos. Entretanto, diante da afirmativa do Tribunal Regional de que "há várias execuções em andamento contra os executados, todas referentes às Certidões de Dívida Ativa – CDA, reunidas nos presentes autos" (fl. 1.254), não há falar em afronta direta e literal ao artigo 5º, II, LIV e LV, da Constituição Federal, que só poderia ser violado de forma indireta, com análise da legislação infraconstitucional. Também não se vislumbra ofensa aos artigos 741, I, do CPC; 28 da Lei 6.830/80 e 765 da CLT, diante da possibilidade de o "Magistrado poder determinar a reunião das execuções contra o mesmo devedor com o objetivo de dar celeridade e efetividade à prestação jurisdicional" (fl. 1.255). Agravo regimental conhecido e desprovido (3ª Turma, AgR-AIRR-320387-36.2005.5.12.0031, Rel. Min. Alexandre de Souza Agra Belmonte, *DEJT* 20.2.2015).

Utilizando-se por analogia do art. 47 da Lei n. 11.101/2005, a concentração das execuções no processo do trabalho tem por objetivo viabilizar a superação da situação de crise econômico-financeira do devedor, a fim de permitir a manutenção da fonte produtora, do emprego dos trabalhadores e dos interesses dos credores, promovendo, assim, a preservação da empresa, sua função social e o estímulo à atividade econômica. A empresa tem a sua função social, que é de produzir bens e serviços para o mercado, mas também de proporcionar e manter os empregos dos trabalhadores.

O procedimento do Regime Especial de Execução Forçada tem fundamento no art. 50 da Lei n. 13.155/2015 (Profut), que permite o sistema para os clubes de futebol profissional:

> Art. 50. Ficam os Tribunais Regionais do Trabalho, ou outro órgão definido por determinação dos próprios Tribunais, autorizados a instaurar o Regime Centralizado de Execução (Ato Trabalhista) para as entidades desportivas de que trata o § 10 do art. 27 da Lei n. 9.615, de 24 de março de 1998.

O texto do art. 50 da Lei n. 13.155/2015 é oriundo da Medida Provisória n. 671/2015. Foi apresentada Ação Direta de Inconstitucionalidade (n. 6.047) pelo partido Podemos, sob o argumento de que a matéria processual não poderia ser tratada em medida provisória. Parece que o STF entende que a medida provisória não pode tratar de processo civil e processo penal, que é o que dispõe a alínea *b* do inciso I do § 1º do art. 62 da Constituição. Pode, assim, tratar de processo do trabalho. Os Tribunais Regionais do Trabalho é que estavam autorizados a instaurar o Regime Centralizado de Execução, e não outros órgãos.

Não foi revogado expressamente o art. 50 da Lei n. 13.155/2015 pela Lei n. 14.193/2021.

O Poder Judiciário disciplinará o Regime Centralizado de Execuções, por meio de ato próprio dos seus tribunais (art. 15 da Lei n. 14.193/2021). Isso significa que a regulamentação será feita pelos Tribunais. Isso tanto ocorrerá nos Tribunais de Justiça, em relação a dívidas cíveis, como em relação aos Tribunais Regionais do Trabalho, quanto às dívidas trabalhistas. Apenas se os Tribunais Regionais do Trabalho não regulamentarem o RCE, competirá ao Tribunal Superior suprir a omissão (§ 1º do art. 15 da Lei n. 14.193/2021), que, no caso da Justiça do Trabalho, é o TST. Parece que a Lei n. 14.193/2021, e seu artigo, por ser posterior e ter regulado inteiramente o Regime Centralizado de Execuções, inclusive estabelecendo vários procedimentos, revogou o art. 50 da Lei n. 13.155/2015.

No TRT da 2ª Região foi criado o Juízo Auxiliar de Execução (JAE), que analisa essas concentrações de execuções (Provimento GP/CR 2/2025).

O art. 15 e ss. da Lei n. 14.193/2021 também podem ser aplicados por analogia para outros devedores (art. 4º da Lei de Introdução; art. 8º da CLT), pois não há norma específica tratando do tema para outros executados, visando que se tenha o mesmo resultado e não se faça distinção entre os clubes de futebol e outros empregadores submetidos à concentração de execuções.

Ao clube ou à pessoa jurídica original que requerer a centralização das suas execuções será concedido o prazo de até 60 dias para apresentação do seu plano de credores. A regra diz respeito tanto ao clube, a associação civil, como à pessoa jurídica original, sociedade empresarial dedicada ao fomento e à prática do futebol (§ 1º, II, do art. 1º da Lei n. 14.193/2021). A Lei n. 14.193/2021 não pode ser interpretada a partir do seu preâmbulo, mas de forma sistemática dentro dela mesma. O preâmbulo pode não enunciar tudo o que a lei contém. Por exemplo: a Lei n. 8.073/90 só tem efetivamente um artigo. O preâmbulo dispõe que ela trata de política de salários. Entretanto, os arts. 1º e 2º foram vetados pelo Presidente Collor e o veto não foi derrubado no Congresso Nacional. O art. 4º reza que a lei entra em vigor na data de sua publicação. Prescreve o art. 5º que são revogadas as disposições em contrário. Logo, sobrou apenas o art. 3º, que trata de substituição processual.

Deverão ser juntados obrigatoriamente os seguintes documentos:

> I – o balanço patrimonial;
>
> II – as demonstrações contábeis relativas aos três últimos exercícios sociais;
>
> III – as obrigações consolidadas em execução e a estimativa auditada das suas dívidas ainda em fase de conhecimento;
>
> IV – o fluxo de caixa e a sua projeção de três anos; e
>
> V – o termo de compromisso de controle orçamentário (art. 16 da Lei n. 14.193/2021).

O PEPT estabelece os seus requisitos no art. 159 da Consolidação dos Provimentos da Corregedoria-Geral da Justiça do Trabalho, entre eles a apresentação: do plano de pagamento, de balanço assinado por contador, de renúncia a toda e qualquer impugnação ou recurso etc. (VII).

Há necessidade de se apresentar uma garantia na execução, como pode ser, por exemplo, um imóvel.

Os críticos da execução concentrada afirmam que é dar mais uma oportunidade para o devedor pagar seus débitos, que não foram saldados na forma e prazos anteriormente estabelecidos. Em muitos casos vi que, quando o devedor não quer pagar, ele paga quem quer e o dinheiro não aparece. Há casos de credores que não recebem há mais de 10 e até 20 anos. A Justiça do Trabalho passa a fazer um gerenciamento da dívida, e não, se fosse o caso, pela Vara de Recuperações Judiciais, que pertence à Justiça Estadual.

Em muitos casos, os clubes, principalmente, não pagam a dívida que vêm de administrações anteriores. A nova administração entra e tem vários débitos a pagar. Logo, é preciso fazer que esses débitos sejam pagos, mesmo que com a concessão de novos prazos. É melhor receber do que não receber nada e ter somente o crédito.

O objetivo da concentração das execuções é racionalizar a execução e maximizar a prestação jurisdicional, pois um único ato processual serve para todas as execuções. Visa à eficiência administrativa da Administração Judiciária (art. 37, *caput*, da Constituição), no sentido de dar efetividade à execução promovida pela Justiça do Trabalho e recebimento dos valores pelo credor. Promove celeridade, razoável duração do processo (art. 5º, LXXVIII, da Constituição) e economia processual (um ato beneficia vários processos). Possibilita igualdade entre os credores para receber o valor devido. Uma penhora sobre imóvel de alto valor pode proporcionar o recebimento de um crédito de alto valor. Créditos de baixo valor não podem ser fundamento para penhora de imóvel de alto valor. A concentração das execuções visa justamente evitar tal fato, possibilitando que todos os credores recebam com a mesma garantia de um imóvel de alto valor. Do contrário, uns receberão todo o crédito, enquanto os créditos pequenos terão mais dificuldade de recebimento.

Evita, ainda, a concentração das execuções que haja a penhora sobre a folha de salários do devedor, pois ele sofre penhoras frequentes em numerário em conta-corrente. Coíbe fraudes na execução, pois a execução passa a ser única contra o mesmo devedor.

Enquanto o clube ou pessoa jurídica original cumprir os pagamentos previstos nesta Seção V da Lei n. 14.193/2021, sobre modo de quitação das obrigações, é vedada qualquer forma de constrição ao patrimônio ou às receitas, por penhora ou ordem de bloqueio de valores de qualquer natureza ou espécie sobre as suas receitas (art. 23 da Lei n. 14.193/2021).

É o meio de os credores receberem o que lhes é devido e o devedor ter forma parcelada de pagar o que deve. Envolve, portanto, o binômio necessidade no recebimento dos créditos e possibilidade do seu pagamento pelos devedores (§ 1º do art. 1.694 do Código Civil), como ocorre em relação a alimentos, mas observa-se também o princípio da proporcionalidade.

Atualmente, o plano de pagamento aos credores em relação aos clubes de futebol é de seis anos (art. 15 da Lei n. 14.193/2021). O dispositivo é imperativo, pois dispõe que o Poder Judiciário (Justiça do Trabalho ou Estadual), por meio de ato próprio dos seus tribunais, conferirá o prazo de seis anos para pagamento dos credores. Está sendo usado o verbo "conferir" no imperativo. Não é faculdade do ato dos tribunais, mas obrigação. Não pode ser, portanto, prazo menor. Esse prazo se justifica se a dívida tem um valor considerável. Entretanto, pode ser um prazo muito longo se o valor da dívida é menor e há capacidade de pagamento do empregador.

Atualmente, a Consolidação dos Provimentos passou a estabelecer o prazo de seis anos (art. 159, II).

A Lei n. 14.193, de 6 de agosto de 2021, apanha os processos que estão em curso.

Assevera Paul Roubier que "a base fundamental da ciência dos conflitos de leis no tempo é a distinção entre efeito retroativo e efeito imediato de uma lei. Parece um dado muito simples: o efeito retroativo é a aplicação no passado; o efeito imediato é a aplicação no presente... Se a lei pretender ser aplicada sobre fatos consumados, ela é retroativa; se ela pretende ser aplicada sobre situações em curso, será preciso distinguir entre as partes anteriores à data da modificação da legislação e que não poderão ser atingidas sem retroatividade, e as partes posteriores, sobre as quais a lei nova, se aplicável, não terá senão um efeito imediato; enfim, diante de fatos futuros, é claro que a lei não pode jamais ser retroativa"[14].

Leciona Paul Roubier que, nas situações jurídicas pendentes, a lei antiga deve se aplicar a todos os efeitos realizados até o início da vigência da lei nova, enquanto esta deve reger os efeitos ainda não produzidos. Prevendo a lei expressamente a possibilidade dos fatos realizados no passado, será retroativa, mas, se sua incidência, implícita ou explicitamente, for somente em relação aos fatos futuros, será de efeito imediato. Quanto aos fatos pendentes, para as situações em curso deverá ser estabelecida a separação entre as partes anteriores à data da modificação da lei (que não

[14] ROUBIER, Paul. *Le droit transitoire*: conflit des lois dans le temps. Paris: Dalloz et Sirey, 1960, p. 178.

poderão ser atingidas sem retroatividade) e as partes posteriores (às quais a lei nova terá efeito imediato)[15].

Dispõe o art. 15 da Lei n. 14.193/2021:

> Art. 15. O Poder Judiciário disciplinará o Regime Centralizado de Execuções, por meio de ato próprio dos seus tribunais, e conferirá o prazo de 6 (seis) anos para pagamento dos credores.

Em razão de que o referido dispositivo legal estabelece o prazo de seis anos para o cumprimento do pagamento dos credores, o citado art. 15 é aplicável aos casos que estão em curso.

O prazo para o pagamento dos credores trabalhistas passa a ser de seis anos, por apanhar o pedido de providências que está em curso e que traz uma regra nova mais benéfica.

Agora, há previsão expressa de norma legal que dispõe qual o prazo a ser aplicado ao Regime Centralizado de Execuções. Logo, deve ser aplicado o prazo de seis anos, devendo a norma administrativa de cada Tribunal Regional ser adaptada à nova previsão legal.

Se o clube ou pessoa jurídica original comprovar a adimplência de ao menos 60% do seu passivo original ao final do prazo de seis anos, será permitida a prorrogação do Regime Centralizado de Execuções por mais quatro anos, período em que o porcentual de pagamento poderá, a pedido do interessado, ser reduzido pelo juízo centralizador das execuções a 15% das suas receitas correntes mensais (§ 2º do art. 15 da Lei n. 14.193/2021).

No Regime Centralizado de Execuções, consideram-se credores preferenciais, para ordenação do pagamento:

> I – idosos, nos termos da Lei n. 10.741, de 1º de outubro de 2003 (Estatuto da Pessoa Idosa);
>
> II – pessoas com doenças graves;
>
> III – pessoas cujos créditos de natureza salarial sejam inferiores a 60 salários mínimos;
>
> IV – gestantes;

---

15 ROUBIER, Paul. *Le droit transitoire*: conflit des lois dans le temps. 2. ed. Paris: Dalloz et Sirey, 1960, p. 177.

V – pessoas vítimas de acidente de trabalho oriundo da relação de trabalho com o clube ou pessoa jurídica original;

VI – credores com os quais haja acordo que preveja redução da dívida original em pelo menos 30% (art. 17 da Lei n. 14.193/2021).

Na hipótese de concorrência entre os créditos, os processos mais antigos terão preferência (parágrafo único do art. 17 da Lei n. 14.193/2021). Assim, havendo concorrência entre os créditos, os processos mais antigos terão preferência sobre os mais novos.

Não pode ser aplicado por analogia o pagamento de valores inferiores a 150 salários mínimos, que é o limite estabelecido na lei de falências (art. 83, I, da Lei n. 11.101/2005), pois agora há pagamento preferencial para pessoas cujos créditos de natureza salarial sejam inferiores a 60 salários mínimos (art. 17, III, da Lei n. 14.193/2021).

A partir da centralização das execuções, as dívidas de natureza cível e trabalhista serão corrigidas somente pela taxa referencial do Sistema Especial de Liquidação e de Custódia (Selic), ou outra taxa de mercado que vier a substituí-la (parágrafo único do art. 18 da Lei n. 14.193/2021). Essa regra está de acordo com a decisão do STF em matéria de correção monetária trabalhista (STF, ADIn 5.867/DF, ADC 58/DF; ADC 59/DF, Pleno, Rel. Min. Gilmar Mendes, j. 18.12.2020).

É facultado às partes, por meio de negociação coletiva, estabelecer o plano de pagamento de forma diversa (art. 19 da Lei n. 14.193/2021). Não tem sido comum se estabelecer plano de pagamento de forma diversa por intermédio de negociação coletiva. Nesta não se costuma negociar forma de pagamento de concentração de execuções. Agora, há autorização expressa na lei.

Ao credor, titular do crédito, é facultada a conversão, no todo ou em parte, da dívida do clube ou pessoa jurídica original em ações da Sociedade Anônima do Futebol ou em títulos por ela emitidos, desde que previsto em seu estatuto (art. 20 da Lei n. 14.193/2021).

Ao credor de dívida trabalhista e ao credor de dívida cível, de qualquer valor, é facultado anuir, a seu critério exclusivo, a deságio sobre o valor do débito (art. 21 da Lei n. 14.193/2021). Têm sido marcadas audiências para que o credor e o devedor possam conversar e transacionar sobre determinados aspectos da dívida, como valor e prazo de pagamento.

É facultada ao credor de dívida trabalhista, como titular do crédito, a seu exclusivo critério, a cessão do crédito a terceiro, que ficará sub-rogado em todos os direitos e em todas as obrigações do credor e ocupará a mesma posição do titular do crédito original na fila de credores, devendo ser dada ciência ao clube ou à pessoa jurídica original, bem como ao juízo centralizador da dívida para que promova a anotação (art. 22 da Lei n. 14.193/2021). Logo, a cessão do crédito trabalhista não é proibida. Ao contrário, é expressamente permitida. Não há nenhum impedimento para isso pelo fato de que a lei está assim prevendo. O fato de se tratar de um crédito de natureza alimentícia não impede a cessão, pois a lei está expressamente permitindo ou não está proibindo. Os salários são impenhoráveis, mas não são inalienáveis[16]. O mesmo ocorre aqui com o crédito trabalhista que não é inalienável.

Superado o prazo estabelecido de seis anos para a concentração das execuções, a Sociedade Anônima do Futebol responderá, nos limites estabelecidos no art. 9º da Lei n. 14.193/2021, subsidiariamente, pelo pagamento das obrigações civis e trabalhistas anteriores à sua constituição, salvo se for estabelecido de forma diversa em negociação coletiva (art. 24 da Lei n. 14.193/2021).

Na concentração de execuções é designado um processo piloto em relação ao qual são reunidos todos os outros em fase de execução. A execução se processa perante esse processo piloto.

Se o clube descumprir a previsão da Lei n. 14.193/2021 ou do plano de concentração, perderá os benefícios estabelecidos e retornará à execução individual de cada crédito.

Poderia ser feita uma assembleia geral de credores para definir créditos. Entretanto, têm sido feitas audiências de conciliação individuais para tentativa de acordo e definição de créditos.

Empresas que estão em falência não poderiam participar do processo, pois o crédito trabalhista liquidado tem de ser enviado para habilitação no juízo universal da falência. Este atrai todos os créditos, por ser "um processo de execução coletiva contra o devedor insolvente"[17]. Na falência há a *vis attractiva* para o juízo falimentar. O juízo universal "é a atração exercida pelo juízo da falência, sob cuja jurisdição concorrem todos os credores do devedor comum – o falido"[18].

---

[16] MARTINS, Sergio Pinto. *Direito processual do trabalho*. 43. ed. São Paulo: Saraiva, 2021, p. 1.022.

[17] ALMEIDA, Amador Paes de. *Curso de falência e recuperação judicial*. 23. ed. São Paulo: Saraiva, 2007, p. 17.

[18] ALMEIDA, Amador Paes de. *Curso de falência e recuperação judicial*. 23. ed. São Paulo: Saraiva, 2007, p. 126.

"Evita-se, assim, que sejam declaradas tantas falências em juízos diferentes quantos forem os seus estabelecimentos"[19]. A universalidade tem previsão no art. 126 da Lei n. 11.101/2005.

A Sociedade Anônima do Futebol, por ter natureza empresarial, poderá requerer recuperação judicial com base na Lei n. 11.101/2005 (art. 13, II, da Lei n. 14.193/2021). O clube também agora poderá (arts. 13, II, e 25 da Lei n. 14.193/2021).

Em relação a empresas em liquidação extrajudicial, haveria ainda o problema da suspensão das execuções pelo prazo de 180 dias (§ 4º do art. 6º da Lei n. 11.101/2005), o que inviabilizaria, em princípio, a concentração de audiências.

8 Exemplos

O Flamengo levou seis anos para cumprir um plano semelhante ao de execução concentrada, quando não existia exatamente uma norma sobre o tema. Foram feitas prestações mensais de R$ 800 mil, R$ 1 milhão e R$ 1,5 milhão. Isso mostra que o prazo deveria ser maior do que três anos ou, então, o Corregedor Regional, diante das peculiaridades de cada caso, poderia adotar um prazo que melhor se adequasse à questão, de forma excepcional. Talvez o Flamengo não estivesse tendo o sucesso nos campeonatos se não tivesse conseguido pagar os débitos dos seus trabalhadores nesse plano de execução concentrada.

A Associação Portuguesa de Desportos fez concentração de execuções entre 2007 e 2008, deferida pelo então corregedor do TRT da 2ª Região, Décio Daidone. Na época, não existia exatamente uma norma tratando do tema. Existia um Juízo Auxiliar de Conciliação. Nesse juízo, só em 2007, nas 65 audiências promovidas, foram fechados 37 acordos. Não cumpriu a Portuguesa com os pagamentos e a reunião de execuções foi cancelada. Tinha 261 processos, com dívida de R$ 170 milhões, em janeiro de 2021. A Portuguesa tinha 1.000 funcionários antes da pandemia. Hoje, tem 100 empregados. Houve diminuição de pagamento de valores de aluguel de dois imóveis. A festa junina não foi feita em 2020 e 2021, que tinha um rendimento por volta de R$ 1.400.000,00 em cada festa. Não há rendas das partidas desportivas. O clube destina mensalmente à reunião de execuções 30% do seu faturamento ou no mínimo R$ 250.000,00 por mês. Como garantia, foi dado o estádio do Canindé. Em abril de 2021 foram homologadas 24 conciliações, que totalizaram R$ 683.196,75. Em maio foi feito um acordo em audiência telepresencial de um processo de

[19] REQUIÃO, Rubens. *Curso de direito falimentar*. 9. ed. São Paulo: Saraiva, 1984. v. 1, p. 82.

R$ 50 mil por R$ 26.800,00, em que o jogador estava jogando no Cazaquistão, com diferença de fuso horário de 9 horas. Foi feito acordo no processo em que havia a penhora dos principais troféus da Portuguesa e estavam com o leiloeiro. Agora, eles retornam à posse da Portuguesa. Com os novos depósitos mensais, o plano prosseguirá chamando credores que tenham interesse na celebração de acordos. Foram feitos acordos em 234 processos no valor total de R$ 10.850.000,00. Atualmente, o sistema foi extinto, voltando o sistema de penhoras.

O Santos Futebol Clube fez a concentração das execuções, tendo valores a pagar de aproximadamente mais de 10 milhões. O processo corre em segredo de justiça. Foram feitos recentemente dois acordos parcelados. Um com ex-técnico. Outro de ex-jogador, que decorria de processo de aproximadamente 10 anos, em que já haviam sido descumpridos três outros acordos de parcelamento. No fim de junho de 2021 foram feitos mais três acordos, de um total de quatro processos submetidos à conciliação, no valor de R$ 485 mil. Foram pagos até agora R$ 3.149.076,27. Foram resolvidos todos os processos, com exceção de um, retornando ao sistema de execução individual.

O Sport Clube Corinthians Paulista resolveu todos os processos na concentração de execuções, com exceção de um, retornando ao sistema de execução individual.

O Botafogo de Ribeirão Preto aderiu, no final de 2017, ao Regime Centralizado de Execução (RCE) do TRT da 15ª Região, conforme o Provimento GP-CR 2/2016. Havia 170 processos em execução nesse ano. Foram reduzidos para 22 processos em 2021. O clube conseguiu organizar as suas finanças, obtendo novos patrocínios, pois antes todo o recurso que entrava por meio da Federação Paulista era penhorado. Houve cooperação entre o clube e os credores. Havia um valor mensal a ser pago. Se fosse feito o pagamento das parcelas no prazo, não poderiam ser feitas penhoras individuais. Em 2018, por meio do plano, foram destinados R$ 720 mil para o pagamento de 34 trabalhadores. Em 2019 houve pagamento de R$ 1,2 milhão para 26 credores. Em 2020 foram R$ 824,8 mil para pagar 24 trabalhadores. Em 2021, houve previsão de pagamento de R$ 1,6 milhão para 15 processos. O Botafogo ainda tem 9 processos na fase de liquidação e 10 processos na fase de conhecimento[20].

O Guarani Futebol Clube, de Campinas, teve o estádio Brinco de Ouro penhorado, que estava para ser vendido. Ele fez um procedimento semelhante à

[20] Disponível em: https://trt15.jus.br/noticia/2021/regime-centralizado-como-o-trabalho-da-equipe-da-divisao-de-execucao-de-ribeirao-preto. Acesso em: 29 maio 2021.

execução concentrada com a supervisão do TRT da 15ª Região e foi saldando o seu passivo trabalhista. Há um valor mensal que é bloqueado do clube para pagamento dos credores. Pode haver certo deságio do credor.

9 Conclusão

A utilização da concentração de execuções tem dado bons resultados para o recebimento de créditos de trabalhadores que esperavam por longos anos para serem solvidos. É uma forma de tornar eficaz a sentença que transitou em julgado.

Parece que, com os parâmetros definidos na Lei n. 14.193/2021, há maior segurança jurídica para a concentração de execuções, pois agora há fundamentos previstos em lei em relação a procedimentos nela descritos. Não se trata apenas de previsão em normas administrativas dos tribunais.

31 Justiça Desportiva

A denominação *Justiça Desportiva* não é acertada, pois o órgão não pertence ao Poder Judiciário. Seus membros também não podem ser chamados de juízes, que é prerrogativa dos integrantes da magistratura pertencentes ao Poder Judiciário.

O Conselho Nacional de Desportos tinha competência para a organização da justiça e disciplina desportivas (art. 42, III, da Lei n. 6.251, de 8 de outubro de 1975).

Haveria apenas um Código de Justiça Desportiva (art. 64 do Decreto n. 80.228, de 24 de novembro de 1977). Os membros da Justiça Desportiva não poderiam ter remuneração de qualquer espécie. Os órgãos dirigentes e os poderes das entidades desportivas de natureza privada não exerciam a função delegada de Poder Público (art. 67).

A Resolução n. 10/2005 do Conselho Nacional de Justiça proibiu o exercício simultâneo da magistratura e cargo em tribunais desportivos.

O processo e julgamento dos litígios disciplinares entre os empregadores e os atletas profissionais de futebol, no âmbito da Justiça Desportiva, serão objeto de regulação especial na condição disciplinar desportiva. A regulação terá incidência em âmbito nacional. As entidades regionais não poderão estabelecer regras sobre Justiça Desportiva.

A organização, o funcionamento e as atribuições da Justiça Desportiva, limitadas ao processo e julgamento das infrações disciplinares e às competições desportivas, serão definidos nos Códigos de Justiça Desportiva, facultando-se às ligas constituir seus próprios órgãos judicantes desportivos, com atuação restrita às suas competições (art. 50 da Lei n. 9.615/98). O artigo mostra que a Justiça Desportiva tem competência limitada apenas ao processo e julgamento das infrações disciplinares e às competições desportivas.

Os órgãos competentes da Justiça e Disciplina Desportivas, na forma da legislação desportiva, poderão aplicar aos atletas as penalidades previstas nos códigos disciplinares. A pena de eliminação somente será válida se confirmada pela superior instância disciplinar da confederação, assegurada, sempre, a mais ampla defesa.

A Justiça Desportiva terá o prazo máximo de 60 dias, contados da instauração do processo, para proferir decisão final (§ 2º do art. 217 da Constituição).

Instaurado o procedimento administrativo e não sendo proferida decisão definitiva em 60 dias, o atleta poderá socorrer-se diretamente à Justiça do Trabalho.

A Justiça Desportiva não pertence ao Poder Judiciário, pois não está elencada nos incisos do art. 92 da Constituição. Representa uma espécie de procedimento administrativo.

A suspensão do empregado por mais de 30 dias pela Justiça Desportiva não importa rescisão do contrato de trabalho. Não se aplica a regra do art. 474 da CLT, pois esse dispositivo diz respeito à suspensão feita pelo empregador e não por parte da Justiça Desportiva.

A suspensão do atleta por mais de 30 dias pela Justiça Desportiva não implica a prorrogação automática do contrato de trabalho de prazo determinado. No término do ajuste, estará extinto o pacto laboral. A exceção ocorre se as partes pactuarem que o período não será computado para o término do contrato (§ 2º do art. 472 da CLT).

O Superior Tribunal de Justiça Desportiva e os Tribunais de Justiça Desportiva serão compostos de nove membros, sendo:

> I – dois indicados pela entidade de administração do desporto;
>
> II – dois indicados pelas entidades de prática desportiva que participem de competições oficiais da divisão principal;
>
> III – dois advogados com notório saber jurídico desportivo, indicados pela Ordem dos Advogados do Brasil;
>
> IV – um representante dos árbitros, indicado pela respectiva entidade de classe;
>
> V – dois representantes dos atletas, indicados pelas respectivas entidades sindicais (art. 55 da Lei n. 9.615/98).

O mandato dos membros dos Tribunais de Justiça Desportiva terá duração máxima de quatro anos, permitida apenas uma recondução (§ 2º do art. 55 da Lei n. 9.615/98).

É vedado aos dirigentes desportivos das entidades de administração e das entidades de prática o exercício de cargo ou função na Justiça Desportiva, exceção feita aos membros dos conselhos deliberativos das entidades de prática desportiva (§ 3º do art. 55 da Lei n. 9.615/98).

Os membros dos Tribunais de Justiça Desportiva poderão ser bacharéis em Direito ou pessoas de notório saber jurídico e conduta ilibada (§ 4º do art. 55 da Lei n. 9.615/98).

32 Sociedade Anônima do Futebol

1 Denominação

No Chile, a denominação é Sociedade Anônima Desportiva Profissional (SADP), conforme a Lei n. 20.019, de maio de 2005.

Em Portugal, a denominação é Sociedade Anônima do Desporto (SAD), conforme o Decreto-Lei n. 10, de 25 de janeiro de 2013.

Atualmente, fala-se em Sociedade Anônima do Futebol (SAF), compreendendo somente o futebol.

2 Histórico

O Tottenham Hotspur, da Inglaterra, foi o primeiro clube a se transformar em sociedade anônima em outubro de 1993.

Chelsea, Manchester United e Manchester City foram adquiridos por milionários, mas cancelaram a forma de sociedade anônima.

3 Portugal

O Decreto-Lei n. 67, de 3 de abril de 1997, mencionava que o capital social das sociedades anônimas desportivas deveria ser sucessivamente reforçado de modo que perfizesse, em cinco anos após a respectiva criação, a importância igual a 30% da média do orçamento da sociedade nos primeiros quatro anos da sua existência, sob pena de exclusão das competições profissionais. Essa regra não existe mais.

O Decreto-Lei n. 10/2013 aplica subsidiariamente a lei das sociedades anônimas e por cotas (art. 5º, 1). As ofertas públicas de ações das sociedades anônimas desportivas são reguladas pelo Código dos Valores Mobiliários, com as devidas adaptações ao respectivo objeto e especificidade (art. 5º, 2).

No momento da respectiva constituição, o valor mínimo do capital social das sociedades que participem nas competições profissionais de futebol não pode ser inferior a:

> a) 1.000.000 euros ou 250.000 euros, para as sociedades desportivas que participem na 1ª Liga, consoante adotem o tipo de sociedade anônima ou de sociedade unipessoal por quotas;
>
> b) 200.000 euros ou 50.000 euros, para as sociedades desportivas que participem na 2ª Liga, consoante adotem o tipo de sociedade anônima ou de sociedade unipessoal por quotas.

São profissionais os campeonatos da 1ª e 2ª Ligas.

O órgão de administração da sociedade é composto por um número de membros, fixado nos estatutos, no mínimo de um ou de dois gestores executivos, consoante se trate de uma sociedade desportiva unipessoal por quotas ou de uma sociedade anônima desportiva (art. 15º, 1). Os membros executivos dos órgãos de gestão devem dedicar-se em tempo integral à gestão das respectivas sociedades (art. 15º, 2). A sociedade desportiva deve comunicar anualmente à entidade organizadora das competições desportivas profissionais, em termos a definir por ela, a identidade dos respetivos gestores executivos (art. 15º, 3).

Os direitos dos acionistas que sejam titulares de ações em mais de uma sociedade anônima desportiva que tenha por objeto a mesma modalidade desportiva só podem ser exercidos numa única sociedade, com exceção dos direitos à repartição e percepção de dividendos e à transmissão de posições sociais (art. 19º, 1).

No caso referido na alínea *c* do art. 3º, o clube fundador que seja concessionário da exploração de uma sala de jogo do bingo pode transferir para a sociedade desportiva a concessão, subordinando-se tal transmissão às regras definidas no art. 18º (art. 26º, 1). As sociedades desportivas podem ser concessionárias do jogo do bingo em termos idênticos aos dos clubes desportivos (art. 26º, 2).

Os donativos podem ser deduzidos do imposto de renda.

Os três principais clubes portugueses se transformaram em sociedade anônima.

No Benfica, 63,65% das ações pertencem ao Sport Lisboa e Benfica; 12,71% a José Antônio dos Santos; 3,73% a José da Conceição Guilherme; 3,28% a Luís Felipe Ferreira Vieira; 2,66% a Olivedesportos; e 13,97% a outros[1].

No Porto, 74,59% das ações pertencem ao Futebol Clube do Porto; 7,34% a Francisco Antônio de Oliveira; 6,68% a Olivedesportos; 1,16% a Jorge Nuno de Lima Pinto da Costa; 0,01% a Alípio Jorge Calisto Fernandes; 0,01% a Antonio Manuel Leitão Borges; 10,21% a outros.

No Sporting de Lisboa, 63,93% das ações pertencem ao Sporting Clube de Portugal; 29,85% a Holdimo (Alvaro Sobrinho); 12,71% a Olivedesportos; 3,73% a outros.

Verifica-se que Olivedesportos é acionista nos três clubes portugueses, ainda que de forma minoritária.

O Sporting não tinha situação superavitária, o que só ocorreu com a venda de Cristiano Ronaldo, que lá jogou entre 1997 e 2003, o que proporcionou contas positivas no ano. Em 2018, teve penhoradas suas contas para pagamento de dívidas ao fisco português e à Seguridade Social.

A máfia russa é suspeita de lavagem de dinheiro por intermédio do Leiria, clube da 3ª divisão em Portugal. Houve prisão de dirigentes[2].

Os principais problemas em Portugal que ainda existem são: (a) a relação entre o clube fundado e a Sociedade Anônima do Desporto; (b) a necessidade de investigação do investidor que vai criar a SAD, visando evitar que o dinheiro seja proveniente de *offshore* ou de paraíso fiscal. Já houve caso de clube que abandonou o campeonato português no curso do campeonato; (c) regime de compatibilidade. Quem serão os gestores da SAD? Como fica a participação do intermediário ou do agente na SAD?

4 Chile

A Lei n. 20.019, de maio de 2005, regulamenta as Sociedades Anônimas Desportivas Profissionais (SADP). São organizações desportivas profissionais as constituídas para organização, produção, comercialização e participação em espetáculos

---

1 Revista *Época*.

2 UOL, 4.5.2016.

desportivos. Para participar das ligas nacionais devem: (a) elaborar orçamentos anuais; (b) elaborar e divulgar demonstrações financeiras anuais auditadas; (c) manter contabilidade específica e separada, para a atividade desportiva. Os estatutos devem estabelecer a denominação da sociedade, contendo a expressão *sociedade anónima deportiva profesional* ou a sigla SADP. A administração compete a uma diretoria, composta de, pelo menos, cinco membros. Há a obrigação de constituição de uma entidade segregada, específica para desempenhar, conduzir e organizar a atividade desportiva profissional: o *Fondo de Deporte Profesional*. O não cumprimento de quaisquer disposições da lei importa impedimento às corporações ou às fundações de continuarem a desempenhar suas atividades desportivas profissionais.

Na Universidad Católica do Chile, 45,05% pertencem a fundos de investimentos ou bancos, como Santander, BCI, Banchile, BTG Pactual, Bece; 39,90% à Credicorp; 15,05% à Universidad Católica.

Na Universidad de Chile, 62,12% são da Alpes (Carlos Heller Solari); 21,12% da DSE (Daniel Schapira Schenazi); 16,16% de bancos e fundos (Banchile, Santander, Banco Estado, Euroamerica, Itaú Corpbanca).

No Colo-Colo, 52,50% das ações pertencem a Larrain Vial (Leonidas Vial); 47,50% a bancos e fundos (BTG, Banchile, Santander, Itaú Corpbanca, Banco do Estado).

5 Alemanha

O clube social do Bayern tem 75% das ações do Bayern de Munique. Adidas, Audi e Allianz têm 8,3% cada uma.

Borussia Dortmund também tem ações na Bolsa de Valores.

6 Itália e Holanda

Roma, Lazio, Juventus têm, outrossim, ações ofertadas na Bolsa de Valores. Quando Cristiano Ronaldo foi contratado pelo Juventus, as ações do clube subiram mais de 30%.

O Ajax da Holanda também tem ações ofertadas na Bolsa de Valores.

7 Brasil

O Decreto-Lei n. 3.199, de 14 de abril de 1941, tratava da organização do desporto. As associações esportivas exerciam atividade de caráter cívico. Não era possível a utilização de capital com intuito de lucro.

Determina o inciso I do art. 217 da Constituição que existe a autonomia das entidades desportivas, dirigentes e associações, quanto a sua organização e funcionamento. A autonomia diz respeito apenas à organização e ao funcionamento. Logo, os clubes podem adotar a organização que quiserem, inclusive sob a forma de sociedade anônima.

Dispunha o art. 9º da Lei n. 8.672, de 6 de julho de 1993, que as entidades desportivas federais de administração do desporto são pessoas jurídicas de direito privado, com organização e funcionamento autônomos, e terão as competências definidas em seus estatutos. São pessoas jurídicas de direito privado, com ou sem fins lucrativos, constituídas na forma da lei, mediante o exercício do direito de livre associação (art. 10). É facultado às entidades de prática e às entidades federais de administração de modalidade profissional manter a gestão de suas atividades sob a responsabilidade de sociedade com fins lucrativos, desde que adotada uma das seguintes formas: (a) transformar-se em sociedade comercial com finalidade desportiva; (b) constituir sociedade comercial com finalidade desportiva, controlando a maioria de seu capital com direito a voto; (c) contratar sociedade comercial para gerir suas atividades desportivas. A Lei n. 8.672 foi revogada pela Lei n. 9.615/98.

Atualmente, a maioria dos clubes tem a forma de associação sem fins lucrativos. É, portanto, regida pelo Código Civil (arts. 53 a 61).

Em assembleia de maio de 2018, o Botafogo de Ribeirão Preto optou por se transformar em sociedade anônima, o que foi feito no final do ano. Seu capital é de R$ 20.000.000,00, divididos em 20.000.000 ações, todas ordinárias, sem valor nominal. O Botafogo ficou com 60%, mediante R$ 12.000.000,00 com a integralização de ativos como: (a) registros do clube na Federação Paulista de Futebol e na Confederação Brasileira de Futebol; (b) contratos com atletas, empregados e prestadores de serviços; (c) bens móveis; (d) contratos de locação, cessão ou comodato envolvendo imóveis utilizados para a prática do futebol; (e) direitos de propriedade industrial; (f) receitas de programas de sócios, entre outros listados no boletim de subscrição, os quais foram objeto de laudo de avaliação. As 8.000.000 ações restantes, equivalentes a 40% de participação no capital social, foram subscritas pela Trexx Sports Participações Ltda. ("Trexx"), correspondendo a 40% do capital. A Diretoria tem quatro membros: Diretor-Presidente Executivo, Diretor Administrativo Financeiro, Diretor de Marketing e Diretor de Futebol. A representação ativa e passiva da Botafogo S.A., em qualquer hipótese, incumbe a apenas dois diretores, um deles obrigatoriamente o Diretor Administrativo Financeiro. O Conselho de Administração é composto de até sete membros: três do Botafogo, dois da Trexx e dois independentes. Compete ao Conselho de Administração, por maioria dos votos dos seus membros presentes às respectivas reuniões: (a) fixar a orientação geral dos negócios; (b) manifestar-se sobre o relatório da administração e as contas da sociedade; (c) aprovar a celebração de contratos com valor entre R$ 500.000,00 e R$ 2.000.000,00; (d) aprovar a emissão de debêntures simples com valor entre R$ 500.000,00 e R$ 2.000.000,00. Serão distribuídos, no mínimo, e obrigatoriamente, 25% do lucro líquido apurado no exercício, após os ajustes e deduções exigidos pela Lei das Sociedades Anônimas (Lei n. 6.404/76). O saldo, se houver, terá a destinação definida pela Assembleia Geral. O Conselho Fiscal nas sociedades anônimas é obrigatório, pois o art. 161 da Lei n. 6.404/76 dispõe que a companhia terá um Conselho Fiscal. Entretanto, não consta que foi instalado.

Tornou-se clube-empresa o Red Bull Bragantino, em que a administração do futebol é feita pelo Red Bull. Também se tornou clube-empresa o Cuiabá (MT). São os únicos clubes pertencentes à série A do campeonato brasileiro de futebol.

O Cruzeiro igualmente se transformou em sociedade anônima do futebol. Foram compradas 90% das ações pelo ex-jogador Ronaldo Nazário, no valor de R$ 400 milhões.

O Senador Rodrigo Pacheco apresentou projeto da Sociedade Anônima do Futebol. No Senado, O projeto teve como relator o Senador Carlos Portinho (PL--RJ). Foi transformado na Lei n. 14.193, de 6 de agosto de 2021.

8 Sociedade Anônima do Futebol

A adesão à Sociedade Anônima do Futebol é facultativa, como se depreende do art. 2º da Lei n. 14.193/2021. Não se trata, portanto, de obrigação, mas diz respeito apenas a futebol, e não a outras modalidades esportivas. A constituição pode ser feita:

> I – pela transformação do clube ou pessoa jurídica original em Sociedade Anônima do Futebol;
>
> II – pela cisão do departamento de futebol do clube ou pessoa jurídica original e transferência do seu patrimônio relacionado à atividade futebol. Os direitos e deveres decorrentes de relações, de qualquer natureza, estabelecidos com o clube, pessoa jurídica original e entidades de administração, inclusive direitos de participação em competições profissionais, bem como contratos de trabalho, de uso de imagem ou quaisquer outros contratos vinculados à atividade do

futebol, serão obrigatoriamente transferidos à Sociedade Anônima do Futebol. O clube ou pessoa jurídica original e a Sociedade Anônima do Futebol deverão contratar, na data de constituição desta, a utilização e o pagamento de remuneração decorrente da exploração pela Sociedade Anônima do Futebol de direitos de propriedade intelectual de titularidade do clube ou pessoa jurídica original. Os bens e direitos serão transferidos à Sociedade Anônima do Futebol em definitivo ou a termo, conforme estabelecido em contrato. A transferência dos direitos e do patrimônio para a Sociedade Anônima do Futebol independe de autorização ou consentimento de credores ou partes interessadas, inclusive aqueles de natureza pública, salvo se disposto de modo diverso em contrato ou outro negócio jurídico. Se as instalações desportivas, como estádio, arena e centro de treinamento, não forem transferidas para a Sociedade Anônima do Futebol, o clube ou pessoa jurídica original e a Sociedade Anônima do Futebol deverão celebrar, na data de constituição desta, contrato no qual se estabelecerão as condições para utilização das instalações. O clube ou pessoa jurídica original não poderá participar, direta ou indiretamente, de competições profissionais do futebol, sendo a participação prerrogativa da Sociedade Anônima do Futebol por ele constituída. A Sociedade Anônima do Futebol emitirá obrigatoriamente ações ordinárias da classe A para subscrição exclusivamente pelo clube ou pessoa jurídica original que a constituiu;

III – pela iniciativa de pessoa natural ou jurídica ou de fundo de investimento.

A Sociedade Anônima do Futebol sucede obrigatoriamente o clube ou pessoa jurídica original nas relações com as entidades de administração, bem como nas relações contratuais, de qualquer natureza, com atletas profissionais do futebol (art. 2º, § 1º, I, da Lei n. 14.193/2021).

O acionista controlador da Sociedade Anônima do Futebol, individual ou integrante de acordo de controle, não poderá deter participação, direta ou indireta, em outra Sociedade Anônima do Futebol (art. 4º da Lei n. 14.193/2021). O acionista que detiver 10% ou mais do capital votante ou total da Sociedade Anônima do Futebol, sem a controlar, se participar do capital social de outra Sociedade Anônima do Futebol, não terá direito a voz nem a voto nas assembleias gerais, nem poderá participar da administração dessas companhias, diretamente ou por pessoa por ele indicada.

Pode ser uma proposta interessante para investidores fazerem investimentos na Sociedade Anônima do Futebol, como de um clube tradicional, que conquistou vários títulos.

O conselho de administração e o conselho fiscal são órgãos de existência obrigatória e funcionamento permanente na Sociedade Anônima do Futebol (art. 5º da Lei n. 14.193/2021).

Representa a Sociedade Anônima do Futebol uma forma de os clubes buscarem recursos no mercado, por meio de oferta pública de ações (IPO) ou pela emissão de debêntures.

A Sociedade Anônima do Futebol não responde pelas obrigações do clube ou pessoa jurídica original que a constituiu, anteriores ou posteriores à data de sua constituição, exceto quanto às atividades específicas do seu objeto social, e responde pelas obrigações que lhe forem transferidas conforme disposto no § 2º do art. 2º da Lei n. 14.193/2021, cujo pagamento aos credores se limitará à forma estabelecida no art. 10 da Lei n. 14.193/2021 (art. 9º da Lei n. 14.193/2021). Com relação à dívida trabalhista, integram o rol dos credores mencionados os atletas, membros da comissão técnica e funcionários cuja atividade principal seja vinculada diretamente ao departamento de futebol.

As vantagens da sociedade anônima nos clubes de futebol são a existência de uma administração profissional e do conselho fiscal efetivamente fiscalizar a sociedade.

Os diretores deverão ter dedicação exclusiva à administração da Sociedade Anônima do Futebol, observados, se houver, os critérios estabelecidos no estatuto (§ 5º do art. 5º da Lei n. 14.193/2021). Hoje, os administradores do clube não são profissionais. Trabalham durante parte do dia nas suas profissões e depois se dedicam ao clube. Muitas vezes, os clubes dão prejuízo.

Os clubes deveriam ter governança corporativa e *compliance* para evitar que haja excessos por parte dos seus dirigentes.

Talvez um problema, entre outros, que precisaria ser analisado é a contribuição previdenciária do clube. Há clubes pequenos que não têm renda em seus jogos, não têm patrocínio. A contribuição de 5% sobre a receita da partida desportiva, do patrocínio etc. não terá representatividade em valor. Cobrar os 20% sobre a folha de salários pode ser muito para esses clubes. Assim, caberá ao Congresso Nacional encontrar a melhor solução para essas situações, até mesmo pensar em uma contribuição mensal sobre as receitas, como ocorre em relação às microempresas.

O passivo dos clubes deve ser pago no prazo de seis anos (art. 15 da Lei n. 14.193/2021), que pode ser prorrogado por mais quatro anos. Nos seis primeiros anos, devem ser quitados pelo menos 60% do valor da dívida.

Os clubes poderão quitar suas dívidas por pagamento direto feito pela diretoria, mediante recuperação judicial ou por concurso de credores, por meio de centralização de execuções. Se for feito o Regime Centralizado de Execuções, o clube não poderá sofrer bloqueios em suas contas ou penhoras de bens (art. 23 da Lei n. 14.193/2021).

33

Repasse da SAF e responsabilidade dos dirigentes

1 Repasse

Na insolvência, o devedor tem dívidas que superam o seu patrimônio.

Na recuperação judicial, existe crise econômico-financeira (arts. 47 e 51, I, da Lei n. 11.101/2005).

O fundamento da Lei n. 14.193 na criação da SAF foi para ela não ter dívidas, cabendo ao clube original a responsabilidade pelo pagamento dos débitos anteriores à constituição da SAF.

A Lei n. 14.597/2023 mostra a necessidade de profissionalização da SAF, inclusive quanto à necessidade da instituição de governança (ou de *compliance*).

Dispõe o art. 10 da Lei n. 14.193/2021:

> Art. 10. O clube ou pessoa jurídica original é responsável pelo pagamento das obrigações anteriores à constituição da Sociedade Anônima do Futebol, por meio de receitas próprias e das seguintes receitas que lhe serão transferidas pela Sociedade Anônima do Futebol, quando constituída exclusivamente:
>
> I – por destinação de 20% das receitas correntes mensais auferidas pela Sociedade Anônima do Futebol, conforme plano aprovado pelos credores, nos termos do inciso I do *caput* do art. 13 desta Lei;
>
> II – por destinação de 50% dos dividendos, dos juros sobre o capital próprio ou de outra remuneração recebida desta, na condição de acionista.

Prescreve o § 1º do art. 11 da Lei n. 4.320/64 que são receitas correntes as receitas tributária, de contribuições, patrimonial, agropecuária, industrial, de serviços e outras e, ainda, as provenientes de recursos financeiros recebidos de outras pessoas de direito público ou privado, quando destinadas a atender despesas classificáveis em despesas correntes.

Entretanto, o conceito de receita corrente não é o da Lei n. 4.320/64, que trata de normas gerais de Direito Financeiro.

Receita corrente é a receita mensal, mas não a proveniente da venda de jogadores, pois esta não é corrente nem mensal. Ocorre algumas vezes.

A Sociedade Anônima do Futebol não responde pelas obrigações do clube ou pessoa jurídica original que a constituiu, anteriores ou posteriores à data de sua constituição, exceto quanto às atividades específicas do seu objeto social, e responde pelas obrigações que lhe forem transferidas conforme disposto no § 2º do art. 2º da Lei n. 14.193/2021, cujo pagamento aos credores se limitará à forma estabelecida no art. 10 da Lei n. 14.193/2021 (art. 9º da Lei n. 14.193/2021).

Sem prejuízo das disposições relativas à responsabilidade dos dirigentes previstas no art. 18-B da Lei n. 9.615/98, os administradores da Sociedade Anônima do Futebol respondem pessoal e solidariamente pelas obrigações relativas aos repasses financeiros definidos no art. 10 da Lei n. 14.193/2021, assim como respondem, pessoal e solidariamente, o presidente do clube ou os sócios administradores da pessoa jurídica original pelo pagamento aos credores dos valores que forem transferidos pela Sociedade Anônima do Futebol (art. 11 da Lei n. 14.193/2021). A responsabilidade do dirigente é pessoal, incluindo, portanto, seu patrimônio pessoal. Aqui a solidariedade decorre da previsão legal do art. 11 da Lei n. 14.193/2021, e não da vontade das partes (art. 265 do Código Civil).

Só haverá responsabilidade solidária, nos termos do § 11 do art. 27 da Lei n. 9.615, se houver prova de prática de atos ilícitos, gestão temerária ou atos contrários ao previsto no estatuto social (art. 1.017 do Código Civil). Haverá necessidade de prova sobre tais atos.

Enquanto a Sociedade Anônima do Futebol cumprir os pagamentos, é vedada qualquer forma de constrição ao patrimônio ou às receitas, por penhora ou ordem de bloqueio de valores de qualquer natureza ou espécie sobre as suas receitas, com relação às obrigações anteriores à constituição da Sociedade Anônima do Futebol (art. 12 da Lei n. 14.193). A irregularidade no cumprimento dos pagamentos permite a constrição do patrimônio e receitas. Normalmente, na execução concentrada, o não pagamento importa o cancelamento do sistema de concentração de execuções.

O inciso II do art. 217 da Lei n. 14.597/2023 (Lei Geral do Esporte) foi vetado. Ele revogava a Lei n. 9.615/98. Foram vetados aproximadamente 84 artigos da lei, desfigurando a referida norma. Agora, temos duas leis do esporte em vigor: a lei anterior – a Lei n. 9.615/98 (Lei do Desporto) – e a nova – Lei n. 14.597/2023 (Lei Geral do Esporte). Haverá dúvida sobre o que está em vigor e também gerará insegurança jurídica e dificuldade de interpretação. Parece que a Lei n. 14.597/2023 teve os vetos, pois, do contrário, não haveria normas regulando a Justiça Desportiva, que estão previstas na Lei n. 9.615/98 (arts. 49 a 58), que não foram tratados na primeira norma. Talvez deveria ter sido estabelecido um prazo para a Lei n. 14.597/2023 entrar em vigor (*vacatio legis*). Enquanto isso, poderiam ser refeitos reparos na lei pelo Congresso Nacional ou por medida provisória.

Parece que a Lei n. 14.597/2023 teria, em princípio, regulado a maior parte da matéria. Por ser posterior, prevalece sobre a anterior (§ 1º do art. 2º da Lei de Introdução às Normas do Direito Brasileiro).

Menciona o art. 66 da Lei n. 14.597/2023:

> Art. 66. Os dirigentes das organizações esportivas, independentemente da forma jurídica adotada, têm seus bens particulares sujeitos ao disposto no art. 50 da Lei nº 10.406, de 10 de janeiro de 2002 (Código Civil).
>
> § 1º Para os fins do disposto nesta Lei, dirigente é aquele que exerce, de fato ou de direito, poder de decisão na gestão da entidade, inclusive seus administradores.
>
> § 2º Os dirigentes de organizações esportivas respondem solidária e ilimitadamente pelos atos ilícitos praticados e pelos atos de gestão irregular ou temerária ou contrários ao previsto no contrato social ou estatuto.
>
> § 3º O dirigente que tiver conhecimento do não cumprimento dos deveres estatutários ou contratuais por seu predecessor ou pelo administrador competente e deixar de comunicar o fato ao órgão estatutário competente será responsabilizado solidariamente.

Tratou o art. 66 da Lei n. 14.597/2023 da mesma forma que o art. 18-B da Lei n. 9.615/98 e, portanto, o revogou, por ser posterior a ele e regular a matéria.

Consideram-se atos de gestão irregular ou temerária praticados pelo dirigente aqueles que revelem desvio de finalidade na direção da organização ou que gerem risco excessivo e irresponsável para seu patrimônio, tais como (art. 67 da Lei n. 14.597/2023):

> I – aplicar créditos ou bens sociais em proveito próprio ou de terceiros;
>
> II – obter, para si ou para outrem, vantagem a que não faz jus e de que resulte ou possa resultar prejuízo para a organização esportiva;
>
> III – celebrar contrato com empresa da qual o dirigente, seu cônjuge ou companheiro ou parentes, em linha reta, colateral ou por afinidade, até o terceiro grau sejam sócios ou administradores, exceto no caso de contratos de patrocínio ou doação em benefício da organização esportiva;
>
> IV – receber qualquer pagamento, doação ou outra forma de repasse de recursos oriundos de terceiros que, no prazo de até um ano, antes ou depois do repasse, tenham celebrado contrato com a organização esportiva;
>
> V – antecipar ou comprometer receitas em desconformidade com o previsto em lei;
>
> VI – não divulgar de forma transparente informações de gestão aos associados;
>
> VII – deixar de prestar contas de recursos públicos recebidos.

Os itens da gestão irregular ou temerária são exemplificativos, pois se usa a expressão "tais como". Não são exaustivos ou taxativos.

Em qualquer hipótese, o dirigente não será responsabilizado caso:

> I – não tenha agido com culpa grave ou dolo. Tem que haver culpa grave. Não pode ser leve ou média. Tem que ter dolo; ou
>
> II – comprove que agiu de boa-fé e que as medidas realizadas visavam a evitar prejuízo maior à entidade.

Para os fins do disposto no inciso IV do art. 66 da Lei n. 14.597/2023, também será considerado ato de gestão irregular ou temerária o recebimento de qualquer pagamento, doação ou outra forma de repasse de recursos por:

> I – cônjuge ou companheiro do dirigente;
>
> II – parentes do dirigente, em linha reta, colateral ou por afinidade, até o terceiro grau;
>
> III – empresa ou sociedade civil da qual o dirigente, seu cônjuge ou companheiro ou parentes, em linha reta, colateral ou por afinidade, até o terceiro grau sejam sócios ou administradores.

O art. 67 da Lei n. 14.597 tratou da mesma forma que o art. 18-C da Lei n. 9.615/98 e, portanto, revogou o último.

Na recuperação judicial e extrajudicial não se aplicam os porcentuais de 20% e 50%, mas valerá a forma estabelecida entre clubes e credores na recuperação.

O art. 10 da Lei n. 14.193 remete ao art. 13, I, da Lei n. 14.193/2021, ou seja, ao regime concentrado de execuções. Logo, não se aplica na recuperação.

2 Jurisprudência

Recentemente, a SAF do Botafogo foi condenada em primeira instância na Justiça do Trabalho, na qual deverá suportar, de forma solidária, a dívida trabalhista do clube. Segundo tal entendimento, o operador de TI não precisaria entrar na fila de credores, conforme determina expressamente a Lei da SAF (3ª VT do Rio de Janeiro).

Em outro caso, de um treinador de goleiras, integrante da comissão técnica do time de futebol feminino do Cruzeiro, também ficou configurada a responsabilidade da entidade desportiva, tendo o juiz do trabalho responsável pela sentença decidido que "não pode o credor trabalhista ficar à mercê de eventual ausência de transferência ou repasse dos administradores para quitação das dívidas, sendo tal obrigação decorrente do contrato entre as rés que deverão fiscalizar entre si o cumprimento contratual" (TRT 3ª R., Proc. 0010052-44.2022.5.03.0012, 3ª T., Rel. Milton Vasques Thibau de Almeida).

O Cruzeiro foi também condenado em caso de fisiologista integrante da comissão técnica, em decisão proferida em segundo grau de jurisdição, tendo o TRT-MG da 3ª Região mantido a sentença, que entendeu "que o segundo reclamado responde subsidiariamente pelos créditos reconhecidos ao autor, nos exatos termos previstos no art. 10 da Lei 13.143/21, sem prejuízo de eventual responsabilidade solidária em caso de fraude à execução ou não repasse das verbas previstas na Lei" (TRT 3ª R., 0010036-87.2022.5.03.0110, 11ª T., Rel. Marco Antonio Paulinelli):

> SOCIEDADE ANÔNIMA DE FUTEBOL. EMPREGADO VINCULADO AO DEPARTAMENTO DE FUTEBOL. RESPONSABILIDADE TRABALHISTA. Nos termos do art. 9º da Lei nº 14.193/21, a Sociedade Anônima de Futebol (SAF) responde pelas obrigações contraídas pelo clube em relação aos atletas, membros da comissão técnica e funcionários cuja atividade principal seja vinculada diretamente ao departamento de futebol, observados os limites previstos no art. 10 quanto à destinação de receitas.

Houve caso de clube que ficou poucos meses na execução concentrada e depois requereu recuperação judicial, em que as dívidas ficam centralizadas e sob a responsabilidade da Justiça Estadual.

Há outros julgados sobre o tema em análise:

> SOCIEDADE ANÔNIMA DE FUTEBOL – SAF – RESPONSABILIDADE SOLIDÁRIA. RECONHECIMENTO. A responsabilidade da Sociedade Anônima de Futebol (SAF) ocorre nas hipóteses previstas nos arts. 9º, 10 e 12 da Lei nº 14.193/2021, respondendo ela de forma solidária pelas dívidas trabalhistas anteriores ou posteriores do clube originário quando a atividade principal do empregado estiver vinculada diretamente ao departamento de futebol. Comprovado pela prova coligida aos autos essa circunstância, impõe-se a condenação solidária do reclamado constituído na forma de SAF pelas verbas deferidas à reclamante (TRT da 3ª Região, 0010602-02.2022.5.03.0186 (ROT), 2ª T., Rel. Maristela Iris S. Malheiros).
>
> SOCIEDADE ANÔNIMA DO FUTEBOL. LEI 14.193/2021. RESPONSABILIDADE SOLIDÁRIA. De acordo com art. 10 da Lei nº 14.193/2021, apenas o clube (primeiro réu) é responsável pelo pagamento das obrigações anteriores à constituição da sociedade anônima do futebol. A obrigação da SAF se limita ao repasse ao clube instituidor das verbas elencadas no mencionado art. 10, não respondendo pelas obrigações anteriores ou posteriores à data da sua constituição. A exceção a essa regra são os créditos trabalhistas de atletas, membros da comissão técnica e/ou empregados cuja atividade principal seja vinculada diretamente ao departamento de futebol, conforme parágrafo único do art. 9º da mencionada lei, pois o referido dispositivo autoriza que a execução desses créditos se processe independentemente dos repasses previstos no artigo subsequente (TRT da 3ª Região, 0010245-65.2022.5.03.0010 (ROT), 2ª T. Rel. Sebastião Geraldo de Oliveira, *DEJT/TRT3/Cad.Jud*, p. 1.465).

No caso a seguir não ficou comprovada a existência de fraude:

> DESCONSIDERAÇÃO DA PERSONALIDADE JURÍDICA. ASSOCIAÇÃO CIVIL. TIME DE FUTEBOL. RESPONSABILIDADE DOS SÓCIOS DIRIGENTES. IMPOSSIBILIDADE. A sujeição dos bens particulares dos dirigentes de entidades de prática desportiva e administração de desportos só têm lugar na hipótese destes aplicarem, em proveito próprio ou de terceiros, créditos ou bens sociais das entidades, circunstância não comprovada nestes autos. Agravo de Petição provido (TRT 6ª R., 4ª Turma, Ag – 0000315-09.2013.5.06.0413, Rel. Paulo Alcântara, j. 20.4.2016).

O clube não forma grupo econômico com a Sociedade Anônima do Futebol. A associação não tem por objeto atividade lucrativa. Logo, não se aplica o § 2º do art. 2º da CLT.

Reza o art. 448-A da CLT:

> Art. 448-A. Caracterizada a sucessão empresarial ou de empregadores prevista nos arts. 10 e 448 desta Consolidação, as obrigações trabalhistas, inclusive as contraídas à época em que os empregados trabalhavam para a empresa sucedida, são de responsabilidade do sucessor.
>
> Parágrafo único. A empresa sucedida responderá solidariamente com a sucessora quando ficar comprovada fraude na transferência.

O dispositivo trata de responsabilidade por sucessão empresarial.

Se forem cumpridas as disposições da Lei n. 14.193/2021 e da Lei n. 14.597/2023, não poderá ser observado o art. 448-A da CLT. Ao contrário, será observado o art. 448-A da CLT se não forem cumpridas as disposições das duas primeiras normas e em caso de fraude (art. 9º da CLT).

Já se utilizou do art. 448-A da CLT para julgar questão da SAF e responsabilidade por dívidas trabalhistas:

> SOCIEDADE ANÔNIMA DE FUTEBOL. RESPONSABILIDADE PELAS DÍVIDAS TRABALHISTAS. LEI 14.193/2021. A Sociedade Anônima de Futebol deve responder, sem qualquer limitação, pelas obrigações trabalhistas relativas ao departamento de futebol da pessoa jurídica original desde que decorrentes do labor prestado a partir da sua criação. Incide nesta hipótese a regra geral prevista no art. 448-A da CLT. Todavia, a responsabilidade pelas obrigações anteriores à constituição da Sociedade Anônima do Futebol deve ser submetida ao disposto no art. 12 da Lei nº 14.193/2021, motivo pelo qual somente é passível de constrição do patrimônio ou de receitas em caso de descumprimento dos repasses obrigatórios previstos no art. 10 da Lei nº 14.193/2021 (TRT da 3ª Região, 0010177-27.2021.5.03.0180 (AP), 8ª Turma, Rel. José Marlon de Freitas).

3 Conclusão

A Lei n. 14.193/2021 teve por objetivo blindar a SAF em relação a dívidas, para a sociedade nascer sem dívidas. Podem, porém, ocorrer fraudes, com a transformação do clube em SAF só para não pagar dívidas, principalmente pelo fato de que muitos clubes estão endividados. Não se pode pretender que haja um calote dos clubes ou da SAF pelo não pagamento de dívidas, especialmente trabalhistas, que têm natureza alimentar.

Entretanto, tem de ser observada a previsão da lei, de acordo com o devido processo legal (art. 5º, LIV, da Constituição), sobretudo a Lei n. 14.597/2023.

34 Direito estrangeiro

1 Argentina

A Lei n. 20.160 disciplinou a profissão de jogador de futebol. A relação do jogador de futebol é regida pela lei especial e pela legislação trabalhista vigente compatível com as características da atividade desportiva.

Jogador de futebol é a pessoa que se dedica à prática do futebol, de maneira profissional, perante uma entidade desportiva.

O contrato deve ser escrito e firmado em cinco vias, em modelo aprovado pelo Ministério do Trabalho e da Seguridade Social.

O contrato de trabalho não pode ser celebrado por prazo inferior a um ano nem superior a quatro anos.

A entidade desportiva tem como deveres: prestar assistência médica completa, incluindo serviços psicossomáticos e de reabilitação; contratar seguros que têm por objetivo cobrir a indenização por incapacidade genérica ou específica, total ou parcial ou de morte relacionadas com a prática do esporte.

O jogador tem direito a férias anuais de 30 dias corridos.

A transferência do contrato poderá ser total ou por um período máximo de um ano. É preciso concordância expressa do atleta. No caso de cessão total, o atleta tem direito a 10% do valor recebido pela entidade cedente.

O contrato deve conter expressa referência sobre a remuneração do atleta em partidas oficiais, amistosas vencidas ou empatadas e o prêmio por classificação em torneios nacionais ou internacionais dos quais participe.

A remuneração deve ser reajustada anualmente, de comum acordo entre as partes, mas antes de 10 de dezembro. Se o prazo não for observado, a matéria fica submetida ao Ministério do Trabalho, que determinará o valor do reajuste. O salário pode ser reduzido se o clube for rebaixado de categoria. É possível o aumento do salário para a temporada seguinte.

Se o clube não pagar os salários dentro dos dez dias seguintes ao mês vencido, após notificação prévia, o contrato de trabalho estará automaticamente rescindido. O jogador fica liberado para jogar em outro clube, sem prejuízo do que lhe é devido até o fim do contrato.

É possível ao clube aplicar multas ao jogador, desde que não excedam em um mês ou 20% do total da remuneração. O jogador pode ser suspenso, sem o pagamento do seu salário, por período máximo de 60 dias dentro de uma mesma temporada.

A aplicação das penalidades poderá ser discutida perante o Tribunal Arbitral de Futebol. Este é um órgão administrativo com competência para julgar os conflitos individuais entre o atleta e o clube. Da decisão cabe recurso para a Câmara Nacional de Apelações do Trabalho.

São hipóteses de extinção do contrato de trabalho: mútuo consentimento, vencimento do prazo e não haver prorrogação, falta de pagamento de salário, descumprimento contratual, falta grave do jogador.

Se a rescisão ocorre por culpa do atleta, ele fica impedido de atuar até 31 de dezembro do ano seguinte.

O suborno desportivo é punido com a prisão de um a três anos. A lei pune o sujeito ativo e o sujeito passivo da conduta ilícita[1].

2 Bélgica

A Lei de 24 de fevereiro de 1978 trata do Contrato de Trabalho do Desportista Remunerado.

O contrato de trabalho é celebrado por escrito. O prazo máximo é de cinco anos, podendo ser renovado.

A terminação dos contratos deverá coincidir com o dia 30 de junho. Até 26 de abril do ano da terminação, o clube deve propor um novo contrato ao atleta. Se o novo contrato não for feito, o atleta passa a ser considerado amador a partir de 1º de maio. A transferência forçada ocorrerá entre 1º e 31 de maio.

[1] BARBIERI, Pablo C. *Fútbol y derecho*. Buenos Aires: Universidad, 2000, p. 55-56.

Entre 1º e 25 de junho, ocorrem as transferências livres. O valor devido a título de compensação poderá ser negociado livremente entre o atleta e o clube. Feito o pacto, não poderá ser desfeito unilateralmente, sob pena de sanção pela federação.

Não havendo a transferência, o clube pode oferecer um novo contrato por temporada nas mesmas condições oferecidas em abril. Não sendo aceita a oferta, o clube pode suspender o atleta até 1º de agosto.

Se o contrato for rescindido antecipadamente, a parte prejudicada terá direito a uma indenização equivalente à remuneração devida até a expiração do contrato.

Transferência administrativa ocorre com a intervenção da Union Belge de Football em circunstâncias especiais.

Não pode ser celebrado contrato com o jogador antes que ele tenha terminado seus estudos escolares obrigatórios.

O contrato não pode determinar que a arbitragem será a forma de solução dos conflitos entre as partes.

A legislação trabalhista em geral é aplicada ao desportista remunerado.

No caso do jogador Jean-Marc Bosman, a Corte de Justiça da União Europeia entendeu que há livre circulação de trabalhadores subordinados e, portanto, dos atletas. Não podem ser impedidos de se transferir para outras agremiações. As disposições sobre limitação pelas federações de emprego de jogadores estrangeiros em número ou porcentagem em relação a qualquer esportista nacional de um Estado da União Europeia estariam em contraste com o art. 48 do Tratado de Roma (decisão de 15 de dezembro de 1993, causa 415).

3 Bolívia

O desporto é regido pelo Decreto Supremo n. 23.570, de 26 de julho de 1993.

O contrato de trabalho deve ser celebrado por escrito e com a intervenção das autoridades administrativas do trabalho.

Os salários devem ser pagos mensalmente.

Prêmios, bichos ou outra forma de gratificação ou estímulo, pagos por ato de liberalidade do clube, são excluídos da condição de salário.

O passe terá natureza civil ou mercantil.

Nos períodos de inatividade dos atletas em razão de lesões, não pode haver redução salarial.

A Lei Geral do Trabalho é aplicável aos desportos profissionais.

4 Espanha

O Decreto n. 1.006, de 25 de junho de 1985, regula a profissão de desportistas profissionais. É uma espécie de relação especial de trabalho.

Desportistas profissionais são os que, "em virtude de uma relação estabelecida com caráter regular, se dediquem voluntariamente à prática do desporto por conta de uma organização e direção de um clube ou entidade desportiva em troca de uma retribuição".

O contrato de trabalho será escrito e firmado em três vias. Uma fica para o clube, outra com o jogador e a terceira é registrada em órgão público específico.

Deve o contrato conter a identificação das partes, seu objeto, a remuneração e a duração.

O Estatuto dos Trabalhadores é aplicado subsidiariamente. Os atletas têm os mesmos direitos do empregado comum.

Há um período de prova de três meses (art. 5º). Nesse caso, é regida a relação pelo Estatuto do Trabalho espanhol.

O contrato será celebrado por prazo determinado ou para que sejam feitas certas atuações desportivas que constituam, em conjunto, uma unidade claramente determinável ou identificável no âmbito da correspondente prática desportiva.

Ele pode ser prorrogado várias vezes ao seu final.

Os atletas terão direito à participação na exploração comercial de sua imagem. Isso deve ser regulado no contrato de trabalho ou em convênio coletivo.

O atleta só pode ser excluído do treino em caso de lesão ou punição.

Considera-se tempo de serviço o período em que o atleta trabalha perante o público e aquele em que fica sob as ordens diretas do clube ou entidade desportiva para efeito de treinamento, preparação física ou técnica (§ 1º do art. 9º do Real Decreto n. 1.006). A jornada será fixada em convenção coletiva ou contrato individual de trabalho, não se computando para efeito de duração máxima da jornada o período de concentração, além do percurso até o local da competição. A negociação coletiva pode regular o tratamento e a duração máxima dos referidos períodos (§ 3º do art. 9º do Real Decreto n. 1.006). Não são considerados como jornada de trabalho os períodos de concentração (art. 9.3) e os de viagens para os locais onde as partidas serão disputadas.

Os atletas têm direito a descanso semanal de pelo menos um dia e meio. O dia de descanso não pode coincidir com os dias da realização das partidas.

As férias dos atletas são de 30 dias. O gozo e fracionamento serão previstos em convênio coletivo.

O atleta poderá ser cedido a outro clube, porém há necessidade de sua anuência expressa.

Se a cessão for feita mediante pagamento, o atleta terá direito a 15% do valor estipulado. O mesmo porcentual é usado no caso da venda do jogador para outro clube.

Se o atleta tiver lesão que produza incapacidade permanente ou invalidez, terá direito a indenização de no mínimo seis meses de remuneração. O mesmo ocorrerá em caso de morte.

O clube pode aplicar multa ao atleta, mas não pode reduzir seu período de férias ou os dias destinados ao repouso semanal.

O campo das normas esportivas abrange:

1) forma, classe e natureza das competições, o aspecto formal da competição, seu tipo e a quem é dirigida, como se a categoria é júnior, infantil, profissional, se a competição é ou não oficial, o caráter profissional ou amador do atleta;

2) sua organização, que inclui calendários, jornadas, horários e duração das competições;

3) as regras do jogo, que são estabelecidas pela federação internacional ou nacional do respectivo esporte, com caráter público;

4) o regime disciplinar aplicado aos infratores das regras do jogo e das normas gerais esportivas (§ 5º do art. 1º).

A contratação de desportistas estrangeiros deverá respeitar a legislação sobre trabalhadores estrangeiros, sem prejuízo da aplicação das normas específicas sobre participação em competições oficiais e as especialidades previstas no art. 14 do Real Decreto n. 1.006 (art. 2º). Podem ser contratados até cinco atletas estrangeiros, mas apenas três podem estar no campo ao mesmo tempo.

A Justiça do Trabalho é competente para resolver os conflitos entre os clubes e os atletas profissionais (art. 19 do Real Decreto n. 1.006).

5 França

O desenvolvimento do esporte para todos e o auxílio aos esportistas de alto nível e às equipes nas competições internacionais são de interesse geral (art. L100-1 do Código de Esporte).

A lei favorece igualdade de acesso às atividades físicas e esportivas, sem discriminação fundada em sexo, gênero, orientação, idade, etnia, religião, língua, condição social.

O esportista profissional assalariado é toda pessoa que tenha por atividade remunerada o exercício de uma atividade esportiva com subordinação jurídica a uma associação esportiva ou sociedade (art. L222-2).

6 Itália

A Lei n. 91, de 23 de março de 1981, trata do trabalho desportivo.

Esportistas profissionais:

> são os atletas, os treinadores, os diretores tecnoesportivos e os preparadores físicos que exercem a atividade esportiva em caráter remunerativo e contínuo no âmbito das disciplinas regulamentadas pelo CONI e que obtêm a qualificação das federações esportivas nacionais segundo normas emitidas pelas próprias federações, observando as diretrizes estabelecidas pelo CONI para a distinção da atividade profissional.

O jogador é considerado empregado do clube desde que haja subordinação e continuidade.

É considerado o jogador autônomo quando:

> a) a atividade é desenvolvida no âmbito de uma única manifestação esportiva ou em várias manifestações relacionadas entre si em um breve período de tempo; b) o atleta não está contratualmente vinculado no que se refere à frequência nas sessões de preparação ou treinamento; c) a prestação, que é objeto do contrato, mesmo se de caráter contínuo, não supera as oito horas semanais ou cinco dias por mês, ou trinta dias por ano.

O contrato com o jogador deve ser feito por escrito. Deve ser revisto a cada três anos (art. 4º). O pacto deve contar cláusula que estabeleça "a obrigação do esportista em respeitar as instruções técnicas e as prescrições dadas para a obtenção dos objetivos agonísticos" (§ 4º do art. 4º). É vedada a inclusão de cláusulas de não concorrência que estabeleçam limites à liberdade profissional do esportista depois da cessação do contrato (§ 6º do art. 4º).

Pode haver previsão no contrato de compromisso com um juízo arbitral para solucionar as controvérsias entre o clube e o esportista (§ 5º do art. 4º).

O prazo máximo de duração do contrato não pode ser superior a cinco anos (art. 5º). É possível ser feito um novo contrato entre as mesmas partes. O atleta pode ser cedido a outra agremiação antes do término do contrato, mas desde que concorde com a transferência.

O clube tem direito a firmar com o atleta juvenil que teve treinamento técnico o seu primeiro contrato (art. 6.3).

Não são aplicadas as regras da Lei n. 300/70 sobre liberdade e dignidade dos trabalhadores, além das limitativas da dispensa dos serviços individuais, por serem consideradas incompatíveis com o trabalho dos esportistas. As demais regras da Lei n. 300/70 são aplicáveis aos atletas.

São observadas as regras relativas aos contratos de prazo determinado (Lei n. 230, de 1962).

A Corte Federativa afirmou que nenhum regulamento federativo pode cercear a plenitude do exercício dos direitos trabalhistas dos desportistas, em caso de desportista proveniente de país africano.

7 México

O contrato de trabalho do desportista é considerado um contrato especial típico.

Os arts. 292 a 303 da Lei Federal do Trabalho estabelecem capítulo próprio para a duração do contrato, salário, transferência, medidas disciplinares, assistência médica, descanso e férias.

O pacto firmado com o atleta pode ser de prazo determinado ou indeterminado (art. 293).

8 Paraguai

Prevê o art. 2º do Código de Trabalho do Paraguai que "estarão sujeitos às disposições do presente Código: [...] os trabalhadores que exerçam a prática desportiva profissional". Assim, é aplicável a legislação trabalhista ao jogador de futebol.

O jogador de futebol tem os mesmos direitos do trabalhador comum.

9 Peru

O Decreto Supremo n. 046-00TR trata da profissão do jogador de futebol. Os atletas profissionais são trabalhadores empregados sujeitos ao regime laboral da atividade privada, com características especiais de contratação (art. 1º).

Os jogadores de futebol são segurados da Previdência Social.

Os contratos devem ser feitos por escrito e registrados na Federação Peruana de Futebol e nos órgãos oficiais do trabalho.

O prazo máximo do contrato é de três anos. O contrato não pode ser prorrogado automaticamente.

Se o atleta for menor de idade, o contrato deve ser celebrado pelos seus representantes legais.

O atleta terá direito a 25% do preço do clube que comprar o seu passe no caso de transferência.

Caso o atleta seja transferido para o exterior, deverá haver uma cláusula no contrato que estabeleça que o jogador fique à disposição do Peru para integrar seleções nacionais que participem de torneios continentais, mundiais e certames prévios de classificação deles.

O contrato com o atleta poderá ser terminado: por mútuo consentimento; pelo descumprimento pelo clube das obrigações a ele inerentes; por falta do atleta sujeita às disposições que lhe são aplicáveis; por incapacidade física ou mental do desportista profissional que o impossibilite definitivamente para a prática do futebol; e se condenado o atleta à pena privativa de liberdade por um período de três meses.

Os jogadores são obrigados a: participar dos treinamentos para as competições em lugar e hora assinalados pelo clube e concentrar-se para as partidas quando for determinado; viajar para participar das partidas de conformidade com as disposições do clube. Ficam por conta do clube os gastos com alimentação, transporte e hospedagem dos atletas; respeitar os regulamentos locais, nacionais ou internacionais que regem as práticas desportivas, enquanto não se oponham às disposições das leis nacionais; submeter-se à disciplina de seus superiores e acatar suas instruções e ordens, devendo guardar a devida compostura em suas atividades desportivas; abster-se de agredir por palavras ou ações os juízes ou árbitros, seus companheiros e os jogadores das outras equipes e guardar respeito aos seus superiores, companheiros de trabalho e ao público; observar em sua vida privada um comportamento compatível com a manutenção de um estado físico ou mental em sua condição de desportista profissional.

Do contrato devem constar o salário e os prêmios que serão pagos ao atleta.

O atleta deve ficar à disposição do clube por pelo menos quatro horas por dia, durante cinco dias da semana, além do tempo necessário para participar das partidas e das concentrações.

O descanso semanal é de um dia por semana. Caso o jogo seja em domingos e feriados, o atleta tem direito a outro dia de descanso.

As férias são de um mês por ano, mesmo que o atleta seja transferido para outro clube.

O atleta tem direito a alimentação balanceada antes dos jogos ou se ficar quatro ou mais horas no clube ou em centro de treinamento. É vedado substituir a alimentação por dinheiro.

Os locais de concentração devem ter as condições adequadas de higiene e bem-estar.

É aplicada subsidiariamente a legislação do trabalho naquilo que não se opuser às normas especiais.

As postulações contra os clubes são da competência das autoridades do trabalho.

10 Portugal

Leciona João Leal Amado que "o contrato de trabalho desportivo é um contrato especial de trabalho, ou melhor, é um contrato sujeito a um regime jurídico especial"[2].

Atualmente, a Lei n. 54/2017 trata do contrato de trabalho desportivo.

Às relações emergentes do contrato de trabalho desportivo aplicam-se, subsidiariamente, as regras aplicáveis ao contrato de trabalho que sejam compatíveis com a sua especificidade (art. 3º, 1).

Para a solução de quaisquer conflitos emergentes de contrato de trabalho desportivo e de contrato de formação desportiva, as associações representativas de entidades empregadoras e de praticantes desportivos podem, por meio de convenção coletiva, prever o recurso ao Tribunal Arbitral do Desporto, criado pela Lei n. 74/2013, de 6 de setembro (art. 4º).

Só podem celebrar contratos de trabalho desportivo os menores que hajam completado 16 anos de idade e que reúnam os requisitos exigidos pela lei geral do trabalho (art. 5º, 1). O contrato de trabalho desportivo celebrado por menor deve ser igualmente subscrito pelo seu representante legal (art. 5º, 2). É anulável o contrato de trabalho desportivo celebrado com violação do disposto no número anterior.

---

2 AMADO, João Leal. *Contrato de trabalho desportivo anotado*. Coimbra: Coimbra, 1995, p. 20.

O contrato de trabalho desportivo só é válido se for celebrado por escrito e assinado por ambas as partes (art. 6º, 2).

Do contrato de trabalho desportivo deve constar:

a) a identificação das partes, incluindo a nacionalidade e a data de nascimento do praticante;

b) a identificação do empresário desportivo que tenha intervenção no contrato, com indicação da parte que representa, ou a menção expressa de que o contrato foi celebrado sem intervenção de empresário desportivo;

c) a atividade desportiva que o praticante se obriga a prestar;

d) o montante e a data de vencimento da retribuição, bem como o fracionamento previsto no n.º 4 do artigo 15º, caso o mesmo seja decidido pelas partes;

e) a data de início de produção de efeitos do contrato;

f) o termo de vigência do contrato;

g) a menção expressa de existência de período experimental, quando tal for estipulado pelas partes, nos termos do artigo 10º;

h) a data de celebração (art. 6º, 3).

A participação do praticante desportivo em competições promovidas por uma federação dotada de utilidade pública desportiva depende de prévio registro do contrato de trabalho desportivo na respetiva federação. O registro é efetuado nos termos que forem estabelecidos por regulamento federativo. A falta de registro do contrato ou das cláusulas adicionais presume-se culpa exclusiva da entidade empregadora desportiva, salvo prova em contrário (art. 7º).

O contrato de trabalho desportivo não pode ter duração inferior a uma época desportiva nem superior a cinco épocas (art. 9º, 1).

A duração do período experimental não pode exceder 15 dias, em caso de contrato de duração não superior a duas épocas desportivas, ou 30 dias, em caso de contrato de duração superior a duas épocas, considerando-se reduzida ao período máximo aplicável em caso de estipulação superior (art. 10º, 2).

São deveres da entidade empregadora desportiva, em especial:

a) proceder ao registro do contrato de trabalho desportivo, bem como das modificações contratuais posteriormente acordadas, nos termos do art. 7º;

b) proporcionar aos praticantes desportivos as condições necessárias à participação desportiva, bem como a participação efetiva nos treinos e outras atividades preparatórias ou instrumentais da competição desportiva;

c) submeter os praticantes aos exames e tratamentos clínicos necessários à prática da atividade desportiva;

d) permitir que os praticantes, em conformidade com o previsto nos regulamentos federativos, participem nos trabalhos de preparação e integrem as seleções ou representações nacionais;

e) proporcionar aos praticantes desportivos menores as condições necessárias à conclusão da escolaridade obrigatória;

f) promover o respeito pelas regras da ética desportiva no desenvolvimento da atividade desportiva (art. 11º).

Para além dos previstos em instrumento de regulamentação coletiva, são deveres do praticante desportivo, em especial:

a) prestar a atividade desportiva para que foi contratado, participando nos treinos, estágios e outras sessões preparatórias das competições com a aplicação e a diligência correspondentes às suas condições psicofísicas e técnicas e, bem assim, de acordo com as regras da respetiva modalidade desportiva e com as instruções da entidade empregadora desportiva;

b) participar nos trabalhos de preparação e integrar as seleções ou representações nacionais;

c) preservar as condições físicas que lhe permitam participar na competição desportiva objeto do contrato;

d) submeter-se aos exames e tratamentos clínicos necessários à prática desportiva;

e) conformar-se, no exercício da atividade desportiva, com as regras próprias da disciplina e da ética desportiva (art. 13º).

Compreendem-se na retribuição todas as prestações patrimoniais que, nos termos das regras aplicáveis ao contrato de trabalho desportivo, a entidade empregadora desportiva realize a favor do praticante desportivo pelo exercício da sua atividade ou com fundamento nos resultados nela obtidos (art. 15º, 1). É válida a cláusula constante de contrato de trabalho desportivo que determine o aumento ou a diminuição da retribuição em caso de subida ou descida de escalão competitivo em que esteja integrada a entidade empregadora desportiva (art. 15º, 2).

Considera-se compreendido no período normal de trabalho do praticante desportivo:

a) o tempo em que o praticante está sob as ordens e na dependência da entidade empregadora desportiva, com vista à participação nas provas desportivas em que possa vir a tomar parte;

b) o tempo despendido em sessões de apuramento técnico, tático e físico e em outras sessões de treino, bem como em exames e tratamentos clínicos, com vista à preparação e recuperação do praticante para as provas desportivas;

c) o tempo despendido em estágios de concentração e em viagens que precedam ou se sucedam à participação em provas desportivas. Não relevam, para efeito dos limites do período normal de trabalho previstos na lei geral, os períodos de tempo referidos na alínea c) do número anterior. A frequência e a duração dos estágios de concentração devem limitar-se ao que, tendo em conta as exigências próprias da modalidade e da competição em que o praticante intervém e a idade deste, deva ser considerado indispensável. Podem ser estabelecidas por convenção coletiva regras em matéria de frequência e de duração dos estágios de concentração (art. 16º).

O praticante desportivo tem direito a um dia de descanso semanal, bem como ao gozo do período de férias previsto na lei, sem prejuízo de disposições mais favoráveis constantes de convenção coletiva de trabalho. Quando tal seja imposto pela realização de provas desportivas, incluindo as não oficiais, o gozo do dia de descanso semanal transfere-se para data a acordar entre as partes ou, não havendo acordo, para o primeiro dia disponível. O disposto no número anterior é aplicável ao gozo de feriados obrigatórios ou facultativos (art. 17º).

Sem prejuízo do disposto em convenção coletiva de trabalho, a entidade empregadora desportiva pode aplicar ao trabalhador, pela comissão de infrações disciplinares, as seguintes sanções (art. 18º, 1):

a) repreensão registrada;

b) sanção pecuniária;

c) suspensão do trabalho com perda de retribuição;

d) despedimento com justa causa.

As sanções pecuniárias aplicadas a um praticante desportivo por infrações praticadas no mesmo dia não podem exceder metade da retribuição diária e, em cada época, a retribuição correspondente a 30 dias (art. 18º, 2).

A suspensão do trabalho não pode exceder, por cada infração, 10 dias e, em cada época, o total de 30 dias (art. 18º, 3).

São nulas as cláusulas inseridas em contrato de trabalho desportivo visando condicionar ou limitar a liberdade de trabalho do praticante desportivo após o termo do vínculo contratual (art. 19º, 1).

Na vigência do contrato de trabalho desportivo é permitida, havendo acordo das partes, a cedência do praticante desportivo a outra entidade (art. 20º, 1). A cedência consiste na disponibilização temporária de praticante desportivo pela entidade empregadora, para prestar trabalho a outra entidade, a cujo poder de direção aquele fica sujeito, mantendo-se o vínculo contratual inicial.

O contrato de trabalho desportivo pode cessar por (art. 23º, 1):

a) caducidade;

b) revogação por acordo das partes;

c) despedimento com justa causa promovido pela entidade empregadora desportiva;

d) resolução com justa causa por iniciativa do praticante desportivo;

e) denúncia por qualquer das partes durante o período experimental;

f) despedimento coletivo;

g) denúncia por iniciativa do praticante desportivo, quando contratualmente convencionada.

Se o praticante fizer cessar o contrato unilateralmente e sem justa causa, presume-se que a nova entidade empregadora desportiva interveio, direta ou indiretamente, na cessação (art. 26º, 1).

Podem celebrar contrato de formação desportiva os jovens que tenham idade compreendida entre 14 e 18 anos (art. 28º, 1).

O contrato de formação desportiva deve ser reduzido a escrito e é feito em triplicado (art. 29º, 1).

O contrato de formação desportiva tem a duração mínima de uma época desportiva e a duração máxima de três épocas desportivas (art. 30º, 1).

A celebração, pelo praticante desportivo, do primeiro contrato de trabalho com entidade empregadora distinta da entidade formadora confere a esta o direito de receber uma justa compensação pela formação ministrada (art. 34º).

O contrato de formação desportiva pode cessar por:

a) caducidade;

b) revogação por mútuo acordo;

c) resolução com justa causa, por qualquer das partes;

d) denúncia por iniciativa do formando desportivo, mediante declaração escrita com aviso prévio de 30 dias (art. 35º, 1). A resolução com justa causa por iniciativa da entidade formadora deve ser apurada por meio do competente procedimento disciplinar.

Por convenção coletiva pode ser criada e regulamentada uma modalidade contratual entre o contrato de formação e o contrato de trabalho, destinada a praticantes desportivos com idade não superior a 21 anos (arti. 41º).

11 Uruguai

As luvas pagas aos atletas têm natureza retributiva[3].

Muitas questões são resolvidas pelas convenções coletivas.

---

3 BARBAGELATA, Hector-Hugo. Derechos del desportista. Separata de *Revista de Derecho Laboral*, Montevideo, t. XLV, n. 205, p. 18, ene./mar. 2000.

Conclusão

A Lei n. 9.615/98 extinguiu o passe e passou a prever indenizações para o clube, em razão de ter formado o atleta profissional de futebol.

A Lei n. 12.395, de 16 de março de 2011, fez várias alterações no texto da Lei n. 9.615/98. Esclareceu algumas dúvidas que existiam na interpretação da legislação trabalhista do atleta. O direito de imagem e o direito de arena não têm mais natureza de remuneração, mas têm característica civil. A cláusula penal prevendo indenização pela transferência do atleta é devida apenas ao clube. O atleta tem direito agora a cláusula compensatória.

A Lei n. 14.597 não revogou expressamente a Lei n. 9.615/98. Agora há dualidade de disposições, que precisam ser examinadas para se verificar qual prevalecerá. A Lei n. 14.597 era, de certa forma, uma complementação à Lei n. 9.615/98. Agora as duas estão em vigor ao mesmo tempo. Pode-se dizer que a lei posterior (Lei n. 14.597/2023) tratou integralmente da matéria (§ 1º do art. 2º da Lei de Introdução às Normas do Direito Brasileiro), tendo revogado tacitamente o que a Lei n. 9.615/98 dispôs no mesmo sentido ou dispunha em outro. Cada caso terá de ser examinado. A jurisprudência terá de dizer o que está em vigor e que lei se aplica em cada caso. Enquanto isso, cada um vai apresentar o seu entendimento sobre o assunto. Gera essa situação muita insegurança jurídica para atletas e organizações esportivas.

Referências

ALMEIDA, Amador Paes de. *Curso de falência e recuperação judicial*. 23. ed. São Paulo: Saraiva, 2007.

AMADO, João Leal. *Vinculação* versus *liberdade*: o processo de constituição e extinção do contrato de trabalho do praticante desportivo. Coimbra: Coimbra, 2002.

AMADO, João Leal. Algumas reflexões sobre o chamado caso Bruno Valente. *Desporto & Direito*: *Revista Jurídica do Desporto*, Coimbra: Coimbra, n. 7, p. 29-39, set.-dez. 2005.

AMADO, João Leal. *Contrato de trabalho desportivo anotado*. Coimbra: Coimbra, 1995.

ARAUJO, Luiz Alberto David; NUNES JÚNIOR, Vidal Serrano. *Curso de direito constitucional*. 10. ed. São Paulo: Saraiva, 2006.

ASSIS, Araken de. *Manual de execução*. São Paulo: Revista dos Tribunais, 2004.

BAPTISTA, Albino Mendes. *Estudos sobre o contrato de trabalho desportivo*. Lisboa: Coimbra, 2006.

BARBAGELATA, Hector-Hugo. Derechos del desportista. Separata de *Revista de Derecho Laboral*, Montevideo, t. XLV, n. 205, p. 18, ene.-mar. 2000.

BARBIERI, Pablo C. *Fútbol y derecho*. Buenos Aires: Universidad, 2000.

BARROS, Alice Monteiro de. Atletas profissionais de futebol. *LTr*, 64-03/317.

BARROS, Alice Monteiro de. *Contratos e regulamentações especiais de trabalho*. São Paulo: LTr, 2001.

BARROS, Alice Monteiro de. *As relações de trabalho no espetáculo*. São Paulo: LTr, 2003.

BASTOS, Celso. *Comentários à Constituição do Brasil*. São Paulo: Saraiva, 1989. v. 2.

BASTOS, Guilherme Augusto Caputo. *Fundamentos do Direito do Desporto na atmosfera econômica e empresarial brasileira*. Tese (Doutorado) – Uninove, São Paulo, 2021.

BEVILAQUA, Clóvis. *Teoria geral do direito civil*. 2. ed. histórica. Rio de Janeiro: Rio, 1980.

BITTAR, Carlos Alberto. *Os direitos da personalidade*. 2. ed. Rio de Janeiro: Forense, 1995.

BITTAR, Carlos Alberto. *Direito do autor*. 3. ed. Rio de Janeiro: Forense Universitária, 2001.

BITTAR, Carlos Alberto. *Comentários aos contratos trabalhistas especiais*. São Paulo: LTr, 1987.

BITTAR, Carlos Alberto. *Comentários aos contratos trabalhistas especiais*. 3. ed. São Paulo: LTr, 1995.

CÂNDIA, Ralph. *Comentários à lei do jogador de futebol*. São Paulo: Saraiva, 1978.

CASTRO, Ruy. *Estrela solitária*: um brasileiro chamado Garrincha. 1. ed. 16 reimp. Rio de Janeiro: Companhia das Letras, 2012.

CATHARINO, José Martins. *Contrato de emprego desportivo no direito brasileiro*. São Paulo: LTr, 1969.

CATHARINO, José Martins. *O contrato de emprego futebolístico na lei brasileira*: estudos em homenagem ao professor Orlando Gomes. Rio de Janeiro: Forense, 1979.

CATHARINO, José Martins. *Tratado jurídico do salário*. São Paulo: LTr, 1994.

CHAVES, Antônio. *Direitos conexos*: atualizado de acordo com a nova Lei de Direitos Autorais, n. 9.610, de 19 de fevereiro de 1998. São Paulo: LTr, 1999.

CHIOVENDA, Giuseppe. *Instituições de processo civil*. Campinas: Bookseller, 1998. v. I.

COSTA, Nelson de Oliveira Santos. Atleta profissional. In: SANTOS, Jackson Passos; MELLO, Simone Barbosa de Martins (Coord.). *Contratos especiais de trabalho*. São Paulo: LTr, 2010, p. 54.

DIDIER JR., Fredie; FERNANDEZ, Leandro. Cooperação judiciária e protocolos institucionais: o caso do "Ato trabalhista", ou plano especial de pagamento trabalhista, para a centralização de execuções contra entidades desportivas. *Revista de Direito do Trabalho e Seguridade Social*, 1º out. 2021.

DINIZ, Maria Helena. *Lei de Introdução às Normas do Direito Brasileiro interpretada*. 20. ed. São Paulo: Saraiva, 2024.

DINIZ, Maria Helena. *Tratado teórico e prático dos contratos*. São Paulo: Saraiva, 1994. v. 5.

EZABELLA, Felipe Legrazie. *O direito desportivo e a imagem do atleta*. São Paulo: IOB Thomson, 2006.

FACHIN, Julmar Antônio. *A proteção jurídica da imagem*. São Paulo: Celso Bastos, 1999.

FERNANDES, Antonio de Lemos Monteiro. *Direito do trabalho*. 8. ed. Coimbra: Almedina, 1992.

FERRAZ JR., Tercio Sampaio. *Introdução ao estudo do Direito*. 11. ed. São Paulo: Atlas, 2019.

FERREIRA, Aurélio Buarque de Holanda. *Novo dicionário Aurélio da língua portuguesa*. 3. ed. Curitiba: Positivo, 2004; 2. ed. Rio de Janeiro: Nova Fronteira, 1986.

FRANÇA, Rubens Limongi. *Teoria e prática da cláusula penal*. São Paulo: Saraiva, 1988.

GARCIA, Celso Moredo. As inovações no direito de arena e seus aspectos controvertidos na Justiça do Trabalho. *Revista Academia Nacional de Direito Desportivo*, v. 7, n. 6, p. 133-150, jul.-dez. 2021.

GARCIA, Gustavo Filipe Barbosa. Considerações sobre a jornada de trabalho do atleta profissional. *Suplemento Trabalhista LTr*, 003/10, p. 9.

GIGLIO, Wagner. *Direito processual do trabalho*. 16. ed. São Paulo: Saraiva, 2007.

GIGLIO, Wagner. *Justa causa*. 4. ed., São Paulo: LTr, 1993.

GOMES, Orlando; GOTTSCHALK, Élson. *Curso de direito do trabalho*. 17. ed. Rio de Janeiro: Forense, 2006.

GUIMARÃES, Rafael; CALCINI, Ricardo; JAMBERG, Richard Wilson. *Execução trabalhista na prática*. Leme: Mizuno, 2021.

HOUAISS, Antonio. *Dicionário Houaiss da língua portuguesa*. Rio de Janeiro: Objetiva, 2001.

KRIEGER, Marcílio. Alguns conceitos para o estudo do direito desportivo. *Revista Brasileira de Direito Desportivo*, n. 1, p. 44, 2002.

LAMARCA, Antonio. *Contrato individual do trabalho*. São Paulo: Revista dos Tribunais, 1967.

LOCKMANN, Ana Paula Pellegrina. Ato das execuções concentradas – bom para o atleta, bom para o clube e bom para a Justiça. In: GIORDANI, Francisco Alberto da Motta Peixoto; GIORDANI, Manoel Francisco de Barros da Motta Peixoto. *Direito desportivo*: aspectos penais e trabalhistas atuais. São Paulo: LTr, 2017.

LOUP, Jean. *Le sport et le droit*, 1930.

MACHADO, Jayme Eduardo. *O novo contrato desportivo profissional*. Sapucaia do Sul: Nota Dez, 1998.

MACIEL, Mariju Ramos. A bilateralidade da cláusula penal no contrato de atleta profissional. *Revista IOB Trabalhista e Previdenciária*, n. 219, p. 16 e s., set. 2007.

MAGANO, Octavio Bueno. *Manual de direito do trabalho*: direito individual do trabalho. 4. ed. São Paulo: LTr, 1993. v. II.

MAJADA, Arturo. *Naturaleza jurídica del contrato desportivo*. Barcelona: Bosch, 1946.

MARTINS, Sergio Pinto. *Direito do trabalho*. 41. ed. São Paulo: Saraiva, 2025.

MARTINS, Sergio Pinto. *Direito processual do trabalho*. 43. ed. São Paulo: Saraiva, 2021.

MARTINS, Sergio Pinto. *Manual do FGTS*. 6. ed. Indaiatuba: Foco, 2025.

MARTINS, Sergio Pinto. O atleta profissional de futebol e os seus direitos trabalhistas. *Revista Direito do Trabalho*, São Paulo: Revista dos Tribunais, ano 26, n. 98, p. 142-149, abr.-jun. 2000; *Revista do Tribunal Regional do Trabalho da 18ª Região*, Goiânia, ano VII, p. 11, dez. 2004.

MARTINS, Sergio Pinto. Direitos trabalhistas do atleta profissional de futebol. *Orientador Trabalhista Mapa Fiscal*, n. 3, p. 3, 2003.

MARTINS, Sergio Pinto. Cláusula penal. *Orientador Trabalhista Thomson IOB*, n. 2/08, p. 3.

MARTINS, Sergio Pinto. Concentração de execuções. *Revista Síntese Trabalhista e Previdenciária*, n. 386, p. 42-55, ago. 2021.

MARTINS, Sergio Pinto. Concentração de execuções no processo do trabalho. *Revista LTr*, ano 85, p. 1.236-1.244, out. 2021; *Revista Síntese Trabalhista e Previdenciária*, n. 390, p. 27-48, dez. 2021; *Repertório IOB de Jurisprudência*, n. 19, p. 623-613, 1ª quinzena out. 2021, 2/4101; *Revista da Faculdade de Direito da USP*, v. 116, n. 2, p. 89-110, 2021.

MARTINS, Sergio Pinto. Repasse da SAF e responsabilidade dos dirigentes. *Revista Síntese Trabalhista e Previdenciária*, n. 410, p. 19-26, ago. 2023.

MARTINS, Sergio Pinto. *Manual da justa causa*. 8. ed. Indaiatuba: Foco, 2025.

MELLO FILHO, Álvaro de. *Novo regime jurídico do desporto*. Brasília: Brasília Jurídica, 2001.

MARTINS, Sergio Pinto. *Lei Pelé*: comentários à Lei n. 9.615/98. Brasília: Brasília Jurídica, 1998.

MARTINS, Sergio Pinto. *Nova legislação do desporto*: comentários e atualização. 2. ed. Fortaleza: ABC Fortaleza, 2001.

MESQUITA, Luiz José. *Direito disciplinar do trabalho*. 2. ed. São Paulo: LTr, 1991.

MIGUEL, Ricardo Georges Affonso. A possibilidade de contratação do atleta menor de futebol. *Suplemento Trabalhista LTr*, 21/10, p. 81.

MORAES FILHO, Evaristo. *A justa causa na rescisão do contrato*. 2. ed. Rio de Janeiro: Forense, 1968.

MORAES FILHO, Evaristo. *Temas atuais de trabalho e previdência*. São Paulo: LTr, 1975.

MUSSET, Marie-Rose. R. *La responsabilité sportive et le règlement de jeu*. Lyon: Impr. C. Annequin, 1938.

NASCIMENTO, Amauri Mascaro. *Curso de direito do trabalho*. 24. ed. São Paulo: Saraiva, 2009; 24. ed. São Paulo: Saraiva, 2009.

NASCIMENTO, Amauri Mascaro. *Teoria jurídica do salário*. São Paulo: LTr, 1994.

NASCIMENTO, Tupinambá Miguel Castro de. *O atleta profissional e o poder disciplinar*. Porto Alegre, 1975.

NEVES, Daniel Amorim Assumpção. *Manual de direito processual civil*. 5. ed. Rio de Janeiro: Forense/Método, 2013.

OLIVEIRA, Jean Marcel Mariano. *O contrato de trabalho do atleta profissional de futebol*. São Paulo: LTr, 2009.

PACHECO, José da Silva. *Comentários à Lei de Execução Fiscal*. 9. ed. São Paulo: Saraiva, 2002.

PAULSEN, Leandro. *Direito processual tributário*. Porto Alegre: Livraria do Advogado, 2007.

PEREIRA, Adilson Bassalho. O contrato de trabalho do jogador profissional de futebol e a legislação brasileira. *Revista de Direito do Trabalho*, n. 3, p. 179.

PEREIRA, Caio Mario da Silva. *Instituições de direito civil*. 16. ed. Rio de Janeiro: Forense, 1998. v. 2.

POSSÍDIO, Cristiano Augusto Rodrigues. Direito de arena: natureza jurídica e fato gerador, aspectos polêmicos. *Revista Síntese Direito Desportivo*, v. 6, n. 34, p. 85-98, dez.-jan. 2017.

RAMOS, Rafael Teixeira. *Cláusula penal desportiva*: aplicabilidade unilateral ou bilateral? *Revista LTr* 74-5/594, maio 2010.

RAMOS, Rafael Teixeira. *Curso de direito do trabalho desportivo*. Salvador: Juspodivm, 2021.

REIS, Paulo. Atleta profissional de futebol – multa rescisória devida – aplicação da lei. *Suplemento Trabalhista LTr* 104/07, p. 436.

REQUIÃO, Rubens. *Curso de direito falimentar*. 9. ed. São Paulo: Saraiva, 1984. v. 1.

ROUBIER, Paul. *Le droit de la propriété industrielle*. Paris: Sirey, 1952.

ROUBIER, Paul. *Le droit transitoire*: conflit des lois dans le temps. Paris: Dalloz et Sirey, 1960.

SÁ FILHO, Fábio Menezes de. *Contrato de trabalho desportivo*: revolução conceitual de atleta profissional de futebol. São Paulo: LTr, 2010.

SAAD, Eduardo Gabriel. *Comentários à lei do Fundo de Garantia do Tempo de Serviço*. 3. ed. São Paulo: LTr, 1995.

SANTOS, Ulderico Pires dos. *O processo de execução na doutrina e na jurisprudência*. 2. ed. Rio de Janeiro: Forense, 1986.

SILVA, De Plácido e. *Vocabulário jurídico*. 19. ed. Rio de Janeiro: Forense, 2002.

SILVA, Eduardo Augusto Viana da. *O poder, a sociedade e o Estado*: o poder no desporto. Rio de Janeiro: Lumen Juris, 2006.

SILVA, José Ajuricaba da Costa e. Contrato de trabalho do atleta de futebol. *Revista LTr*, v. 47, n. 6/677, 1983.

SOARES, Orlando. *Comentários à Constituição da República Federativa do Brasil*. Rio de Janeiro: Forense, 2006.

STROPPA, Glener Pimenta. Acidente de trabalho do atleta profissional. *JusLaboris*, 2015, p. 78-79 Disponível em: https://juslaboris.tst.jus.br/bitstream/handle/1939/77926/2015_stroppa_glener_acidente_trabalho.pdf?sequence=1. Acesso em: 18 mar. 2021.

TUBINO, Manoel José Gomes. *Teoria geral do esporte*. São Paulo: Ibrasa, 1987.

VALSERRA, Fabricio. *Historia del deporte*. Madrid-Barcelona: Plus Ultra, 1945.

VEIGA, Mauricio Figueiredo Correa da. *Manual de direito do trabalho desportivo*. 5. ed. São Paulo: LTr, 2024.

ZAINAGHI, Domingos Sávio. *Os atletas profissionais de futebol no direito do trabalho*. São Paulo: LTr, 1998.

ZAINAGHI, Domingos Sávio. *Nova legislação desportiva*: aspectos trabalhistas. São Paulo: LTr, 2002; 2. ed. São Paulo: LTr, 2004.

ZAVASCKI, Teori Albino. *Comentários ao Código de Processo Civil*. Direção de Luiz Guilherme Marinoni. São Paulo: Revista dos Tribunais, 2020. v. XII.

Índice

1 2 3 4 5 6 7 8 9 10
2026